CEIBS | 中欧经管图书

增长的逻辑

华为与亚马逊的管理哲学

李信忠　著

U0911035

中国出版集团
東方出版中心

CONTENTS

目　录

六、远大梦想 /91

海到无边天作岸，山到绝顶人为峰。千古传唱的歌才是好歌。任正非和贝佐斯在每一个选择的路口、每一个重大的决策面前是如何抉择的？为什么说善良比聪明更难？

七、终身学习 /113

在我们出生以前，世界上伟大的事情都已经发生。终身学习的习惯，初学者的头脑，为什么重要？什么是最具有反脆弱性的？任正非和贝佐斯都是怎么学习的？

谨将此书献给爱着我的亲人以及傻傻的阿甘们。

我热爱的演说是简单、自然的演说，纸上写的与嘴里说的一样，一种饶有趣味且坚强有力、扼要且简练的演说，不过分讲究与梳理，尽管激烈但真率。

——米歇尔·德·蒙田

前　言

> 创建未来要比预见未来简单得多。
>
> ——艾伦·凯

十年前的2008年,我在一书中提到金融危机的现象和那些逆风飞扬的企业。今年是2018年,回顾这十年,对于人类这样一个记忆短暂、有时常常群众性癫狂歪曲事实的物种,在金融危机十周年之际,回顾重温这段历史,出版此书,挺有纪念意义。但黑格尔说:"人类从历史上学到的唯一教训,就是人类无法从历史上学到教训。"

听着这句话,在时间面前,让我想起被称为硅谷天使投资家的彼得·蒂尔经常问的一个问题是:"你在什么重要的问题上,与其他人有显著不同的看法?"

没有人能精确地预测未来,但我们可以确定的是:未来必然会变得不同,同时变化必定基于历史和现在。对以上彼得这个问题的回答,可以看出管理者和企业家的不同底层思维观。

最近几年一直跟踪研究华为技术有限公司(简称华为)和亚马逊的发展,对以上这个问题的回答,华为创始人任正非有灰度理论,亚马逊创始人贝佐斯有逆向工作法。而且倒回到这两家公司开始发展阶段的1997年,那一年亚马逊刚上市,贝佐斯在1997年致股东信中就表现出了这样的不同;那一年华为开始启动企业《基本法》的起草,是国内企业第一部立足长远《基本法》，那时的华为日子并不好过，却在想着这些“虚”的东西。回忆起在深圳科技园的岁月，现在每当看到这个华为企业形象广告（华为关于芭蕾舞脚的企业形象广告：我们的人生　痛，并快乐着），还是不忍多看。我们每个人的人生都有痛，但一定要乐观地看待现在和未来的一切。

任正非今年已经 74 岁，贝佐斯创业也有 23 年了，企业家和行业不能永续，但把历史拉得足够长，企业靠什么永续长存？处在不同文化制度下的极少数高增长企业都有着哪些共同的基因？支撑它们不断增长和跨越的底层思维是什么？等等，这些问题最近以来一直萦绕在我的脑际。

每年都有那么多的富豪榜、财富榜推出，但并没有多少人关注真正的财富、真正的成功是什么，什么才是健康的财富思维。我们看到中国许多民营企业逃不过 8 年一个轮回的怪圈，遇到危机冲击，企业倒闭以后，大批员工失业，影响千千万万个家庭。这样的情况在美国底特律有，在中国东北有，在中国浙江也有。但同在浙江，曾经因诗而闻名的江南城市杭州，却因为有了阿里巴巴网络技术有限公司（简称阿里巴巴集团）等企业，有了阿里造物节，有了云栖大会，押注上新的城市韵律，就有了新杭州人的新故事。这就是一个城市的真正活力所在，而不是高楼和高架霓虹灯。企业和人决定着一个地方的韵律和色彩。（那为什么是杭州而不是上海？为什么是乌镇互联网大会而不是一路之隔的南浔？敬请期待笔者历时多年研究即将推出的区域经济研究作品《喂喂，南浔》）杭州要感谢企业家马云这个教书匠，马云也要感谢浙江这个有着大批量中小企业的沃土。一个企业的真正价值不在于市值有多大，而在于真正为社会为当地的百姓创造的价值。

在 2018 年教师节，马云给了一个期权，再过一年也就是 2019 年 9 月 10 日，他将不再担任阿里巴巴集团董事局主席职务，回归教育。马云让人敬佩的不仅仅是创立了阿里巴巴集团和如今取得的业务规模，更是他的不忘初心，记得当年与他一起创业中国黄页时他曾说：等我们创业成功后再要回去当老师。人在江湖，不忘初心，他说到做到了。一个人幸福的事情是找到自己的内心，做自己热爱的事情。“苔花如米小，也学牡丹开”，我们每一个普通人都可以多承担一点社会责任。读者有需求，企业家有需求，把一些凝结着优秀企业家的实践和精神记录下来，传播企业家精神和中国文化，多一点文化自信，让一些东西得到传承，让那些读者和有共同语言的企业家看到新书，也是有意义的。

老子在《道德经》中云：“道可道，非常道。名可名，非常名。”世界一生二，二生三，三生万物。华为一路走来的成长路径和增长基因中体现着优秀的中国传统文化核心价值观和企业家精神。我写作的目的在于希望华为等企业成长的底层思维和逻辑为更多的企业了解，希望优秀的企业家精神得到弘扬，中国能涌现出更多具有核心竞争力的优秀企业，走向世界，合作共赢。优秀的文化是可以跨越国界的，以开放包容的心态开展中外文化交流，是中国的，也是世界的；是世界的，也是中国的。

习近平在党的十九大报告中提出：要坚定文化自信，推动社会主义文化繁荣兴盛。他说：“没有高度的文化自信，没有文化的繁荣兴盛，就没有中华民族伟大复兴。要坚持中国特色社会主义文化发展道路，激发全民族文化创新创造活力，建设社会主义文化强国……倡导讲品位、讲格调、讲责任，抵制低俗、庸俗、媚俗。加强文艺队伍建设，造就一大批德艺双馨的名家大师，培育一大批高水平的创作人才……推进国际传播能力建设，讲好中国故事，展现真实、立体、全面的中国，提高国家文化软实力。”图书虽小，但也凝结着企业家的实践结晶、著者研究写作的心力、出版者的辛勤付出，也承载读者对优秀作品的期盼，也是中华文化繁荣兴盛的一小部分。

当我将目光放眼全球，在全球范围内寻找这样的生物时，在那个西雅图寒冷的冬天，被亚马逊和贝佐斯深深征服。贝佐斯的企业家精神和管理创新理念深深吸引了我。记得那时漫步在西雅图的南联合湖，穿梭在华盛顿湖茂密的森林，看海边的海鸥与归航游轮齐飞，留恋针塔的夜景，静静地待在华盛顿大学古老的图书馆，不高大但带着浓浓书香和亚马逊 Logo 的大堂（见图 0－1 亚马逊总部大堂），带给我的是探索自然和学习研究公司的乐趣。在那次独步夜色阑珊的海边（见图 0－2），看着靠港的游轮时，让我再次想起了华为、想起了任正非。

图 0－1　亚马逊总部大堂

贝佐斯和任正非都经历过企业和人生的艰难时刻，都曾经在黑暗无助时一个人偷偷地痛苦过，尽管他们依然保持乐观的精神。大多数人都曾相信亚马逊注定会失败，新闻媒介曾不断地诟病它，大牌的分析师也曾不断地诅咒它。

两家企业处在不同的文化制度下、处在不同的行业，但研究发现两位创始人和精神领袖身上却有着许多共同的特质。人生的意义就在于

图 0－2　夕阳下的西雅图港湾（拍摄于 2016 年）

不断地问人生的意义是什么，这种发现不仅给我带来了物质财富的增长，更多的是发现这样亘古不变的精神财富给我带来生命的愉悦，这也是我认为的生命第三层次的意义所在了。传播任正非和贝佐斯等一代优秀企业家身上凝结的优秀素质、创新思维和企业家精神，对我们当前国内的教育和创新创业都具有正能量。

本书适合创业创新者、企业家和投资企业的长期投资者阅读，适合关注青少年素质教育的家长阅读。如同建立企业、投资企业，培养培育孩子的素质底座才是对未来最好的投资。希望本书能成为一本经得起时间考验的书，能帮助部分企业家们找到正确的创新思维，给组织和商业的创新带来借鉴，能给教育界一点小小的启示。希望能帮你找到未来商业和投资的底层密码，帮你认识到树立正确的创新思维后带来的时间复利的意义，也希望给你带来投资中意想不到的价值，当然这都是你自己的福分,不用感谢我。

现在请你找个安静的地方,让我们揭开时间的面纱,带你进入华为和亚马逊的商业世界,聆听任正非和贝佐斯时间复利密码吧。

写于2018年10月

一、西雅图不眠夜

"Life was a box of chocolates,
you never know what you're gonna get."

——《阿甘正传》

今年是2018年，距离上次全球金融危机发生已经十年了，10年会发生什么？世界上的许多现象似乎总在周而复始的循环，10年前的今天2008年，全球金融市场几乎处在崩溃状态。2008年9月，拥有158年历史的美国第四大投资银行雷曼兄弟控股公司宣布申请破产，标志着金融危机进一步加深并逐步向全球扩散，一系列企业破产倒闭。这让许多企业和家庭的命运发生了彻底的改变。现在的全球市场又和当年风暴前的市场特征非常相似，有哪些东西在改变？有哪些东西却亘古不变？为什么是它们取得了可持续的增长？

这几年有比较多的时间在欧洲和美国考察，有许多拼图板块值得记忆，希望找到一条线来提炼总结。欧洲债务危机影响依然在持续，难民问题似乎越来越严重，英国脱欧谈判还在持续中，意大利、法国等国家恐怖事件不断发生。美国政府领导人发生更替，中美贸易摩擦不断升级。德意志银行表示，联邦债务大有爆表之势，而其占GDP比重已处于自20世纪40年代以来的最高水平。目前，美国人均负债已高达40 500美元，平均家庭负债高达105 000美元。

低利率时期,欧盟和美国都经历了加杠杆,也都在 2008 年泡沫破灭后被迫去杠杆。金融危机后,由于美联储和财政部推出的种种救市措施,美国已人为地制造了为期 10 年的低利率环境、持续的量化宽松措施和其他形式的经济刺激方案。银行的信贷活动在 2012 年基本恢复正常,从那之后,美国的经济和资本市场一路高歌前行,直到现在。

大洋彼岸,为了应对国际金融危机造成的经济下滑。中国在 2008 年 11 月推出了进一步扩大内需、促进经济平稳较快增长的十项措施,这十大措施到 2010 年底总投资约 4 万亿元,实际投入远不止 4 万亿元,因为后面还有 2.0 版等多个版本。截至 2017 年底中国家庭的实际居民杠杆率高达 82%,根据国际清算银行(Bank for International Settlements, BIS)的数据,2007 年中国居民负债占 GDP 的比重仅为 18.8%,而 2017 年底该指标的值急速上升至 48.4%。从这个指标能够部分说明,在过去的 10 年中国居民杠杆快速上升。

由于中国地域广阔,这几年出现了消费升级和消费下沉同时并存的趋势,于是短短 5 年既出现了华为高端手机取得的高速增长,也出现了拼多多等一些高增长、高市值的独角兽公司。中美两国在债务高歌猛进下,移动互联网、人工智能赛道也百舸争流。世界互联网大会的永久会址还落户了中国乌镇,这个江南的水乡,茅盾的故里,互联网与人文在这里相遇。去年过年因为木心,笔者再次去了乌镇,没有了互联网大会时的喧闹,在冷冷清清的木心美术馆与他作着隔着时空的对话,去了他晚年度过的晚晴小筑。时移俗易,时代会影响到我们每一个人,看着木心美术馆和晚晴小筑,我在想:建筑是凝固的音乐,也折射着时代的色彩和韵律。如果当高山发生雪崩时,没有一片雪花会无辜地逃脱时代的命运。

针对这样的世界格局和时代背景,我想回答的是在时间的压力下有哪些东西亘古不变?又是什么样的企业能穿透时间的压力,在如此多变的市场环境和世界经济中保持了 10 年的持续增长?当我将眼光放眼全球，寻找类似具有一样底层思维的企业时，2015 年一次偶然的机会，亚马逊进入了我的视野，这家让巴菲特在 2017 年股东大会上都感慨错失的公司。

曾经在一次长途旅途中在机上看过《西雅图不眠夜》，对电影中父子俩在西雅图住的船屋印象深刻，我喜欢看海，希望去看看西雅图的内海。后来第一次去西雅图，我主要目的是去寻找那个船屋和看那片海。由此偶遇到了同在南联合湖地区的亚马逊，相逢是一首歌。后来为了进一步实地研究亚马逊，笔者多次到访西雅图，其总部就坐落在美丽的南联合湖畔。该公司是在 1995 年 7 月 16 日由杰夫・贝佐斯（Jeff Bezos）在西雅图贝佐斯自己家的车库成立的，一开始叫 Cadabra。后来贝佐斯将 Cadabra 以地球上孕育最多种生物的亚马逊河，重新命名重新开张，到今年已经有 23 年的发展历史。其业务经营范围开始仅仅是在美国网上图书销售，在公司成立后第二年，1997 年 5 月 15 日在美国 NASDAQ 上市，发行每股价格为 18 美元。

当我到达西雅图，坐在其漂亮的空中云轨列车上望着窗外街上的风景时，我在问自己：贝佐斯当初为什么会选择西雅图？那时西雅图有微软等知名公司，那里已经是一个相对偏远的技术中心，还有华盛顿大学不断输出计算机的人才。而且离分销商 Ingram 图书部门的仓库近，西雅图当时人口还不多，根据西雅图的法律，亚马逊只需要为销售给西雅图本地人的收入缴纳销售税，可见贝佐斯的精明从一开始就体现出来了。这也说明初创企业开始选地点很重要，如同华为开始选择深圳。

公司取名同样重要，折射出创始人的愿景和宏图，华为意味是中华有为。亚马逊是全世界最大的河流，彰显着贝佐斯的愿景。一如 Amazon 的 logo，箭头从 A 指到 Z，电商一切（everything store）就是贝佐斯的野心。截至 2018 年 9 月 28 日，亚马逊股票每股价格为 2 003 美元，总市值为 9 770 亿美元，仅次于苹果当天的市值。2018 年 10 月 26 日，亚马逊发布最新三季度财报，三季度净销售额为 566.76 亿美元，去年同期为

437.44美元，同比增长29.56%；净利润为28.83亿美元，去年同期为2.56亿美元，同比增长1 026.17%，也高于上一季度的25.34亿美元，每股收益为5.75美元，同比增长1 005.8%。

■ 投资语录：以简单常识研究企业和市场发展规律。

在过去10年，看到许多企业、许多我们曾经热衷的产品在潮起潮落。摩托罗拉、诺基亚、NASCAR、索尼、联合航空公司、百代、柯达、意大利航空公司、电信公司Sprint Nextel、《纽约时报》、联合利华公司、美国在线和克莱斯勒等等，以及国内许多知名企业，当然我们也看到广东、浙江等地一大批出口型、制造型企业在上次金融危机和这次调整中倒下。就在2018年5月，浙江盾安集团，这家成立于1987年总资产达到600多亿元，已经连续9年跻身“中国企业500强”，连续16年入选“中国民营企业500强”的知名企业，由于发债融资困难，遭遇债务危机。

但同样在中国，有一家企业却在一次次的危机中逆风挺进，这家企业的名字叫华为，2007年以前还不太为大众知道的企业。这家于1987年成立以2万元起家的企业，如果从1992年开始自主研发2 000门的C&C08交换机为里程碑开始计算，到2017年这26年间，取得了优美的增长曲线。截至2017年底，华为全球销售收入达到6 036亿元，同比增长15.7%，净利润475亿元，同比增长28.1%，经营活动现金流高达963亿元。未来已来，站在ICT时代的新起点，华为希望：“把数字世界带入每个人、每个家庭、每个组织，构建万物互联的智能世界。”

为什么是华为、为什么是亚马逊？为什么是它们？从我自己的工作体验以及对欧、美、日百年历史企业的考察与研究，拨开云里雾里的现象，我发现还是有共性的东西存在。现象背后的本质在于企业家的底层思维方式不同，思维决定命运（见图1－1），播种思维，成就行为；播种行

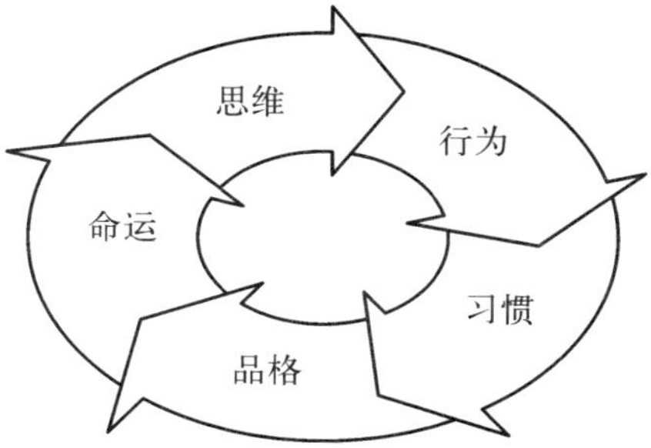

图 1－1　思维决定命运

为，成就习惯；播种习惯，成就品格；播种品格，成就命运。个人的思维决定个人的命运，企业的思维决定企业的命运。

就在通用汽车申请破产不到 8 个月前，时任通用汽车董事长的瓦格纳还一直在说，这家公司准备再当 100 年业界领头羊。而亚马逊的创始人贝佐斯天天喊的是 DAY 1 理念：每天都是第一天。在 1997 年贝佐斯在股东的信中提到 DAY 1 理念开始，已经坚持了 20 多年。几经搬迁，他的办公楼名字一直是 DAY 1 楼。他说："现在是亚马逊的开端，电商平台为消费者省去了大量的时间和金钱。在不远的未来，个性化的定制会加速对电商平台的探索。虽然我们对未来很乐观，但是我们必须保持警惕并且持续拥有紧迫感，只有这种紧迫感能让我的团队保持在 Day 1。"

贝佐斯在股东信里提到的紧迫感和危机感，就是保持亚马逊 20 多年来一直前进的动力，即便亚马逊现在每年的营收超过 1 000 亿美元的时候，这种紧迫感也一直在贝佐斯的血液里流淌着。而华为的精神领袖任正非一直强调的是：活下去。他说：我天天思考的都是失败，对成功视而不见，也没有什么荣誉感、自豪感，只有危机感。

尽管华为和亚马逊处在不同的国家，两国的政策制度和市场环境也不一样。所处行业一家在相对传统的制造业，一家处在互联网新经济。但研究发现两位创始人和精神领袖身上却有着许多共同的特质，甚至说着同样的语义尽管是不同的语言。原来在生物多样性的前提下，一些优秀的基因是相同的。

我将如何寻找你来时的足迹，在你明亮的窗前？多年的实战投资管理工作，让我越来越感觉到，投资一个企业就是投资一个企业的团队，尤其是投资企业家的底层思维和核心价值观。教科书无法告诉我们的经验教训让我理解，那些正确的底层思维有多重要。如果你抱着长期思维观点，其实投资是一个非常快乐与简单的过程。

■ 投资语录：投对了人，其实投资是一个非常快乐与简单的过程。

我经常喜欢看一部美国电影《阿甘正传》，阿甘妈妈曾对阿甘说："Life was a box of chocolates, you never know what you're gonna get."面对未来的不确定，生活真的就像一盒巧克力，你永远不知道下一块是什么味道。但是在这变化中，又有什么不变呢？电影中还有一句话，印象深刻，"Stupid is as stupid does."傻人有傻福，当然这个福并不仅仅是指财富。你不得不佩服美国文化与科技的创新力，这部由罗伯特·泽米吉斯执导，1995年获得奥斯卡最佳影片奖的影片影响了我许多年、影响我许多方面。在如今越来越注重快速容易、简捷方便的时代，我们时代在进步，科技在改变我们的生活，但我坚定相信：从简单常识看，天下没有不劳而获的事情，有时需要傻傻的坚持，其他留给时间，一分耕耘，一分收获，天道酬勤。

每当我想起深圳南油、南山科技园，那片沧海桑田，我想：我们应该傻傻的做阿甘。这30多年来，华为只对准ICT行业一个领域的"城墙口"冲锋。华为只有几十人的时候就对着一个"城墙口"进攻，几百人、几万人的时候也是对着这个"城墙口"进攻，现在十几万人还是对着这个"城墙口"冲锋。密集炮火，饱和攻击。每年1 000多亿元的"弹药量"炮轰到这个"城墙口"，进行哑铃型攻击，每年研发技术投入600亿元，市场服务投入500亿~600亿元。

就在2018年的10月，超过125岁的传统零售商西尔斯(Sears)申请破产了。2018年9月份，公司股价跌破1美元，10月10日更是单日下跌31%，跌至40美分左右，而2007年时该公司股价高达130美元。

自1929年以来，全美上市公司中涨幅最大的一家公司是亚马逊。贝佐斯从一个离异家庭的孩子一路将亚马逊打造成了一家万亿美元市值的企业。同华为一样，亚马逊也经历了网络泡沫和金融危机。

亚马逊在2000年网络泡沫破灭后，最大跌幅达到了99.5%。那时贝佐斯在自己办公室的黑板上写下了"不以股价为中心"。后来又经历了一次地狱般的2008年金融危机。美国前五大的投资银行挨个面临破产风险，世界末日似乎就在眼前。后来亚马逊用了10年零6个月的时间，才超越2000年的那个高点。由此，许多投资公司说：亚马逊不是一家好企业。他们说："任何一个普通人，都承受不了如此大幅度的股价回撤以及如此长时间周期的等待。谁真正能从头到尾从亚马逊身上赚到800倍呢？估计有三种人：持有公司股票无法抛售的员工，把股票忘记的人，傻子。对于任何正常的投资者来说，是没有可能从头到尾经历这种磨难的。"

他们说的很对，只有傻子才能经历这样的磨难，你得有多大的福报啊？这些投资专家和分析师讲的都不错，但是我想他们肯定没有认真研究过贝佐斯的成长史，也没有认真看过贝佐斯1997年写的那封信。我相信如果你研究过他的成长历史，知道他一直记得他外祖父和他说的：善良比聪明更难。也许他们不会这么说，但也许他们还是会这么说，因为他们聪明。

有关贝佐斯的许多故事，我在后面再讲。这里我想再讲一个《阿甘正传》里的故事：阿甘当年退伍后，为了实现他生前战友的梦想，回到他战友的故乡用全部的钱买了一条船去捕虾，后来还投资了一家种苹果卖苹果的企业。后来的后来，阿甘回到家乡割草坪。在后面的章节，我们同样会分析到华为和亚马逊如何选择一个赛道作为突破口，熬过一个个寒冬，傻傻地坚持下去。

二、选择比努力更重要

聪明是一种天赋,而善良是一种选择!

——杰夫·贝佐斯

本章先分析华为31年的成长历程,后面部分分析亚马逊的发展历程。华为于1987年9月在深圳成立,当时企业注册资本只有2万元。如果那时你是其中的股东之一,到今天回报将非常惊人。

华为为什么能取得如此高速的成长呢?如果华为处在纺织行业,会不会有这样的成长?多年的投资实践使笔者养成了先分析行业再分析企业的习惯,我把它归纳为:先赛道后赛手。华为之所以能取得如此高速的成长,一个重要的原因是它处在高速发展的ICT迅猛发展的时代。本章将研究基于行业本质思考战略定位的重要性。

■ 投资语录:先赛道后赛手。

这是最好的时代

记得以前企业做内部培训时,一位传统行业的企业家告诉我:过去几年,只要抓住机会大胆干就能赚大钱,但现在似乎越来越难了。这是一个中国企业家典型的心声,过去中国许多企业往往是机会主义导向,今年做这个项目,圈一把钱,明年就做另外一个项目,可能项目之间并没有多少关联，最后往往会陷入财务危机而崩溃。这是一条许多中国企业迅速做大的路径，也是一条从侥幸成功到灭亡的不归路。2018 年发生的许多起债务违约事件，债务危机似乎会周而复始的出现。2018 年 9 月 25 日，据上海清算所公告，17 新光控股 CP001 到期，发行人新光集团仅支付了部分本金和全额利息，未能全额兑付，构成违约。17 新光控股 CP001 的余额为 10 亿元。

一个企业对行业未来发展大势的判断，是制定任何战略的基础。华为从一开始定位于电信行业，有着清晰的战略定位，所处的行业大的领域属于信息产业，那时候国家行业分管部门还叫信息产业部。在夯实电信行业之后，逐步扩展到企业业务和消费者业务，聚焦 ICT（Information and Communication Technology），即信息和通信技术，是电信服务、信息服务、IT 服务及应用的有机结合。华为正是站在了这样一个行业高速发展浪潮的浪尖上，再加上企业家正确的思维，才持续发展到今天的规模。

随着农业时代和工业时代退出历史舞台，人类社会已经进入信息时代，目前正在向人工智能时代不断演进，华为高速发展的前 10 年，也是迈入信息化互联网时代的 10 年。按照托夫勒的观点，人类正跨进第三次浪潮文明，第三次浪潮就是信息革命，大约从 20 世纪 50 年代中期开始，其代表性象征为“计算机”，主要以信息技术为主体，重点是创造和开发知识，其社会形态是由工业社会发展到信息社会。第三次浪潮的信息社会与前两次浪潮的农业社会和工业社会最大的区别，就是不再以体能和机械能为主，而是以智能为主。由大机器、大工业和大量人员所从事的大规模流水线生产方式不再是主流，而第三产业即服务性产业将明显增加，信息类无形产业将成为关键资源，有体力但未受过教育或受教育较少的人将面临失业。拥有信息和知识的国家将是富有的国家，这样的富国将与信息贫穷落后的国家差距拉得更大。国旗、军队和货币是第二次浪潮国家的象征和主权的标志，第三次浪潮的全球化趋势将打破这类国家主权模式和封闭状态，信息一体化将使国家之间传统的国界概念逐步淡化。

从1991年开始到2001年，是华为高速发展的10年，也是我国电信行业迅猛发展的10年。电信行业固定资产投资一直处在高速增长时期，从1991年的69亿元一直增长到2001年的2 533亿元。从2002年开始进入成熟发展期，环比出现负增长。2004年，通信业固定资产投资2 199.1亿元，同比下降3.3%，而同期全社会固定资产投资增长高达25.8%。2005年，通信业固定资产投资累计完成2 097.8亿元，略低于2004年的投资规模。截至2008年底，我国累计完成电信业务总量为22 439.5亿元，同比增长21.0%；2008年实现电信业务收入8 139.9亿元，同比增长7.0%；2008年完成电信固定资产投资2 953.7亿元，同比增长29.6%；实现电信增加值4 726.2亿元，同比增长0.3%（见图2－1）。2008年，电信综合价格水平同比下降了11.5%。移动通信资费下降明显，移动电话用户基本实现单向收费（包括准单向收费），移动长途和漫游资费也大幅度下降。

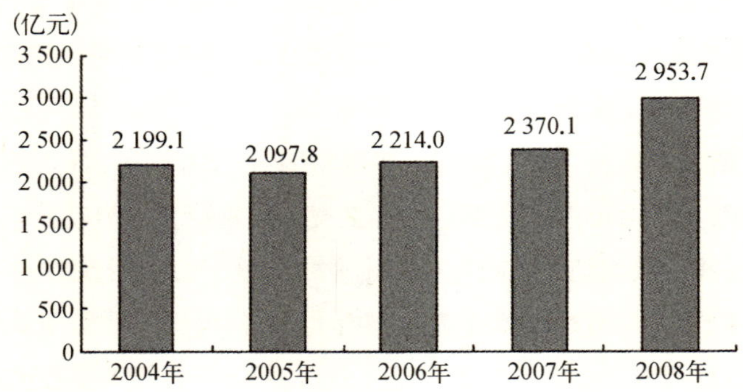

图2－1 2004—2008年电信固定资产投资

依据工业与信息化部公布的相关数据，再看一下与华为相关的上游行业截止到2008年的发展状况。2008年全国电话用户净增6 909.2万户，截至2008年底总数已达到98 203.4万户。移动电话用户在电话用户总数中所占的比重达到65.3%,移动电话用户与固定电话用户的差距超过3亿户。2008年,全国网民数净增0.88亿人,达到2.95亿人,超过美国位居世界第一。其中宽带网民数净增1.1亿人,达到2.7亿人,占网民总数的90.6%;手机网民数净增6 720万人,达到11 760万人;农村网民数净增3190万人,达到8 460万人。互联网普及率达到22.6%,超过全球平均水平(21.9%)(见图2-2)。

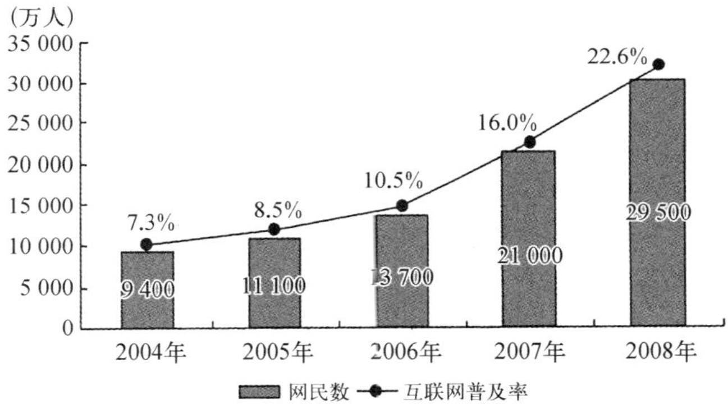

图2-2 2004—2008年网民数和互联网普及率

为什么要分析这段早期的行业发展历史?这不仅仅是想保留这段历史记忆和数据,更主要的是想说明,那段时间华为阴差阳错进入的电信行业,恰恰是进入了一个高速发展的时期。华为的高筑墙、广积良,为它后面打下了坚实的成长基础,迎来第二增长曲线。

早在1995年,任正非曾经说过一句话:"未来电信设备市场将会三分天下,西门子、阿尔卡特和华为。"虽然世事难料,我们不知道将来是否是西门子和阿尔卡特与华为的"三分天下",但是华为的梦想和追求在任正非心中一直没有改变过,其国际市场开拓路径与进程正说明了这一点。

华为对国际市场的开拓始于1996年,开始与我国香港地区的和记电讯初步合作,提供以C&C08窄带交换机为核心的"商业网"产品。当时华为的市场基本上在国内,除了参加几次日内瓦世界电信展之外,没有多少经验可言。华为国际市场开拓的轨迹依然是采用类似于国内“农村包围城市”的策略。从1996年开始，先易后难，华为逐步开始开拓国外市场，先开拓独联体/俄罗斯市场，后进入美洲和印度市场，再进入到东南亚、中东和非洲，最后进入欧美主流市场。从英国电信到沃达丰，这些全球电信运营商大佬们，正逐步将华为列入其最核心的供应商名单中。到2008年底，华为主流产品已全面规模服务欧洲、北美和日本等发达市场的领先运营商，在中国及广大新兴市场的份额稳步提升，奠定了优势格局（具体历程参见附录A）。

开拓国际市场有许多风险是在国内市场未曾遇到的。2003年1月，美国思科系统指控华为公司侵犯其知识产权，向得克萨斯州马歇尔的地区法庭提出起诉，要求华为停售其产品。直到2004年7月28日22时（美国中部时间8点），双方达成和解，华为、华为3COM（当时是华为合资公司）和思科系统三家公司同时向美国得州法院提出了中止上诉的申请，该请求被法官予以批准并立刻生效，从而使得已经历时一年半时间的思科与华为知识产权官司终于画上了句号。这也是思科系统公司第一次向竞争对手提起知识产权诉讼。

在华为国际市场的开拓中，遇到过无数次的冷遇和孤单，一方面同企业自身的管理水平和人员的素质能力所处的阶段有关，但更多的却体现在中国企业整体的形象和国家竞争力，中国产品曾经是假冒产品的代名词。中国企业在国际化的进程中，会面临无数道坎需要跨越。重塑形象、知识产权、反倾销等都属于经济上的坎，有志的中国企业可以依靠自身和行业组织的力量在一定程度上予以缓解。其实中国企业面对的还有更加无形的坎需要去跨越，在许多国家，我们连市场准入的门槛都没有过，这关乎国家综合竞争力，需要全民族共同来参与，提高国家综合竞争力。尤其在中美贸易摩擦日益升级的今天。

经过前10年的积累，高筑墙，广积粮，企业不断夯实基础，投入新的产品研发。华为以每年收入的10%以上投入到技术研究和产品研发，提升技术和产品的核心竞争力，过去10年累计投入3 940亿元。依据欧盟委员会统计数据：2017年研发投入104亿欧元，排名全球第6名，超越苹果投入的95.8亿欧元。华为每年还会投入大量费用进行大型的公司级管理变革和小型的管理改进，不断提升内部运营效率。目前，华为聚焦全连接网络、智能计算、创新终端三大领域，在产品技术、基础研究、工程能力、行业标准和产业生态等方面持续投入，赋能客户数字化转型，构建智能社会的基石，消费者业务和企业业务得到大幅增长，近几年大力投入的云计算业务在不断提高竞争力。

组织是服务于战略的。华为设立了基于客户、产品和区域三个维度的组织架构，各组织共同为客户创造价值，对公司的财务绩效有效增长、市场竞争力提升和客户满意度负责。截止到2017年12月华为的组织结构如图2-3所示。在产品维度，尤其值得一提的是，针对大数据云计算市场的高速发展，2017年华为成立了Cloud BU，强化云计算业务。Cloud BU负责云服务产业端到端管理，构建云服务竞争力。产品与解决方案BU负责公司面向运营商及企业以及行业客户提供ICT融合解决方案，负责产品的规划、开发交付和产品竞争力构建，创造更好的用户体验。

传统的运营商BG（business group）和企业BG负责公司分别面向运营商客户和企业以及行业客户解决方案营销、销售和服务的管理和支撑，针对不同客户的业务特点和经营规律提供创新、差异化、领先的解决方案，并不断提升公司的行业竞争力和客户满意度；消费者BG负责面向终端产品用户的端到端经营组织，对经营结果、风险、市场竞争力和客户满意度负责。

区域组织是华为组织结构的第三个维度，是华为产品和服务落地各区域的经营中心，负责区域的各项资源、能力的建设和有效利用，并负责公司战略在所辖区域的落地。针对各地区差异，华为持续优化区域组织，加大、加快向一线组织授权，指挥权、现场决策权逐渐前移至代表处，

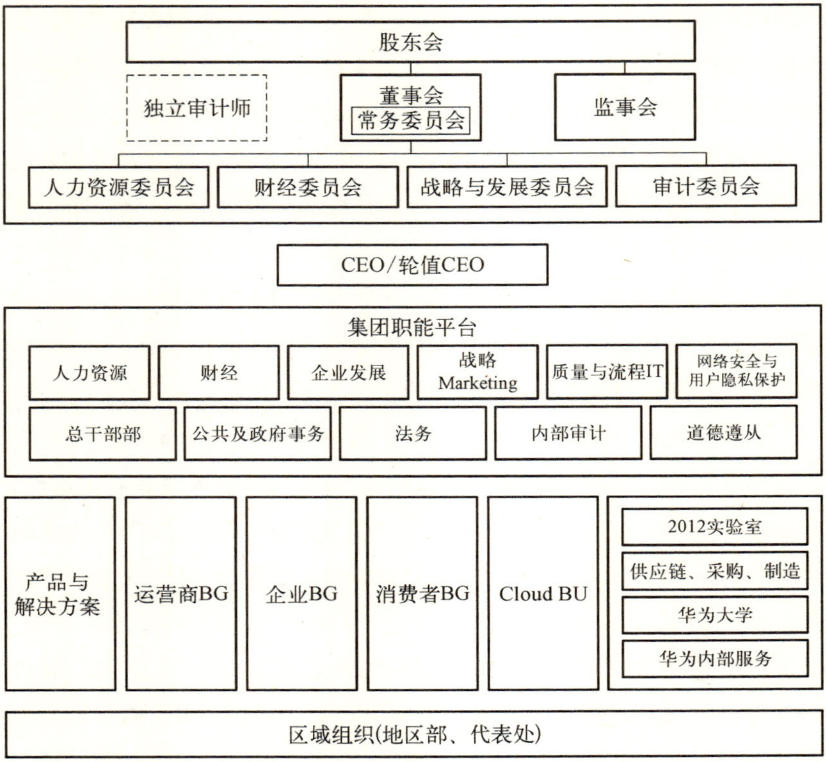

图 2-3 华为组织结构图(资料来源:指尖上的会计:《文摘 | 华为组织结构 30 年演变历程》,2018 年 4 月 27 日)

目前,已在部分国家试行“合同在代表处审结”,以进一步提高效率、更快响应客户需求。

创新小提示:组织创新是支撑战略落地的重要创新。

截至 2017 年底,华为全年实现销售收入人民币 6 036.21 亿元(按期末汇率折为 925.5 亿美元),同比增长 15.7%。2017 年净利润为 475 亿元,同比增长 28.1%,但经营活动现金流高达 963 亿元,几乎是净利润的

2 倍。华为 2013—2017 年销售收入、利润、经营活动现金流等数据如下所示（见图 2－4 华为 2013—2017 年财务数据，图 2－5 为华为 2013—2017 年收入、利润、经营现金流）。

我们再来分析一下华为的净利润率，2017 年华为净利润不足 8%，且多年来一直保持在低位。相对其增长率，这一点是被许多分析师和专

	2017年		2016年	2015年	2014年	2013年
	美元百万元*	人民币百万元	人民币百万元			
销售收入	92 549	603 621	521 574	395 009	288 197	239 025
营业利润	8 645	56 384	47 515	45 786	34 205	29 128
营业利润率	9.3%	9.3%	9.1%	11.6%	11.9%	12.2%
净利润	7 276	47 455	37 052	36 910	27 866	21 003
经营活动现金流	14 770	96 336	49 218	52 300	41 755	22 554
现金与短期投资	30 656	199 943	145 653	125 208	106 036	81 944
运营资本	21 093	137 576	116 231	89 019	78 566	75 180
总资产	77 462	505 225	443 634	372 155	309 773	244 091
总借款	6 121	39 925	44 799	28 986	28 108	23 033
所有者权益	26 926	175 616	140 133	119 069	99 985	86 266
资产负债率	65.2%	65.2%	68.4%	68.0%	67.7%	64.7%

注：*美元金额折算采用2017年期末汇率，即1美元兑6.522 2元人民币。

图 2－4　华为 2013—2017 年财务数据（资料来源：华为官网 www.huawei.com）

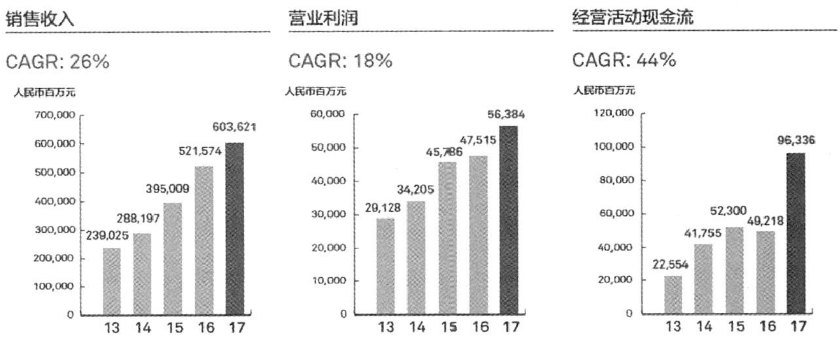

图 2－5　华为 2013—2017 年收入、利润、精英现金流（资料来源：我为科技狂：《财报告诉你，为何要力挺华为》，2018 年 12 月 10 日）

家所诟病的。当我们分析到亚马逊后，相对于其收入规模，会看到更是低得可怜，为什么会这样？留待后面部分详细展开分析。

针塔战略

在具体分析华为的增长曲线之前，我们来看一下这两家，真正在信仰里就“以客户为中心”的企业，其战略思维模式是什么样的？因为那年留恋西雅图针塔的美景，我以针塔战略来定义。

华为以客户为中心，任正非强调华为的客户不仅仅是运营商，而是每一个你我，才是华为本质的真正的需求。他在分析未来趋势时说：“未来世界信息的发展是无穷无尽的。互联网时代不是指网络，一定不要把互联网时代理解成了网络时代。互联网已经成了人们的基本需求，网络只是一个承载工具，端到端连起来，老百姓也是互联网的组成部分。瓦特发明蒸汽机开启了英国的工业革命，使得英国更强盛，但蒸汽机不是基本需求，只是代表水的动力发生转变，因此它只是一个工具。网络这个工具和蒸汽机一样带来世界整个生产方式的改变。”他分析：将来像太平洋这么粗的数据流量，核心交换以什么方式？谁会占据制高点？

在华为的业务战略上，任正非曾说：“现在有人在网络上描述华为的战略是针尖战略，我认为他说出了真理。我们收窄战略面，在针尖领域，踩不着别人的脚。我们在主航道上是针尖战略。针尖战略就是冲到最前面。不与别人产生利益冲突。”这种思想也是在后面章节中，我们要详细展开提到的贝佐斯管理哲学和理念，不要以股价为中心，不要以竞争对手为中心，而是以客户为中心。我把它们这些战略思维共同点形容为针塔战略（见图 2－6 西雅图针塔夜景），阿甘为作者笔名，摄影作品发表于 Instagram。离亚马逊总部不远的西雅图针塔，每一段中间的腰都很细，远远看去，小小细细的针顶着一个大大的平台，如同在后面我们要讲到亚马逊从网上书店这根“针”顶出了一个又一个的塔（巨大的产业平台和生态链）。

图 2－6　西雅图针塔夜景(2016 年拍摄于西雅图)

创新小提示：新时代大部分企业创新都始于小处，小小细细的针逐步顶着一个大大的平台。小的也是美的。

什么是战略？不同人有不同的说法，我认为战略是基于使命和价值观的方向性选择，你选择什么样的行业、你选择聪明还是善良、你选择客户还是竞争者为中心，等等。使命和价值观相对固定，而战略和路径是可以调整的，相反是不能预设的。战略没有对错，一般战略的正面(A

面)、反面(B 面)都是好的战略,但战术是有对错的。战略一定是基于长期思维出发的,但战术的产生有时候是在企业面临大问题和思考未来的时候被逼出来的,任正非当初进入 IT 产业是被逼出来的,贝佐斯进入网上书店后与沃尔玛作战是被逼出来的,马云当初启动淘宝是被 Ebay (C2C)逼出来的。

马云曾回忆在 2003 年做出建立淘宝这个重大决策时,阿里的同事们几乎没有赞成的,当时 Ebay 已经有 860 亿美元市值,只有孙正义认为可以干,大方向想法是一致的。马云提到当初淘宝与 Ebay 一战时,分析 Ebay 是把中国的市场仅仅当作现金流盈利市场,阿里却将中国市场作为生死存亡的决战市场,当阿里获得雅虎 10 亿美元投资后,Ebay 退出了中国市场。Ebay 的方向是对的,如果再扛 10 年的话,市场格局就不会是今天这样,这是当初马云绝对没有想到的。

马云曾说:"Ebay 退出中国市场是情绪化的,可以感性。但战略决策一定不能情绪化。"人和组织常常会被各种情绪所左右,但战略选择一定不能情绪化,可以冷静下来,喊 Stop 停止,让自己冷思考、逆向思考。这种战略决策的思维模式就是基于使命愿景的长期思维,在我们以后的分析中,你会发现这和贝佐斯以及任正非的思维模式是一样的。

第二曲线,豆腐依然还是豆腐

在这个世界上,所有组织和有机体都是有生命的,无论是动物、人或是由人所创造的产品,最终都难逃一个"生命周期"的自然规律,都会经历从诞生、成长和衰退,到最后结束的过程,然而往好处看,人类的组织却是可以通过不断的创新来延续组织的可持续发展。如果组织和企业能在第一曲线到达巅峰之前,找到带领企业二次腾飞的"第二曲线",并且第二曲线必须在第一曲线达到顶点之前开始增长,弥补第二曲线投入初期的资源(金钱、时间和精力)消耗,那么企业永续增长的愿景就能实现，会有第三、第四增长曲线，等等。

人类社会从农业文明到工业文明，从 IT 到 CT，再从 CT 融合发展到 ICT 时代，其中每一阶段的转变，都是一种“范式转移”，思维逻辑会迥然不同，成功的范式当然也随之改变。然而在范式转移的过程中对多数人、多数企业来讲却是不易察觉的。尤其是像中国这样高速发展的国家，更常常是多种范式并存，稍微松懈便留在舒适区中，甚至停留在模仿他人已经过时的“第一曲线”中而不自知。这样的企业和个人很多，长江后浪拍前浪，前浪死在沙滩上。

ICT 融合的范式，即使任正非也说不明确，但回到产品的原点，他说：“汽车必须是汽车，首先做出来要是汽车；豆腐一定是豆腐。”任正非强调：“ICT 融合是我们公司的命题，但是否正确还需要斟酌。在无线覆盖方式上从外向内攻是欧洲标准，美国标准是从内往外攻。这是两种技术几大阵营之间的搏击。我认为从内往外攻，从外往内攻，都是正确的，我们必须内也要攻，外也要攻，一定要做到在某个界面上有融合的方式。”

而华为建立的这种针塔战略、组织管理和文化价值观系统，让自己离开自己的舒适区，创新变革跨越到第二增长曲线。华为在第一曲线到达顶峰之前的 2014 年，就培育了第二、第三引擎，找到带领华为可持续增长的第二曲线。那一年以及之后的几年，华为推出了一系列的企业形象广告，这在后面章节论述展开。如果说运营商业务是华为前 10 年的支柱现金流业务，是华为的第一曲线；那么，企业业务和消费者业务是华为增长的第二曲线。

我们来分析 2017 年华为业务构成。2017 年，华为运营商业务实现收入为 2 978 亿元，同比增长 2.5%；企业业务实现销售收入为 549 亿元，同比增长 35.1%；消费者业务，华为（含荣耀）智能手机全年发货 1.53 亿台，实现销售收入是 2 372 亿元，同比增长 31.9%。分析历年数据我们可以发现，华为前 10 年的支柱业务运营商业务，从 2016 年开始增长趋势表现出明显下滑：2016 年为 23.6%，2015 年为 21.4%，2014 年为 16.4%，到了 2017 年首次增长仅为 2.5%。

华为近 10 年来不断加大投入资金用于消费者和企业业务研发上。2017 年，华为持续加大 5G、芯片、智能终端等面向未来的研发投入，研发费用率同比上升 0.3%，加大消费者业务和企业业务品牌及渠道建设的投入。年报显示，过去 10 年华为在研发方面的投入累计达到 3 940 亿元。华为成立了海思独立开发应用处理器芯片，现阶段华为高端智能手机都搭载海思的麒麟系列应用处理器，但中低端智能手机市场仍持续与高通、联发科合作，加上华为与全球电信商关系良好，继 2015 年华为出货突破 1 亿部大关，2017 年华为智能手机全球出货 1.53 亿部，坐稳全球智能手机市场份额第三位；其中，国内出货量以 9 090 万部高居首位，市场份额达到了 20.4%，相比 2016 年继续大涨 18.6%。全球品牌知名度提升至 86%，海外消费者对华为品牌考虑度同比增长 100%，华为品牌价值不断提升。

在企业业务领域，华为着力于加速全球企业数字化转型进程，不断强化云计算、企业园区、数据中心、物联网等创新产品和解决方案，并在智慧城市、平安城市以及金融、能源、交通、制造等行业得到广泛应用。华为技术通过领先的“端、管、云”全栈式 ICT 解决方案，帮助客户进行 ICT 基础架构的顶层设计，同时基于“平台+生态”战略，与合作伙伴共同打造企业数字化转型所需的生态链。截至 2017 年，有 197 家世界 500 强企业、45 家世界 100 强企业选择华为作为数字化转型的战略合作伙伴。

2017 年起，华为开始为北欧渔业公司提供物联网（Internet of Things, IoT）技术服务，加速其数字化转型。数字化技术每年帮助渔业公司节约 10%的鱼料，相当于缩减了 6 亿美元的成本。提供这项技术的是华为位于欧洲慕尼黑的联合创新孵化中心，2018 年华为在巴黎还建立了第二个联合创新孵化中心。这些中心聚焦工业制造 4.0、智慧城市及物联网（IoT），提供本土技术支撑。华为手机 P20 中的 AI 基础研发，诞生于华为法国研究中心。自 2003 年起，华为已经在法国建立了五个研发中心，其中，两个聚焦AI，一个聚焦5G，吸引近百名本地研发人员加入。华为正利用数字技术助力拥有350多年历史的巴黎歌剧院登上手机屏幕。在意大利米兰，华为还兴建了微波技术、射频、算法等研发中心。

撇开美国市场，当东方遇到西方，邂逅广阔的世界，从慕尼黑到巴黎，从米兰到巴塞罗那（见图2-7当东方遇见西方）。那个下午拍下这张照片，心情其实是复杂的。阳光照在华为巨大的转角广告牌商，后面是高高的起重机，前面是几百年前的骏马石雕。在喧闹的背后，我似乎隐约听到这匹骏马依然在石雕中嘶鸣。回想游历过的许多欧洲知名城市，脑海中的场景如永远不死公爵的画像，缓缓的工作节奏，悠悠的生活姿态，老迈并且优雅。只有那些穿着铠甲奋斗也依然性感的骑士，才有能力和资格征服这些城市。

图2-7　当东方遇见西方

我们这里介绍华为在区域市场增长的第二曲线，蕴含着华为在国际化的同时，深入理解当地文化，作好本地化实践。当东方遇见西方，结出丰硕的果实。华为在西欧，形象已越来越从容、越来越丰满。华为已经逐步理解西欧，华为进入西欧已经18年了，这里不是华为最早进入的市场，也不是最晚的，但却是最关键的高端市场，华为技术正加速这些具有悠久历史的欧洲国家焕发青春、注入数字动力。

华为通过“压强配置”厚积薄发的针塔战略，把企业物质财富最大化转化为企业发展势能，强化了内生动力。针塔战略表现在两个方面，厚积薄发首先表现在把物质财富“压强配置”，如针尖一样冲破，密集投入到科技研发领域。华为建立势能最突出的方式是研发方面，面向战略聚焦领域，多路径、多梯队“范弗里特弹药量”地密集投资，过去10年累计投入3 940亿元人民币。

同国内许多企业不一样的地方在于，华为厚积薄发的针塔战略另一个表现是开放式的，即不断引进国际管理经验，推动管理变革，积累组织能力方面的势能。华为通过厚积薄发积累了足够的势能，就有可能在核心领域进入无人区，构建世界级核心竞争力，同时，也能积累能力进入更大的业务作战空间，找到新的增长曲线，进而推动积累更大的势能，这如同火箭不断推进。如此循环，企业就会进入良性发展状态。

构建万物互联智能世界

面对新的时代趋势，华为又有什么新的战略定位呢？技术的进步日新月异，人工智能时代正在来临。让我们对这个ICT时代先有一个画面感。在2017年华为年报中描述道：从上百亿的个人终端到无处不在的工业传感器，万物感知打通了物理世界与数字世界的边界，源源不断地产生着海量数据，数据是DT时代的能源；从人人通信到无处不在的物联网，万物互联加速了数据流动，使得大规模的数据分析和利用成为可能；从全球分布的云数据中心到无处不在的边缘计算，万物智能将数据转换成商业机会，激发了各行各业应用创新、释放潜能。在新技术的驱动下，消费者偏好和企业需求不断变化，新的消费体验、新的场景和新的商业模式层出不穷，各种机会和挑战正扑面而来。

数字化的主战场正在向行业物联网延伸,ICT 正在从一个垂直行业演变成全社会的平台性产业,使各行各业向数字化、智能化转型,驱动新一轮工业革命,推动人类社会迈向万物互联的智能世界。物联网、云计算、人工智能和 5G 等新兴技术加速走向规模商用。在 2017 年华为新成立了 Cloud BU,旨在携手合作伙伴,为客户提供稳定可靠、安全可信和可持续演进的云服务。截至 2017 年底,华为云已上线 14 大类 99 个云服务,以及制造、医疗、电商、车联网、SAP(System Application and Products)、HPC(High Performance Computing)、IoT 等 50 多个解决方案,自从 Cloud BU 成立后,华为云的用户数和资源使用量都增长了 3 倍。同时,推出公有云合作伙伴计划。

人工智能将无处不在,美国研究人员引领人工智能的发现,中国工程师们则成了人工智能应用的领军人物。这两个超级大国将带来史上最迅猛、最波澜壮阔的人工智能技术革命。人工智能将产生前所未有的巨大财富。据普华永道估计,到 2030 年,人工智能将带来 16 万亿美元的全球 GDP 增长,这会帮助消除贫穷和饥饿。

站在新时代的起点,华为愿景与使命是:“把数字世界带入每个人、每个家庭、每个组织,构建万物互联的智能世界。”致力于:为客户创造更大的价值,为伙伴搭建更好的平台,为员工提供更多的机会,促进所在社区的和谐发展,努力让技术创新的成果普惠每一个人、每一个家庭、每一个组织,推动世界经济包容性增长和可持续发展,为人类社会做出更大的贡献。

创新小提示:创新的本质在于创造价值,把数字世界带入每个人、每个家庭、每个组织,构建万物互联的智能世界和美好生活,是创新的出发点。

在华为《2017 年可持续发展报告》中,介绍了华为在消除数字鸿沟、保障网络稳定安全运行和用户隐私、推进绿色环保和构建和谐健康生态这四大领域所采取的行动。也回顾了2017年华为积极将自身行动与联合国可持续发展目标(Sustainable Development Goals, SDGs)对标,推进可持续发展战略目标的落地。华为公司董事长梁华表示:"我们愿意充分发挥专业优势,构建可持续的、万物互联的智能世界。我们要努力让技术创新的成果惠及每一个人、每一个家庭、每一个组织,推动世界经济包容性增长和可持续发展,为人类社会做出更大贡献。"

亚马逊增长曲线

记得2016年的冬天,来到位于南联合湖、针塔附近的亚马逊总部,接待我的大堂朴实而有书香咖啡味道,大堂高度不高,办公楼都有一个编号,贝佐斯就在普通的办公楼里办公(见图2-8有编号的亚马逊办公楼)。1994年,30岁的贝佐斯放弃了纽约投行的工作,开始筹备自己创业。1995年他回到西雅图自己家的车库创业,做起了网上书店的生意,

图2-8 有编号的亚马逊办公楼(2016年拍摄于亚马逊总部)

这家由贝佐斯以地球上孕育最多种生物的亚马逊河命名的企业，到今年已有23年的历史。1997年当初发行价每股是18美元，我到达那天亚马逊股价每股在700美元左右，截至2018年9月28日，已经达到每股2 003美元，市值已近万亿美元。

亚马逊的发展经历了三次裂变，画出了三条优美的增长曲线。我们先简要回顾亚马逊的成长史。1994年夏天，贝佐斯决定创立一家网上书店，贝佐斯认为书籍是最常见的商品，标准化程度高。1995年7月，亚马逊网站正式上线。1997年5月亚马逊和巴诺（Barnes & Noble）经过几次交锋，最终完全确立了最大书店的地位。1998年6月，亚马逊的音乐商店正式上线。仅一个季度亚马逊音乐商店的销售额就已经超过了CDnow，成为最大的网上音乐产品零售商。1999年亚马逊以2.5亿美元收购Alexa公司，为其后面Echo智能音箱开发打下基础。2000年亚马逊遭遇互联网泡沫公司倒闭潮，股价跌去90%以上。2001年，开始大规模推广第三方开放平台（Marketplace）。2002年，推出网络云服务（Amazon Web Service，AWS），当年第四季度开始赢利，净利润为500万美元。2004年，亚马逊位于硅谷的Lab126试验室成立，主要负责智能硬件、人工智能等方面产品开发和技术研究。2005年，推出Prime会员服务，年费截至2014年为79美元，2014年后调整为99美元。2007年，开始向第三方卖家提供外包物流服务Fulfillment by Amazon（FBA），当年11月19日推出第一代Kindle，进军硬件市场。2010年，推出KDP的前身自助数字出版平台Digital Text Platform（DTP）。2012年亚马逊以7.75亿美元收购机器人公司Kiva。2013年发布第一代无人机Prime Air，5磅以下商品可选无人机配送。2016年亚马逊在西雅图开设了第一家实体便利店Amazon Go。亚马逊的崛起加速了大量知名企业的衰落，包括百思买集团、巴诺书店、沃尔玛，等等，目前，它的业务边界还在不断拓展中。但人们可能忘记了，大多数人都相信亚马逊注定会失败，包括那些大牌的分析师。认知的底层思维和边界决定着对一个企业家和企业未来的判断。

> 创新小提示：在黑暗的微光中进行战略创新部署。1999 年亚马逊以 2.5 亿美元收购 Alexa 公司。

依据 2017 年财报，亚马逊全年净营收为 1 778.7 亿美元，同比增长 30.8%；净利润为 30.3 亿美元，同比增长 28.9%，2018 年亚马逊上半年共实现收入 1 039.28 亿美元。在业务占比上（见图 2－9 收入结构分析），参考华为同样作分析，其中 541.05 亿美元来自网上销售，占比 52%；189.6 亿美元来自第三方服务，占比 18%；115.47 亿美元来自云服务，占比 11%；85.75 亿美元来自线下销售，占比 8%；其余 65.1 亿美元来自会员付费及订阅服务。目前，业务中占比最大的还是网上销售，但增长最快的是云服务，这在后面章节进行分析。

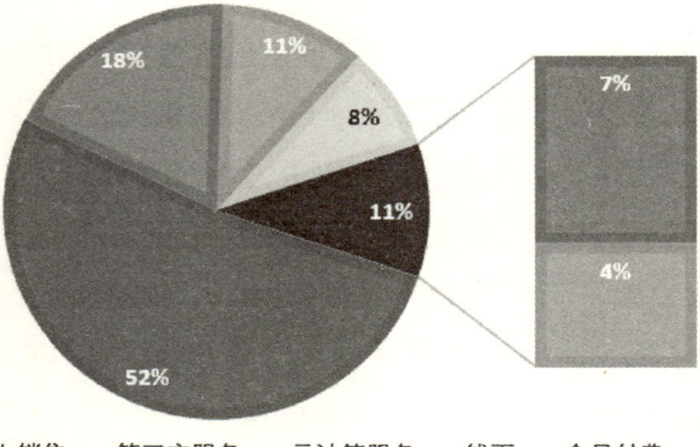

图 2－9　2018 年上半年亚马逊收入结构分析（数据来源：亚马逊财报）

从业务构成来看，亚马逊的业务板块主要覆盖了零售业务、硬件生产、第三方服务、云服务和内容生产五大业务。从 2009—2016 年，亚马逊大力投资的物流中心、数据中心和云计算中心等基础设施均已逐步建设完成，为其转向稳定高盈利业务打下坚实基础，这类似华为的最近 10

年投资新的业务增长点。

贝佐斯在2014年亚马逊年度股东信中，开头有这么一段话，特别值得注意："一个公司梦幻般的业务一般要有四个属性：一是客户非常有需求；二是它能成长到很大的规模；三是资本回报率高；四是它能抵抗时间——也就是能够存续很多年。当你找到这样一种业务的时候，你应该把它紧紧抓住不放。我很高兴地告诉大家，亚马逊不止有一个这样的业务。经过20年的努力和冒险，以及好运气之后，我们会发现已经有三个毕生追求的业务了。"

> 创新小提示：一项伟大的创新业务，它可以抵抗时间——也就是能够存续很多年，带来厚厚的雪道。

亚马逊三次裂变

亚马逊从一个网上零售书店开始，经历了23年不断超越自我的历程，取得了优美的增长曲线。亚马逊的第一条增长曲线是在线零售商。在这轮增长中，亚马逊也经历了多次创新，从卖书到最大的在线零售商。第一次创新在于用互联网技术对传统书店的创新，当第一次创新完成后，亚马逊的市值就超过了所有传统书店的市值。第二轮创新增长是从卖书到卖音乐影视、礼品玩具、电子产品、服饰珠宝等，其市值已经超过了传统品牌企业 Walmart 和 Costco 等企业的总和。到此亚马逊成为最大的在线零售商。

写到这里，让我想起国内的书店当当网，也是从网上书店起家的公司。2018年9月19日晚间，海航科技发布公告称，终止收购北京当当科技文化电子商务有限公司100%股权及北京当当网信息技术有限公司100%股权。当当网由李国庆和其妻子俞渝联合设立，1999年正式开通。投资机构有国内著名出版机构科技文化公司、美国老虎基金、美国 IDG 集团、卢森堡剑桥集团、亚洲创业投资基金(原软银中国创业基金),等等。所以仅有赛道还不够,还需要系统和文化。这在后面作进一步分析。

巴菲特曾把亚马逊比喻成发电站,这绝大部分归功于亚马逊的企业服务(云服务 AWS)。亚马逊的第二条增长曲线就是现在微软、Google、华为、阿里、腾讯等企业都在布局的云计算服务,目前,占营业收入总额的 11.1%,但增长速度迅猛。2006 年,伴随着第三方商家的入驻,贝佐斯要求团队开发一款 APIs 以帮助开发商更便捷地制作检索目录、使用支付系统和购物车,由此催生出搭建系统和基础设施的需求。这款名为 AWS(Amazon Web Service)的服务,在成立之初并没有得到非同寻常的重视,这让我想起腾讯微信产品的诞生。但是亚马逊"为客户需求持续投入"的哲学,这种底层思维,让它不断坚持,捕捉到了开发商不断增长和衍生的需求。AWS 陆续推出了 S3 和 EC2 的解决方案,逐渐成为了全球最易用、应用也最广泛的云计算服务。

AWS 成立之初,贝佐斯就把 15 美元/小时的价格降到了 10 美元/小时。尽管财务总监 CFO 抱怨一项原本盈利的业务会因此而陷入长期亏损,即使这样也没有改变贝佐斯的坚持。后来亚马逊 AWS 云服务业务,自己还主动降价了 51 次。回头看,亚马逊当初有 Google、微软、阿里、百度等巨头的渠道竞争,向下基础设施供应商 IBM、惠普、英特尔也掌握着充足的技术优势。属于亚马逊的只有一点点先发优势,和对用户需求无限投资的底层思维。2018 年第二季度亚马逊在全球公有云市场份额保持在 34%,超过排名第 2~5 名竞争者市场份额之和,利润是微软云服务的 4 倍多。AWS 用 11.1%的收入贡献了 60%的营业利润,帮助亚马逊开启了新的盈利方向,为万亿市值提供了足够的引爆点。

亚马逊的第三条增长曲线是人工智能。1999 年亚马逊以 2.5 亿美元收购 Alexa 公司,2004 年亚马逊在硅谷设立了 Lab126 实验室,侧重智能硬件和人工智能研究和开发,智能音箱 Echo 和 Kindle 都来自该神秘的 Lab126。2011 年收购了智能语音交互技术公司 Yap,2013 年收购 Evi 公司。除了云服务业务,亚马逊在人工智能的布局上又比国内企业超前了许多年,亚马逊 20 年来夯实的组织能力溢出,让它在移动互联网时代来临时获得了新的增长曲线。

2015 年,亚马逊成立 Alexa fund,侧重在人工智能领域投资,为此亚马逊已经准备了 10 多年。新的一轮增长以 Alexa 为中心进行扩张,贝佐斯在 2018 年 7 月发表声明中说:目前 150 多个国家有数万开发者使用 Alexa 开发新设备,可支持的设备数量在过去一年中增长了两倍多。我们发现,在这一领域,亚马逊乐于通过收购来进行市场布局。2017 年底,它收购了智能安全摄像头制造商 Blink,2018 年初收购了智能视频门铃制造商 Ring。2018 年 9 月亚马逊又宣布投资了 4 家公司包括 Plantprefab、Bamboolearnin、Endel、Aiva 等,行业涵盖房地产、教育和医疗等。Alexa 似乎无处不在,但又似乎仅仅是亚马逊布局人工智能的开始。

亚马逊改写了零售业,改变了人们的阅读习惯,目前,在云服务和人工智能领域突飞猛进,亚马逊在一次次创新中超越自我,每天都是第一天,新的第一天,创造了亚马逊优美的增长曲线(见图 2-10 亚马逊历年收入)。

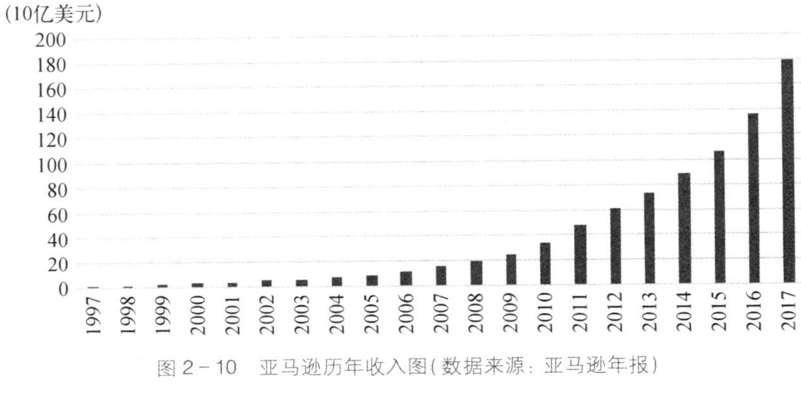

图 2-10 亚马逊历年收入图(数据来源:亚马逊年报)

背后的男人

在亚马逊如此优美的增长曲线背后，他背后的男人，亚马逊创始人兼 CEO 杰夫·贝佐斯（曾作为《时代》1999 年封面年度人物）是我们在后面几章的领导力素质部分要展开研究的。从 1997 年到 2018 年，亚马逊从只卖书到什么都能卖，贝佐斯身价也日益飙升。2018 年 3 月 6 日，贝佐斯以 1 120 亿美元的资产取代比尔·盖茨（900 亿美元）成为 2018 年福布斯全球富豪榜上的首位。到 2018 年 9 月，贝佐斯在短短半年的时间净资产再涨 527 亿美元，相当于每天大约挣得 2.9 亿美元。

让我们来回顾一下几个时刻：1999 年，贝佐斯当选《时代》周刊年度人物，是美国《商业周刊》评选的"互联网时代最具影响力的 25 人"之一。2007 年《Business 2.0》杂志商业世界 50 强排名出炉，杰夫·贝佐斯名列 12。2009 年《福布斯》全球亿万富豪排行榜，杰夫·贝佐斯以 68 亿美元位列第 68。2010 年《福布斯》全球亿万富豪排行榜，杰夫·贝佐斯以 123 亿美元位列第 43。2012 年《福布斯》全球亿万富豪排行榜，杰夫·贝佐斯以 184 亿美元位列第 26。2017 年《福布斯》年度全球富豪榜，杰夫·贝佐斯以 728 亿美元首次进入前三。2017 年 7 月 27 日，亚马逊的股价达到 1 066 美元每股，杰夫·贝佐斯的个人财富达到了 913 亿美元，第一次登上了全球首富的位置。2018 年 3 月 6 日，贝佐斯以 1 120 亿美元的资产再次成为 2018 年福布斯全球富豪榜上的龙头（见图 2－11 贝佐斯历年个人净资产变化图）。

华为开始选择 IT 产业切入，从程控交换机的贸易代理起家到自主研发，业务线目前延展 ICT 涵盖智能手机、云计算和人工智能等领域，造就了在非连续的行业中连续的高增长。亚马逊选择互联网行业，从电商零售书店开始，逐步延展到其他品类，业务线目前延展到内容制作、云计算、智能硬件、人工智能等业务，造就了庞大的亚马逊生态链帝国。本章

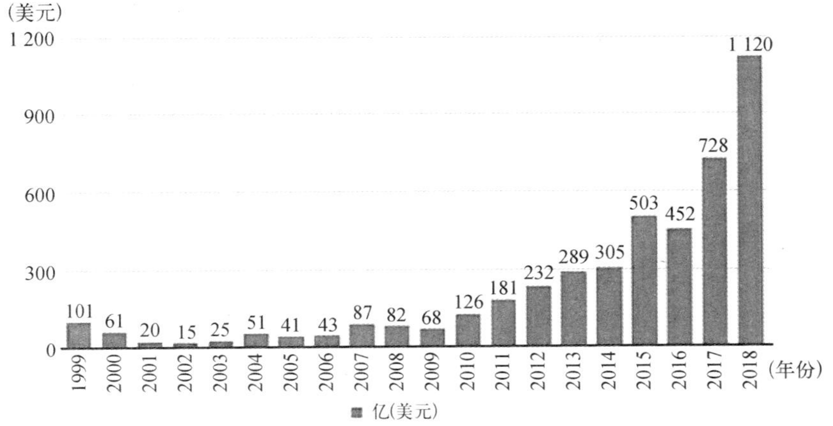

图 2－11　贝佐斯历年个人净资产变化图(资料来源：心缘：《新世界首富！20 年狂投 132 家公司，贝索斯说我比亚马逊更值钱》，2018 年 9 月 5 日)

主要论述的是先赛道后选手，无论是华为还是亚马逊。从以上分析可知，选择赛道是如此重要，选择远比努力重要。

三、反熵增管理系统

> 修好堤坝建好系统，就让水在里面自由流。
>
> ——任正非

在第 1 章中，我们提到选择大于努力，要把握先赛道后赛手，要先行业后企业，首先要判断企业有没有清晰的基于行业本质的战略定位。但基于行业本质的战略定位往往只是一个前提条件，并不是一个充分必要条件。当年与华为同处一个行业的有“四朵金花”，称为“巨大中华”，目前，只有“中华”中兴通讯和华为技术取得了长足的发展，而仅有两家中的另一家中兴通讯，在 2018 年的美国制裁事件风雨飘摇，市值跌去了 2/3。我们经常会看到许多企业并不缺乏好的战略和行业，但最后常常只能叹息。所以有了清晰的战略定位之后，还需要一个好的团队和管理系统去执行，需要一批好马。

任正非一直希望企业不要成为某个人的人质包括他自己。他说：我们一定要建立不依赖人的制度，我们要摆脱对人才、技术和资本的依赖。企业家总要离开人世，他希望团队和制度来接班而不是具体某一个人。华为以开放的心态借鉴国外企业的成功经验，自 1997 年开始全面建立管理系统，反熵增建立耗散结构，他希望这些系统如长江一样千古存在。本章先介绍华为逐步建立基于组织能力提升的反熵增管理系统，最后一部分介绍亚马逊的管理系统底层思维。

■ 投资语录：除了赛道和赛手，还需要有一匹好马。

反熵(anti-entropy)

优秀领导的优秀表现在他能从人治逐步淡化自己，通过无形的影响力去影响团队建立企业正确的战略思维、优美的系统和共识的核心价值观。这里要谈的就是华为投入巨大人力和财力建设的优美反熵增管理系统，而且具有很深的管理哲学思想和很大的超前性。

要理解华为管理系统的底层思想，首先还要介绍一下物理学中熵的概念。这个词最早来源于物理学的热力学第二定律。

量子物理学和现代生物学的奠基人欧文·薛定谔曾对热力学第二定律的综合性描述是："一个非活的系统被独立出来，或是把它置于一个均匀的环境里，所有的运动由于周围的各种摩擦力的作用都将很快地停顿下来，电势或化学势的差别也消失了，形成化合物倾向的物质也是如此；由于热传导的作用，温度也变得均匀了。由此，整个系统最终慢慢地退化成毫无生气的、死气沉沉的一团物质。于是，这就达到了被物理学家们称为的热力学平衡或最大熵——这是一种持久不变的状态，在其中再也不会出现可以观察到的事件。"

这个概念比较难理解，简单的理解是：在一个封闭的系统内，事物总是从有序趋向于无序，所以熵的值一定是增加的。这就是"熵增定律"。熵就是无序的混乱程度，熵增就是世界上一切事物发展的自然倾向都是从井然有序走向混乱无序，最终灭亡。简单归纳一下熵增、熵减和负熵，如图 3－1 所示。

第一次把"熵"这个概念引入企业管理领域的，是现代管理学大师彼得·德鲁克。他说：" 管理要做的只有一件事情，就是如何对抗熵增。在这个过程中，企业的活力才会增加，而不是默默走向死亡。"后来，哈佛

	特点	解析	对生命的影响
熵增	无序无效的递增，效能逐步减弱	人体的衰老、组织的停滞	负（-）
熵减	更加有效有序，效能逐步增强	吸收活性因子，表现为效能增强	正（+）
负熵	能熵减的活性因子	物质、能量、信息等（人），新成员、新思维、新结构等（组织）	

图3-1　熵增、熵减和负熵对比图

商学院的著名教授迈克尔·波特（“波特竞争五力”模型的发明者）指出：在生物有机体中，生命能量的消耗是为了维护一种精巧的秩序。企业组织是由人的网络构成的，它具有绝对的、可能陷入更大混乱状态的倾向。所以，如果你不对这个组织采取任何措施，它就必然会慢慢走向混乱状态。而为了避免混乱，采取措施的过程，就是不断建立管理系统的过程。

考察周围的许多企业无论民企还是外企，在企业发展的过程中都有着一个共同的规律。企业从小到大，创业阶段合伙人团结，员工齐心协力，从混沌和混乱中杀出一条生路，这是一个从无序到有序的过程。企业发展到一定规模，一些问题就会出现。比如，合伙人创始人会闹矛盾，最坏的情况是许多民营企业四分五裂，直到破产；小问题是部门之间开始各自为战，争夺利益；企业变大之后开始官僚主义，企业效率低下；整个组织结构也越来越臃肿，创新能力下降，等等。典型的案例，可以举出许多，如快餐行业的真功夫等，真功夫曾经是开创了中餐行业快餐的第一品牌，营销能力非常强，但由于创始人之间的利益争夺而基本耗尽，失去了高增长的机会。

研究考察国外的优秀企业，包括我一直跟踪研究的通用电气（GE），也不例外。我们熟知的苹果公司发展过程中也经历了乔布斯的几进几出董事会，还有英特尔、迪士尼、耐克，都曾经历过一段很长的低谷期，甚至离死亡只差一步。但在关键时刻，它们都力挽狂澜，改变了企业的命运，迎来了新的增长曲线。

这也告诉我们，某种程度上来说，熵增像一种诅咒、一种宿命，在企业发展的生命周期里，可能是无法逃脱的。我们能做的就是建立不依赖于人的系统，尽可能地增加组织的生命力和免疫力，强身健体，延续自己的生存机会，等待新的时机，寻找到新的增长曲线。但是当你还没有建立这样的管理系统，又没有年轻的传承者，当你耄耋之年的时候，会有乔布斯之类的人出现来拯救全局吗？也只有天知道。但有一个趋势是可以确定的，无论企业或者国家，封闭的系统终究是要熵死的，没有活力的封闭企业必将灭亡。

创新小提示：熵增像一种诅咒、一种宿命，建立开放式创新管理系统的目的就是反熵增。

华为反熵系统

作为一个深刻理解人性的企业家，理工科背景出身的任正非，长期的管理经验让他从管理咨询顾问那里接触到这个概念后，就成为了其结合华为管理实践、建立华为管理系统的底层思维。企业要想生存就要逆向做功，把能量从低到高抽上来，增加势能，这样就发展了（于是诞生了厚积薄发的华为理念）；人的天性就是要休息、舒服，这样企业如何发展？（于是诞生了以奋斗者为本，长期艰苦奋斗的华为理念）。任正非悟透了熵增对企业的危害、洞察了人性，设计一系列的管理系统，激发出华为人的生命活力和创造力，从而得到持续发展的企业活力。

华为在研发上采用“压强配置”，每年将销售额的10%以上投入产品开发，但是研发费用浪费比例和产品开发周期仍然是业界最佳水平的两倍以上。华为销售额虽然连年增长，但不容忽视的是产品的毛利率却逐年下降，人均效益只有思科、IBM等企业的1/6～1/3。华为在重整供应链之前，其管理水平与业内其他国际公司相比存在较大的差距。华为在 1997 年开始就逐步系统地建立企业的管理神经系统。这些管理系统包括集成产品研发（integrated product development，IPD）、集成供应链（integrated supply chain，ISC）、市场管理（market management，MM）、客户服务（customer service，CS）以及财务系统和人力资源管理系统等，全面建立端到端的管理流程体系。

1998 年 8 月，华为与 IBM 公司合作启动了“IT 策略与规划”（IT S&P）项目，开始规划华为未来 3~5 年需要开展的业务变革和 IT 项目，其中包括 IPD、ISC、IT 系统重整、财务四统一等 8 个项目，IPD 和 ISC 是其中的重点。IBM 全球服务部负责的 IT 战略与规划项目启动后，IBM 派出了 10 位以上顾问常驻华为，顾问费开支巨大。此外，华为还专门成立了一个配合 IBM 项目组的管理工程部，也有 300 多人。内部人士估计整个变革项目的费用不低于 10 亿元。期间华为的平均营业收入大概是 200 亿元左右，而且还经历了 2002 年营业收入下滑的“华为的冬天”。

任正非在 IPD 动员大会上这样说：“世界上有非常多而好的管理方式，但是我们不能什么都学，那样的结果只能是一个白痴。因为这个往这边管，那个往那边管，综合起来就抵消为零。所以，我们只向一个顾问学习，只学习 IBM。”对任正非来说，学习 IBM 似乎是超越国外巨头，让企业走向规范化、职业化和国际化管理的必由之路。尽管现在 IBM 自己转型也没有预期的那么好，但其沉淀的管理思想是值得学习的。

IPD 是关于产品开发（从产品概念产生到产品发布的全过程）的一种理念和方法，它强调以市场和客户需求作为产品开发的驱动力，在产品设计中就构建产品质量、成本、可制造性和可服务性等方面的优势，尤其重要的是它将产品开发作为一项投资来管理。在产品开发的每一个重要阶段，都从商业的角度而不只是从技术的角度进行评估，以确保产品投资回报的实现或尽可能减少投资失败所造成的损失。

ISC 管理的原则是通过对供应链中的信息流、物流和资金流进行设计、规划和控制，保证实现供应链的两个关键目标：提高客户的满意度，降低供应链的总成本。ISC 不仅仅是一种物质的供应链，而是集财务、信息和管理模式于一体，任正非曾经说："集成供应链解决了，公司的管理问题基本上就全部解决了。"华为 ISC 变革采取先完成采购和库存、运输、订单履行等内部环节，再建设和优化 ERP 系统，最后再发展电子商务的顺序，这是管理变革中应该把握的。

产品开发流程处于企业价值链最上游，这里出现的问题常常会在生产制造、销售、交付、售后服务等下游环节产生百倍千倍的放大，所以，最好要在各环节装上倒置的漏斗，将其逐步删减掉。因此，从产品开发源头开始，是提高产品投资收益、解决公司系统性问题的治根之举。华为花巨资引进 IPD，就是希望通过变革产品开发模式，缩短产品上市时间，降低费用，提升产品质量，最终能够提高产品的毛利率。

华为在进行 IPD 和 ISC 项目的同时，也对 IT 系统进行了重新规划和设计，以有效支撑业务流程的变革。财务系统变革也是重点内容之一。2007 年，在 IBM 咨询顾问的帮助下，华为又悄然启动了集成财务系统（integrated financial system, IFS）的试点，将管理变革的范围扩展到了关键的全球营销体系和财务支持体系。这也是华为历时 5 年完成 IPD（集成产品开发）和 ISC（集成供应链管理）之后的又一次重大管理变革。可以看出，华为的业务流程变革，采用的是先完成企业内部环节的变革，然后再向价值链的上游（供应商）和下游（客户）延伸的步骤。内部环节的变革也是先变革产品开发等价值链的间接环节，再变革供应链等直接环节。

华为与 IBM 的合作尽管中途曾经中断，但总体来说是双赢的，华为知道自己要从 IBM 身上学什么、不学什么，IBM 也得到了自己希望得到的，不仅更加理解了自己的客户、中国企业的管理，也从华为的一般供应商迅速提升到高级供应商。2008 年 2 月 29 日晚，华为在总部高培中心给 IBM 顾问的一场答谢晚宴上，公司主要高层领导出席，并给予该项目很中肯的评价：华为与IBM的合作，从小项目逐步到大项目，到核心管理流程的变革推进，尤其是通过IPD和ISC项目，IBM的顾问为华为走向国际化发挥了巨大的作用。

在人力资本开发系统的构建上，1997年华为开始起草华为《基本法》，任正非强调：公司正经历着第二次创业，从企业家管理向职业化管理过渡，任正非希望通过制度的安排从“人治”走向“法治”。任正非强调：华为《基本法》是华为公司在宏观上引导企业中长期发展的纲领性文件，也是华为公司全体员工的心理契约。要提升每一位华为人的胸怀和境界，提升对大事业和目标的追求。每个员工都要投入到《基本法》的起草与研讨中来，群策群力，达成共识，为华为的成长做出共同的承诺，达成公约，以指导未来的行动，使每一个有智慧、有热情的员工，能朝着共同的宏伟目标努力奋斗，使《基本法》融于每一个华为人的行为与习惯中。

制定华为《基本法》是基础，也是系统地进行文化管理的开端。2008年华为《基本法》进入修改程序，尽管在华为发展的实践中，许多具体操作方面已经有了许多发展，但可以看到，华为《基本法》中提到的核心价值观和基本原则一直指导着华为的发展。

华为全面管理系统的建设始于人力资源管理系统的建设。本书将重点介绍华为人力资本开发系统的建设，图3-2是华为当时要建立的人力资源管理大厦。在人力资本开发方面，华为以人为本不是一句口号，它集中体现在持续的人力资本开发系统建设上。

人力资本开发系统建设首先体现在人力资源组织保障上，当时有一句口号是“将人力资源建到连队”。1997年，在华为发展将近10个年头的时候，人力资源部成为公司非常重要的一个部门，而且在各大部门还设立了干部部，各干部部在业务上直接受人力资源部管理，在各市场办事处设立相关人力资源对口人员，将人力资源建到连队。华为整体人力资源管理人员的编制是按照员工总数的1%比例配备的。

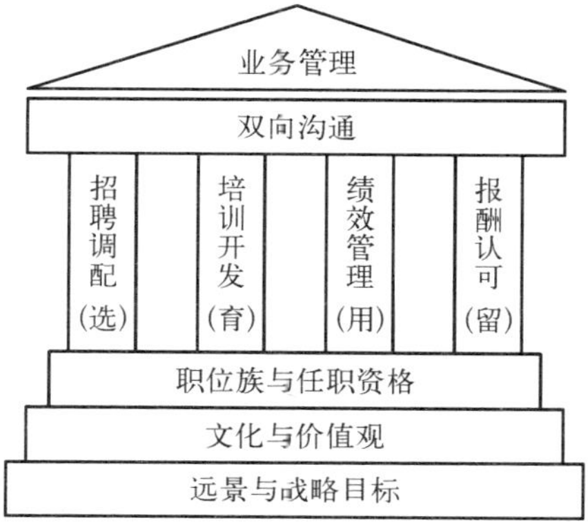

图3－2　人力资源管理大厦

从1997年开始，华为选择一家外部人力资源管理咨询公司进行管理咨询合作，开始进行人力资源管理系统变革。在管理顾问的帮助下，华为逐步建立了员工职位体系、薪酬体系、任职资格管理体系、绩效管理体系以及关键岗位的素质模型。在此基础上形成了华为公司员工选、育、用、留原则，并逐步建立了干部选拔、培养、任用、考核原则。自1998年开始，咨询公司每年对华为公司人力资源管理的改进进行审计，找出存在的问题，然后交给华为解决。2005年开始，华为公司又与这家咨询公司合作，进行领导力培养、开发和领导力素质模型的建立，为公司面向全球发展培养领导者。

华为建立了双通道的5级职业发展通路，在选拔管理干部方面，华为建立了基于素质模型的各职位族任职资格管理系统，是国内第一家探索胜任能力素质模型运用的企业。华为选择管理干部的标准有三个方面：品德、责任结果、领导力。干部培养选拔的原则是：一是要认同华为的核心价值观，二是具有自我批判的能力。华为的管理干部分为两种，一种是干部的后备队，排名前30%的干部，有机会到华为大学进行管理培训，培训优秀的人有可能在下一届职务上有锻炼实践机会；一种是后进干部，排名较后的20%的干部，后进干部队伍是优先裁员的对象。

在具体评价时以行为以及结果为依据，不是听员工怎么样说，而是以过去做过的事情和实际行为为依据来评价。华为反对民主推荐，反对竞争上岗。

在干部管理政策导向方面，华为有一个“三鼓励”的政策：鼓励机关干部到一线特别是海外一线和海外艰苦地区工作，奖励向一线倾斜；鼓励专家型人才进入技术和业务专家职业发展通道；鼓励干部向国际化、职业化转变。华为公司建立了系统的各职位体系的任职资格管理制度，在整个干部的选拔中，根据任职职位的要求与相应的任职资格标准进行认证。

在绩效考核方面，采用综合平衡计分卡（Balanced score card，BSC）方法。综合平衡计分卡同时也是一种战略实施的工具，它的核心思想是通过财务、客户、内部经营过程及学习和成长四个方面相互驱动的因果关系来实现公司的战略目标，如图 3－3 所示。

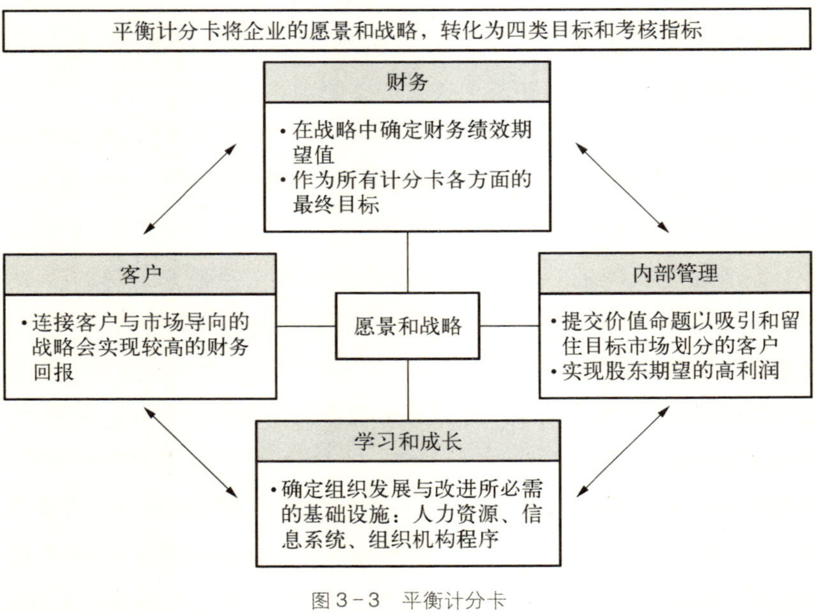

图 3－3　平衡计分卡

平衡计分卡的关键在于平衡：关于短期目标和长期目标的平衡；收益增长目标和潜力目标的平衡；财务目标与非财务目标的平衡；产出目标和绩效驱动因素的平衡以及外部市场目标和内部关键过程绩效的平衡，也就是从战略到指标体系再到每个岗位的指标，都经过平衡计分卡来达到长短、财务非财务等各个方面的平衡。在设计时，既要考核那些结果类的指标，也要考核那些驱动结果达成的指标。

华为认为劳动（知识）创造了公司的全部价值，效率优先，兼顾公平，可持续发展，是华为公司价值分配的基本原则。华为奉行拉开距离、效率优先的原则。公司鼓励每个员工在真诚合作与责任承诺基础上，展开竞争。华为付薪理念以员工工作贡献的大小和任职能力为依据，不以员工的学历、工龄和职称以及内部"公关"关系好支付任何报酬。华为依靠自己的宗旨和文化，成就与机会，以及政策和待遇，吸引和招揽天下一流人才。华为在招聘和录用中，注重人的素质、潜能、品格、学历和经验。按照双向选择的原则，在人才使用、培养与发展上，提供客观对等的承诺。

现在回想起来，华为基于素质模型的任职资格管理制度的建立是华为人力资本开发系统建设的核心。于 1997 年开始与英国劳工部合作的任职资格管理制度的建设，为华为职业化人才体系的建设打下了坚实的基础。华为任职资格体系的推行，从秘书岗位开始试验，最后推广到各职位族和中高级管理者。即使是华为的司机，都有着华为的文化和系统的烙印，许多去过华为的客户对华为司机的职业素养都赞不绝口。华为的任职资格体系奠定了华为内部人才培养系统，除了极少数外聘高级管理者之外，华为的管理干部几乎都是从内部业务骨干中选拔。在华为，所有管理者都必须达到一定的任职资格级别才能上岗；如果没有达到，就需要通过轮岗和培训等方式进行进一步培养，任职资格管理制度也是引导员工自我学习与职业生涯发展的指南。也正是这个系统的建立，为华为的职业化管理和职业化人才培养打下了制度基础，在华为的发展中也为社会输送了许多职业化的人才。

前 10 年是华为密集建立多个管理系统的时候，随着业务的拓展，华为管理系统的建设还在不断具体深化。任正非在一次讲话中说：我们持续进行管理变革，就是要建立一系列以客户为中心、以生存为底线的管理系统，将文化融入制度，摆脱企业对个人的依赖，使要做的事，从输入到输出，直接的端到端，简洁并控制有效地连通，尽可能减少层级，使成本最低，效率最高。要把可以规范化的管理都变成扳道岔，使岗位操作标准化、制度化、简单化。许多流程化的体系与制度都是没有生命的，但实则也是有生命的东西。优美的系统会一代代越来越成熟，因为每一代管理者都在给系统不断优化，不断添砖加瓦。

为什么要保留介绍华为开始建设管理系统的过程？一方面由于笔者早期在华为人力资源体系工作，参与了华为人力资源管理体系从零开始的创建过程，有着深刻的历史记忆，是一份“垫子文化”的纪念。另一方面也想说明，许多企业在培训机构组织下轰轰烈烈去华为学习，但企业不同的成长阶段，学习的要点也不一样，现在的华为管理模式并不一定完全适合现阶段的你。因为企业都是从小到大，一步步走过来的，企业所处的时代环境也不一样。华为目前有 18 万人，收入达到 6 000 亿元以上规模，许多企业如果去学目前华为的管理系统和方法，反而不合适，有时会邯郸学步。要真正的理解华为学习华为，要了解它发展的历史，了解它成长背后的底层逻辑和思维，再结合当下的环境和企业的阶段特点，因地制宜。

华为这几年新建立的管理系统，在后面章节会提到。结合业务不断的发展，客户的不断延展，新增长曲线的诞生，尤其是消费者业务的增长，尽管华为的管理系统在不断优化，但华为 30 多年来建立管理系统的底层思维基本没有变过。那就是反熵，做熵减。通过任正非先生的讲话，我们可以归纳为两个方面：一是建立耗散结构，二是激活组织以及人。但在讲难懂的耗散结构之前先讲一下，任正非经常提到的一杯咖啡吸收宇宙能量，这个比较容易理解。

创新小提示：建立耗散结构，激活组织以及人。

一杯咖啡吸收宇宙能量

2014 年，任正非在上海研究所专家座谈会上鼓励专家出去喝咖啡，在谈到开放合作时说："中国曾经关门的时间很长，近现代以来长期衰落。美国是最开放的国家，所以美国现在还是最强大。美国是火山喷发式的创新，一会儿冒出一个 Apple，一会儿冒出 Facebook 来，只要美国持续开放，谁能阻挡美国前进的步伐？"他鼓励专家们开放交流，培养种子，他强调：一杯咖啡吸收宇宙能量，你们这些 Fellow 的技术思想为什么不能传播到博士和准博士这些未来的"种子"里面去？你们和大师喝咖啡，现在为什么不能也和"种子"喝咖啡？喝咖啡是可以报销的。别怕说白培养了，不来华为，他总为人类服务的吧？把能量输入到"种子"阶段，这样就形成庞大的思想群。

尽管华为取得了很大的成绩，任正非本身就是一个战略家和思想家，非常开放，乐于和各方面的顾问和专家交流。但他依然觉得，再往上冲，往上顶，进入无人区后，华为缺少思想家和战略家，只停留在将军层面。他说："如果我们都只会英勇奋战，思想错了，方向错了，我们越厉害就越有问题。所以我希望你们中间能产生思想家，不光是技术专家，要产生思想家，构筑未来的世界。我们为什么起一条路名叫稼先路，就是无名英雄，我们为什么起了一条路叫隆平路，就是说不要在乎你的学历，不要有自卑感，人人都能作出贡献。"这让我想起贝佐斯有个习惯，每隔一段日子必须给自己留出两天的时间，其他什么都不做，只校验管理的底层思维有无出错，考虑未来 10 年的长期战略。

2016年，任正非在Fellow座谈会上，提到黑天鹅，他强调："咖啡杯里"不仅要有学问的科学家，还要有一些"歪瓜裂枣"瞎捣乱，也许"小孔雀"就从里面蹦出来了。他讲一个基因的故事，孟德尔摩根从豌豆的种植发现基因以后，200年世界没有任何人理解这个基因，200年以后，基因才开始慢慢走起来。在科学的道路上，我们不要压制不同见解的人，这就是我们所讲的"多路径"。要有不同的观点，才叫多路径，未来走的途径就越来越心胸宽广。胸怀世界，就要敢气吞山河。我们期望"黑天鹅"也要飞在我们的"咖啡杯"中，虽然按我们现在的思想结构，"黑天鹅"还不在我们杯子里。首先我们要去掉"农民意识"，跟别人去喝咖啡，要送一瓶好酒，和教授合作，不要提那么多要求，就说能否在你立项和失败的时候给我们讲两堂课，在讲的过程中，我们喝几次咖啡。我们与几百个人喝了咖啡，消化几百人的思想，然后就会领先世界。如果你不理解，当"黑天鹅"要出现时，就会错失。

建立耗散结构

那什么是耗散结构？耗散结构就是一个远离平衡的开放系统，通过不断与外界进行物质和能量交换，在耗散过程中产生负熵流，从原来的无序状态转变为有序状态，这种新的有序结构就是耗散结构。每一个生命体都是需要新陈代谢的，都是开放的系统，也都是典型的耗散结构，所以，在任正非的管理语言中，经常会用到各种自然界的动物和植物作比喻，他深刻理解万物自然中的奥秘而运用到管理实践中。

在2008年《逐步加深理解"以客户为中心，以奋斗者为本"的企业文化》一文中，最早提出的"狼狈组织计划"，它是针对区域维度办事处组织建设的。狼有敏锐的嗅觉，团队合作的精神，以及不屈不挠的坚持。而狈非常聪明，因为个子小，前腿短，在进攻时是不能独立作战的，因而它跳跃时是抱紧狼的后部，一起跳跃。就像舵一样的操控狼的进攻方向。狈很聪明，很有策划能力，以及很细心，它就是市场的后方平台，帮助做标书、网规、行政服务等。做市场一定要有方向感,这就是嗅觉,以及大家一起干,这就是狼群的团队合作,要不屈不挠。狼与狈是对立统一的案例。

2017 年,在《一杯咖啡吸收宇宙能量,一桶浆糊粘接世界智慧——任总访问加拿大四所高校校长座谈会,以及在公司员工座谈会上的讲话》中提到如何进行科学 KPI 管理时,他用眼镜蛇作比喻:KPI 是用于大兵团作战的流程化管理,但过于僵化,反而是不好的。组织与流程应像眼镜蛇一样,蛇头不断地追随目标摆动,拖动整个蛇身随之而动,相互的关节并不因摆动而不协调。

用自然界鲜活的生命动物和植物来比喻日常的管理,前提是要理解把组织打造成一个非线性可持续的组织生命体。人类社会和群体既是一个远离平衡的结构,也具有非线性发展的特征,具有开放性,完全符合耗散结构的三个特征定义。所以耗散结构的动力学模型是适合人类社会的演进的。热力学第二定律是封闭系统的规律,避免熵死的方法之一就是建立耗散结构。耗散结构是普利高津在研究不违背热力学第二定律情况下,如何阐明生命系统自身的进化过程时,提出来的新概念,还因此而获得了 1977 年诺贝尔化学奖。

三十年河东,三十年河西。耗散结构就是一个远离平衡的开放系统,具有远离平衡、非连续和开放等三个特征。华为所处的 ICT 行业也具有这样的典型非连续特征(见图 3-4 华为宏观活力引擎模型)。那么如何建立耗散结构呢?任正非在 2011 年的公司市场大会上说:"公司长期推行的管理结构就是一个耗散结构,我们有能量一定要把它耗散掉,通过耗散,使我们自己获得一个新生。什么是耗散结构?你每天去锻炼身体跑步,就是耗散结构。为什么呢?你身体的能量多了,把它耗散了,就变成肌肉了,就变成了坚强的血液循环了。能量消耗掉了,糖尿病也不会有了,肥胖病也不会有了,身体也苗条了,漂亮了,这就是最简单的耗散结构。那我们为什么要耗散结构呢?大家说,我们非常忠诚这个公

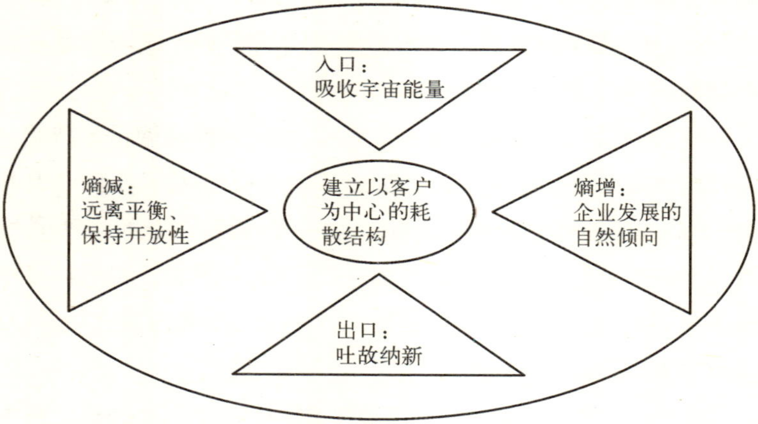

图 3－4　华为宏观活力引擎模型

司，其实就是公司付的钱太多了，不一定能持续。因此，我们把这种对企业的热爱耗散掉，用奋斗者，用流程优化来巩固。奋斗者是先付出后再得到，与先得到再忠诚，有一定的区别，这样就进步了一点。我们要通过把我们潜在的能量耗散掉，从而形成新的势能。”

任正非以耗散结构为基础，打造华为宏观活力引擎模型。企业要想长期保持活力，就要建立耗散结构，对内激发活力，对外开放，与外部交换物质和能量，不断提升企业发展势能，不断拓展业务发展的作战空间，从而产品和业务不断迭代，寻找到新的增长曲线。

华为通过企业的厚积薄发、人力资源的水泵实现远离平衡的耗散结构特性，使企业逆向做功，让企业从无序混乱转向有序发展。另一方面，华为通过企业的开放合作、人力资源的开放实现耗散结构的开放性，从模型的入口和出口吐故纳新、吸收宇宙能量，为企业带来有序发展的外来动能。前面我们已经介绍，从 1997 年开始，华为近 20 年来持续引进外部管理经验，包括 IBM、埃森哲、HayGroup、波士顿咨询等，为华为提供了集成产品开发（IPD）、集成财务系统（IFS）等多方面的持续变革，使得华为的管理创新、组织结构创新、流程变革不断进步，奠定了华为成为一家全球化公司的管理系统基础。

开放合作与厚积薄发成为打造负熵流的主要方法，通过逆向做功，一方面消耗了多余的物质财富，打破平衡静止，避免物质财富过多导致的熵增，另一方面又建立起新的企业发展势能，为长远发展积聚能量。在这里，势能可以理解为企业的各种组织能力包括技术研发能力、组织管理能力、人力资本开发能力、品牌声誉等的储备，形成进入无人区、构筑世界级竞争力的综合能力。

为了理解这种耗散结构最终带来的结果，让我们来分析一下华为历年的净利润状况（见图 3－5 华为利润、净利润率分析图）。华为从 2008 年到 2017 年的平均净利润率为 8.48%，2017 年净利润率为 7.86%。从表面上看这个净利润率在中国普通企业并不算高，对于一家高科技企业更是不值一提，同样也做路由器的思科，净利润率却能高达 18%，这之间存在着很大的差距。有的企业经营是以利润最大化为经营原则，每年赚钱越多越好，同时可以提升企业市值；有的企业是规模最大化，占领更多的客户和市场份额，以规模期望摊薄成本，获得规模收益。看你选择什么，就有不同的发展路径和命运。

	2017年	2016年	增长率	2008-2017
收入/亿元	6 036.21	5 215.74	15.73%	19.09%
利润/亿元	474.55	370.52	28.08%	22.13%
净利润率	7.86%	7.1%		8.48%
销售毛利	39.45%	40.29%		40.69%

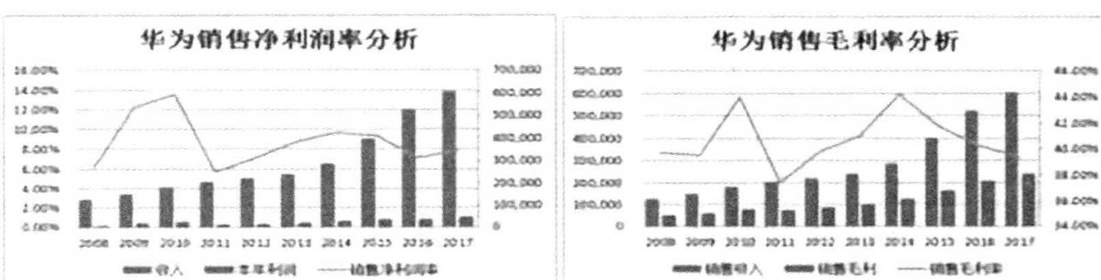

图 3－5　华为利润、净利润率分析图（资料来源：王华林：《华为赚钱为何那么少，还很高兴的样子？》，2018 年 6 月 10 日）

在企业实践中，我们会发现许多上市公司，以利润为中心，有时还会包装做假账，短期目标和长期目标间有冲突。有时为了讨好投资者，常常作出缺乏远见的决策。用个比喻形象说明，现在大家都喜欢美食和运动，利润就像热量，人摄入过多的热量，不去消耗，就会变成脂肪堆积在身体里，但形成不了肌肉，找不到新的增长曲线。华为是在一定利润水平上的规模或者说成长最大化，华为每年基本保持8%的净利润率，多余的利润都会耗散出去，用来锻炼身体，投资研发新的业务线和产品，寻找新的增长曲线。

> 创新小提示：利润就像热量，人摄入过多的热量，不去消耗，就会变成脂肪堆积在身体里，但形成不了肌肉。

分析到这里你就可以理解，华为建立耗散结构的目标在于谋求长期有效的增长，这其实源于其底层思维。一方面通过内部不断挖潜改进，“深淘滩”，把最后一点管理浪费给规避掉，把对客户创造价值的流程简化再简化，实现对客户的高效、优质、低成本交付，这是客户需求永远不变的需求（在后面讲到亚马逊底层思维时还会提到）。

不断通过“深淘滩”，构建自己的核心竞争力，同样的价格水平提供的产品或者解决方案一定最优，同样产品和解决方案，价格一定最低。同时只留一部分合理的利润，通过“低作堰”把多余的利益让给客户，让给供应商。这就形成一个价值挤压效应。这有点像一种植物苔藓，只需很少的水分养料和阳光就能存活，在它之上，其他植物寸草不生。现在华为所在行业，当年我们曾经仰视的企业与华为竞争的巨头，都已经基本销声匿迹。

华为这种系统建立的底层思想看起来简单，但是对于企业家是个非常大的考验，国内许多民营企业以及许多上市企业包括西方的跨国企业都做不到这一点。这其实不是能力问题和方法问题，而是对人性的考验，上市企业有股东回报的即时需求，如何控制当前对于利润的欲望，能够几十年如一日持续把资源用在核心竞争力的提升上，依靠自身经营管理不断管理改进,“深淘滩,低作堰”,这其实是很难的。下面我们来看另一家美国上市企业亚马逊,其 20 多年如一日,创新思维也是如此的,它是如何做到的。

亚马逊反熵系统

华为没有公开上市,华为与很多国企、民企以及西方跨国企业发展理念最显著的不同,在于华为是一个理想主义者,基于长线思维,以企业长期发展为目标。而多数西方企业,一般以股东利益或公司利润最大化为目标。但是在美国也有这样一家理想化的企业,尽管它是上市公司,却没有把华尔街的衡量标准放在眼里,这家企业就是亚马逊。

同巴菲特一样,贝佐斯每年都要给股东写一封信,早在 1998 年亚马逊致股东信里就出现了“反熵”一词。但可能被许多人忽略了,因为这句话并不显眼,贝佐斯只是在第二页中间的某一段中提了一下,他说:我们要反抗熵。英文原文是:We want to fight entropy,这里的“entropy”就是我们所说的“熵”。而这正是贝佐斯经营亚马逊,建立其管理系统的创新思维。

下面我们来看看亚马逊是如何反熵的。亚马逊贝佐斯有两个非常看重的理念,一个是“自由现金流”,一个是“可选择权”。自由现金流是一个企业在满足了企业运营成本和维护性费用支出后,企业可以自由分配使用的现金。你会发现,这两个理念对应的概念都是“流动”。而“流动”几乎就是反抗熵增的关键,因为亚马逊所处的互联网行业也是非连续性、远离平衡和开放的。

创新小提示:“流动”几乎就是反抗熵增的关键。

利润是虚的,只有现金是真实的

自由现金流和利润有什么不同?简单理解,利润只是自由现金流的组成部分之一，尽管是一个非常重要的部分。利润指的是某一个时间段，一家公司通过经营活动能够获取的额外的价值。但是自由现金流还考虑了另外一件事，就是你为了维持或者不断增加公司的利润，所要投入的额外的资金。

一个企业长期自由现金流的状况，才决定了这家企业本质上值不值得你去投资。这和巴菲特的“价值投资”理念是一致的：当我们投资一家公司的时候，本质上购买的是它未来的赚钱能力，它未来能够产生的所有的现金流的价值总和。贝佐斯经常说：“如果你总盯着利润，尤其是像华尔街一样盯着短期的业绩，很多时候反而会做出伤害公司长期利益的事情。”

在 1997 年致股东信中贝佐斯写道：如果我们被要求在最优化 GAPP 报表和最大化未来现金流之间作出选择，我们会毫不犹豫选择后者。在 2004 年的信里他再次写道：我们的最终财务目标，我们最想达成的长期目标，就是每股自由现金流。在 2008 年的信里又再次写道：我们首要的业绩目标依然是最大限度地挖掘长期自由现金流，并以此获得最高的投资回报。贝佐斯说：利润是虚的，而现金才是实的。贝佐斯一直强调不以利润这些短期目标为中心，亚马逊收入增长曲线非常陡峭，而利润曲线一直匍匐在地上（见图 3－6 亚马逊营业收入净利润曲线）。亚马逊的 CEO 贝佐斯不在意囤积公司利润，更在意“自由现金流”，就是要不断地让钱流动起来。

创造可选择权

那什么是可选择权呢？贝佐斯非常推崇《黑天鹅》的作者塔勒布，塔勒布一直认为应对非线性世界最好的思想就是 Optionality，中文翻译为“可选择权”。

这个概念建立在三个认知之上：首先是我们对这个世界会发生什么是难以预测的，未来会发生什么，尤其是一些影响人类社会的大事，是无法预测的；其次是一件事情的结果和产生的影响是非线性的，如 9·11 这样

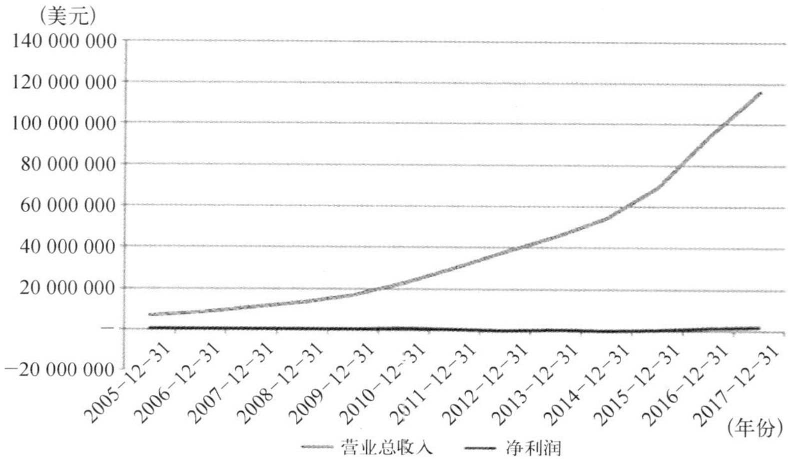

图 3-6　亚马逊营业收入净利润曲线(资料来源：衣公子的剑：《贝佐斯没有闹钟》,2018 年 9 月 23 日)

的事件不仅无法预测,而且一旦发生它所产生的影响是非线性的;最后面对无法预测的非线性世界,我们应该制造“可选择权”,它可能面临的损失是可以承受并且有下限的,但是万一好的“黑天鹅”产生,它带来回报的上限可以非常非常高,甚至是不封顶的。风险投资就是如此,有下限可控,但一旦成功回报可能无上限。

投资就是如此,我们有时要不断创造这种可选择权,然后默默等待好的黑天鹅的来临。贝佐斯受这种思想影响很深,贝佐斯也不明白未来能击败亚马逊的公司到底是什么,所以他希望应该让自己的公司创造更多的“可选择权”,也就是用可控的风险赌黑天鹅级别的创新。贝佐斯在 2015 年致股东信中调侃自己提道:“我觉得亚马逊有一个很特别的地方,就是关于失败。我相信亚马逊是这个世界上最适合失败的地方。而且我们失败的例子确实非常非常的多!”

贝佐斯说:“如果你取得了一个大的成功,那些所谓其他失败的尝试就都值得了。这就是为什么我们敢于尝试特别重要……我们的 AWS、第三方服务还有我们的会员业务,都是这样产生的。它们也让亚马逊变成了一家大公司,对此我们都感到非常幸运。”

因为世界会发生什么很难预测,你真正的竞争对手、未来击败你的,很可能在你的视线之外,所以亚马逊不以竞争对手为中心。战略上藐视,当然在战术上也要学习竞争对手的打法。把注意力放在客户身上才是最正确的,以客户这个不变量为中心,这是亚马逊的文化核心。有关这一点我们在后面还要提到。

亚马逊的这种管理思想,还体现在贝佐斯对各项业务创新中的容错。这里举一个例子,是第三方服务业务的诞生过程。一开始叫做亚马逊拍卖的业务,模式很像当时的 eBay,主要卖各种二手商品,结果不太成功;贝佐斯不死心,又把它改成了一个叫做 zShop 的项目,已经有了第三方业务的雏形了,但因为 eBay 的强势,加上网页上的入口太深,仍然不太成功;又过了一年,亚马逊才推出了后来的第三方服务。当然刚推出的时候所有人都反对,因为这确实抢了亚马逊的生意。但是贝佐斯恰恰懂得,如果第三方业务没有成功,对于亚马逊来说不会有太大的损失,也不会伤筋动骨;但如果这个项目成功,它能带来的回报是巨大的。

运用“可选择权”的思想,贝佐斯不断进军新的领域,最终成就新的增长曲线 AWS 云服务、FBA 物流体系等明星服务,以及目前的人工智能业务。一开始都是看似与主营业务相悖的。因为如果亚马逊只是停留在自己看似非常强的自营电商业务里,可能它在一段时间里能够获得不错的利润,达到一种稳固的平衡态。但随着时间的推进,企业一定会越来越缺乏活力,缺乏创新,最终走向死亡。

创新小提示:运用“可选择权”的思想设计你的平台型系统。

贝佐斯非常清楚熵增对一个企业的危害,所以他不断远离平衡感,不断把钱、把资源投入到新的领域，不断让企业进入到新的不稳定状态，最终让亚马逊创造出了一个个重量级的明星业务。这就是"流动"的力量。

贝佐斯知道，当把公司内部的业务打造成一个商业化的对外服务时，它就要面对市场竞争，并不断打磨自己的服务，最终提高自己的核心竞争力。其实这不正是一个开放耗散结构系统，不断地和外界交换能量的过程吗？所以，亚马逊现在的样子，像是一个个既独立又彼此连接着的精密机器，平台套平台，每个模块和接口都可以面对整个世界，独立生长与发展，与外界交换能量；同时它们之间又相互围绕在一起，互相促进，飞快旋转。这一切，都是因为贝佐斯打造了一个抵抗熵增的开放系统。正是和华为任正非建立管理系统的底层思想是一致的。

嵌套式平台飞轮效应模型

以此为底层思维，贝佐斯还听取外部顾问意见，设计出以增长为核心基础的飞轮效应（Flywheel Effect）商业模型（见图3－7 亚马逊增长飞轮）。飞轮效应可以形象地理解为：一个公司的各个业务模块之间，会有机地相互推动，就像啮合的齿轮一样互相带动，小轮业务一旦运转后，会推动大的业务快速运转。里面内含着数据资产的指数增长概念。

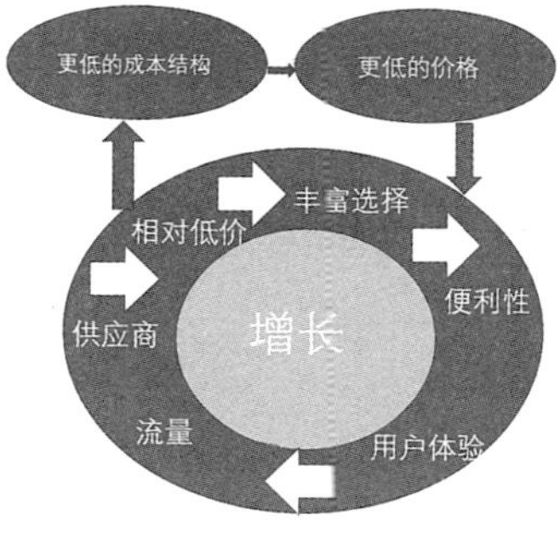

图3－7 亚马逊增长飞轮

亚马逊现在的三大支柱业务是Prime会员、网上销售以及AWS云服务，它们既是相互独立的业务也是相互融合相互促进的，如果你买了亚马逊的Prime会员，你就可以享受很多会员服务，如免费配送、Kindle图书馆中的大量免费电子书籍、免费电影视听产品，吸引来的客户越多，就能卖掉更多产品，同时，亚马逊面对供应商就越有谈判地位，可以进一步压低产品价格，降低物流费用，低价省钱反过来又吸引更多的顾客，最终反映到亚马逊的销售上就不仅仅是“加法效应”而是倍数“乘法效应”了。从这你也可以理解贝佐斯为什么可以下决心让AWS云计算业务亏损多年，也要坚定不移地投资下去了。

支撑亚马逊增长飞轮的是客户体验的三大支柱：相对的低价、丰富的选择和便利，这和前面提到的华为满足客户需求的三个方面一致，这是客户不变的需求。亚马逊找到了一个低成本的结构，这个结构从商业模式、运作效率和管理方式来看都是低成本的，于是能提供低价格、高体验的产品，然后去获得海量的用户；进一步降低它的成本，降低它的价格，获取更多的用户，然后让批量变得越来越大。使得竞争者进入的壁垒越来越高。不断投资进入一个个新的业务，找到新的增长曲线，并打破边界。各个板块好比啮合的齿轮——客户体验好，导致网站流量增大，从而吸引更多卖家，回过头来客户体验更好。这种生物链的进化，开始连贝佐斯自己也没有意识到其巨大的威力，所以一开始在亚马逊内部是保密的，决口不提外部咨询顾问提出的这个飞轮效应。

创新小提示：嵌套式平台型增长飞轮。

这里我们来分析一下其中一个业务云服务业务，亚马逊云服务业务资本投入从2010年的1.5亿美元增长到2013年的15亿美元，年复合增长率达到200%。2018第二季度亚马逊在全球公有云市场份额保持在34%，AWS云服务业务用11%的收入贡献了60%的营业利润，帮助亚马逊开启了新的盈利增长点,甚至超过了谷歌,也达成了贝佐斯内心的心愿,亚马逊绝对不仅仅是个网上卖书的。贝佐斯曾说:“所有只有产生短期利润的项目都不重要,无论现在它赚多少钱;能够产生长期现金流的项目才是重要的,无论现在亏多少钱。”

贝佐斯知道 AWS 云服务是亚马逊的另一个重要的战略平台,所以他才如此早的下注,其“嵌套式平台”的组织能力创新非常重要。我们在上一章中介绍过华为的组织结构调整,继 2008 年初华为组织结构调整,云服务业务升级为一级 BG 业务部门后,最近阿里巴巴集团调整组织结构,阿里云事业群升级为阿里云智能事业群,集团 CTO 张建锋(行癫)兼任阿里云智能事业群总裁,向集团 CEO 张勇直接汇报。组织能力的打造是企业获得新增长曲线的重要能力,华为正因为在开始创业的10 年就注重其内部组织管理和文化系统的构建,才有其后来组织能力的溢出,当移动互联网时代来临时,可以支撑其消费者业务的厚积薄发。组织是为战略服务的,战略部署总是在黎明黑暗、质疑声中前行。

亚马逊的飞轮其实是一种“嵌套式平台”战略,实现了资源与执行的自给自足,嵌套式平台构建了超越竞争的算法优势。亚马逊的超级飞轮,不断地卷入资源、用户和数据,并将数据资产不断的变现,并获得了华尔街给予的溢价估值。亚马逊在这种飞轮嵌套式平台战略里挖掘了一种最好的资产,就是数据不动产,海量数据,并将它不断的变现。亚马逊创造了一种无限的游戏规则,有限的游戏在边界内玩,无限的游戏玩的就是边界。无限的游戏既没有确定的开始和结束,也没有赢家,它的目的在于将更多的人带入到游戏本身中来,从而延续游戏。别人在烧钱,而贝佐斯和亚马逊却在滚雪球。

华为公司一直没有上市,亚马逊是在创立第二年就上市的企业。华为没有外部投资者的压力,可以发挥技术浪漫主义;贝佐斯深谙华尔街之道,置华尔街的评价标准而不顾,我行我素,继续发挥其技术浪漫主义。两家企业除了选择大行业赛道的一致性之外，在建立管理系统的底层思维也是一致的，都是反熵增的底层逻辑思维，注重长期思维，注重现金流，注重流动开放。

当我那一年在西雅图寒冷的冬季，漫步在夕阳西下的海边，看着一位游人放开其手中牵着的小狗时，放手流动才会更美，我似乎突然领悟了这两家企业的成功底层密码是如此的一致。我相信任正非和贝佐斯，并不是一开始就找到了这样的底层密码，也一定是在不断的失败和错误中寻找到了这样的底层密码，最后殊途同归。

四、核心价值观密码

> 资源是有限的，唯有文化生生不息。
>
> ——任正非

前面两章我们分析了华为和亚马逊在战略、系统和文化（3S）模型中的两个S，其中，基于核心价值观的企业文化建设还没有提到。从本章开始我们将重点分析基于核心价值观的企业文化锻造，后面章节将重点分析企业家领导力素质以及企业家精神。在企业内训时，笔者经常讲到：小企业做事，大企业做人，要把企业做强就要做组织管理；要想做百年的企业，就要做文化管理。企业文化建设对中国的许多企业来说常常是年度报告中的一个书面部分，说得多，做得少。其实企业文化并不是那么高深和玄妙，基于核心价值观的企业文化建设体现在企业员工的行为中，是可衡量、可评价的，它是一种强大的生产力，而且生生不息。

资源是有限的，唯有文化生生不息

有关企业文化与核心价值观的建设，是3S模型中最难的一个话题，也是中国目前许多企业流于形式的课题。正确的战略思维可以让企业有可持续发展的基础；不断优化的优美管理系统可以让你的组织更加富有效率，发展得更为持久，而健康的核心价值观企业文化却能引导企业走过几个世纪。企业文化是企业的思维、企业的性格，企业文化不是口号，性格不是挂在嘴上的，企业文化也不是一个简单的理念，核心是共同的价值观，但如何落地深入到每一位员工的内心，需要企业家亲自参与来共同设计，并反复实践研讨修正。以华为《基本法》起草为开端的华为企业文化和核心价值观的确立就是这样一个不断反复实践的过程。

任正非对企业文化和核心价值观的重要性的理解，可以说是入木三分。任正非很喜欢研究历史，他经常劝他的高级管理干部也多学学历史。在文化建设上，他从一个国家的发展历史和兴衰来看其中包含的一个国家和一个民族的文化，从中也更加坚定了他以企业核心价值观为核心的企业文化必须得到统一和认同的信念。他这样评价以色列这个国家："以色列这个国家是我们学习的榜样，它说它什么都没有，只有一个脑袋。一个离散了 20 个世纪的犹太民族，在重返家园后，他们在资源严重贫乏、严重缺水的荒漠上创造了令人难以相信的奇迹。他们的资源就是有聪明的脑袋，他们是靠精神和文化的力量，创造了世界奇迹。"

任正非对沙漠里的小国阿联酋是如此评价的："阿联酋和以色列一样非常伟大，它们把石油所得资金转化为一种民族文化，让全民族的人都到英国、美国等世界各国接受良好教育，通过这种不断的循环，用 100 年的时间，成为一个非常发达的国家，事实也正是这样。全世界最漂亮的地方就是阿联酋。在沙漠里面完全是用淡化海水浇灌出的花草，房子的建设等各方面都非常漂亮。以此为基础，在两个小时的飞机行程、7 天汽车行程为半径的范围内形成了一个经济圈，印度和巴基斯坦都在这个圈内，以自己为中心建一个商业中心作为中转港，自己称为中东的香港。"

企业文化建设的中心是建立核心价值观，而且是达成共识的核心价值观。任正非认为推动华为前进的原动力是企业的核心价值观，核心价值观必须得到传承。他强调：这些核心价值观要被接班人所确认，同时接班人要有自我批判能力。接班人是用核心价值观约束、塑造出来的，这样才能使企业长治久安。接班人是广义的，不是高层领导下台就产生个接班人，而是每时每刻都在发生的过程，每件事、每个岗位、每条流程都有这种交替行为。改进、改良、不断优化的行为。我们要使各个岗位都有接班人，接班人都要承认这个核心价值观。

为了提炼华为过去的历史经验和教训，任正非希望能将企业文化和核心价值观进行提炼融入系统，以便于指导华为未来的发展。1997 年开始起草华为《基本法》，任正非把华为《基本法》定位为：规划公司未来 10 年发展的纲领性的文件。1998 年 3 月华为《基本法》正式发布，每 10 年修订一次，修订的过程贯彻从贤不从众的原则。《基本法》第 6 条就是讲企业文化的，其中写道："资源是会枯竭的，唯有文化才会生生不息。一切工业产品都是人类智慧创造的。华为没有可以依存的自然资源，唯有在人的头脑中挖掘出大油田、大森林、大煤矿……精神是可以转化成物质的，物质文明有利于巩固精神文明。我们坚持以精神文明促进物质文明的方针。"

《基本法》的实施过程也是全员进一步对核心价值观进行认同的过程，在坚持核心价值观的立场方面，任正非是非常坚定的。他说：任何一个想进步的基层干部与员工，都必须积极地去学习、领会，不领会《基本法》的深刻内涵、不会潜移默化地引导自己工作的干部，不允许进入高中层，我们决不允许管理层出现"夹心饼干"。1998 年春节前夕在《基本法》开始正式实施前，任正非还做了动员和解读：公司的《基本法》归纳了过去 8 年的经验，也是规划公司未来 10 年发展的纲领性的文件，每一个高中级干部必须认真学习，结合自己的工作写出心得体会，教育自己和教育别人。一定要认真去自学。他号召每一个员工带一份《基本法》回去度春节，在等待年夜饭的时候，认真读一读，一字一句去理解。从上我们可以了解任正非对《基本法》推行的坚定意志。

在华为发展早期中，有许多企业文化的语句："板凳要坐十年冷""烧不死的鸟是凤凰""爱一行，干一行，干一行，专一行""小改进，大奖励；大建议，不鼓励""鼓励人人做雷锋，绝不让雷锋吃亏""谁来呼唤炮火"等，这些语句许多都是员工自己总结的，但都折射出华为的核心价值观。华为的文化曾经一度被总结为一种"狼性"文化，这其实只是一个形象的比喻，说明在华为的文化中有着艰苦奋斗、百折不挠的精神，任正非希望团队合作，不提倡个人英雄主义，希望组织和个人永远要保持对市场和客户需求变化的关注，保持敏锐的嗅觉。

任正非在企业文化的建设上，尤其是在早期，到处可以看到他的身影和文字。每年都要搞大合唱，搞许多的学习活动和研讨活动。所以外界一直认为任正非是采用管理军队的方式管理企业，其实并不完全是，因为如果你的思想不去传递，那如何让员工落地执行呢？任正非自己还亲自发表许多演讲和写了许多文章解释企业文化，现在回头看这些都是非常必要的。但是，自从华为全面引入外界管理顾问，通过系统来固化企业文化后，任正非就在有意识地淡化各种口号和运动。任正非说："华为要的是成功，而不是口号。我们需要静水潜流，表面上很平静的水流，往往下面的水会很深很急。那些很浅的水在石头上流过，反而会总是泛起浪花。"

华为坚持什么

优秀的领导在坚持核心价值观的同时，保持旺盛的学习力，在危机意识中不断地优化企业的商业运营模式和具体的管理系统。2008 年华为成立了专门的工作小组，组织公司全体员工又进行了一次学习和深入讨论。该小组在邀请员工分享其对公司核心价值观的体会的邀请词上这样写道："所有华为人，无论男女年龄，无论国籍差异，无论我们在全球的哪个地方、从事什么岗位，公司的价值观都是我们在华为的一段经历、一种追求、一种爱与价值情感的升华和连接。所有华为人讨论公司的核心价值观将是一个有意义的过程，你的观点分享、你与公司核心价值观关联的经历与故事……都将在这个讨论平台被展现、被传阅并汇聚成为华为核心价值观中非常珍贵的一部分。"

企业文化不是口号，企业文化是企业的性格，企业文化是需要设计的，企业文化的核心是基于共识的价值观。企业文化需要企业家亲自来参与设计，同时将文化植入系统，与企业的战略联结为和谐的三位一体

（3S 模型）。从华为《基本法》的推进过程中，无不体现任正非的亲力亲为。当然企业文化并不是一成不变的，在发展过程中，华为企业文化的许多方面都在不断演进，但我始终发现任正非的忘我胸怀和远大梦想、主要的核心价值观一直没有改变过，每一次讨论与分享都是又一次对新老员工的企业文化建设。2008 年经华为经营管理团队（EMT）审核的华为核心价值观有以下六条：成就客户、艰苦奋斗、自我批判、开放进取、至诚守信、团队合作。

成就客户：为客户服务是华为存在的唯一理由，客户需求是华为发展的原动力。我们坚持以客户为中心，快速响应客户需求，持续为客户创造长期价值进而成就客户。为客户提供有效服务，是我们工作的方向和价值评价的标尺，成就客户就是成就我们自己。

艰苦奋斗：我们没有任何稀缺的资源可以依赖，唯有艰苦奋斗才能赢得客户的尊重与信赖。奋斗体现在为客户创造价值的任何微小活动中，以及在劳动的准备过程中为充实提高自己而做的努力。我们坚持以奋斗者为本，使奋斗者得到合理的回报。

自我批判：自我批判的目的是不断进步，不断改进，而不是自我否定。只有坚持自我批判，才能倾听、扬弃和持续超越，才能更容易尊重他人和与他人合作，实现客户、公司、团队和个人的共同发展。

开放进取：为了更好地满足客户需求，我们积极进取、勇于开拓，坚持开放与创新。任何先进的技术、产品、解决方案和业务管理，只有转化为商业成功才能产生价值。我们坚持客户需求导向，并围绕客户需求持续创新。

至诚守信：我们只有内心坦荡诚恳，才能言出必行，信守承诺。诚信是我们最重要的无形资产，华为坚持以诚信赢得客户。

团队合作：胜则举杯相庆，败则拼死相救。团队合作不仅是跨文化的群体协作精神，也是打破部门墙、提升流程效率的有力保障。

就如同华为的愿景是丰富人们的沟通和生活一样，许多优秀公司核心价值观的语言是非常朴素的，平凡和朴素得让你感觉不到它的存在。静水潜流，韬光养晦，这种平凡朴素才是生命中的伟大。

在长期的研究和实践中，笔者发现真正优秀的企业都有着 3S 的特征，它们有着基于行业深刻理解的战略思维，有着如长江一样的系统，更有着基于核心价值观的企业文化，它们不断追求、不断变革锻造组织基因，以忘我的胸怀承担社会责任。

华为 30 年坚持聚焦在主航道上，坚持不走捷径，拒绝机会主义，坚持以客户为中心，以奋斗者为本，长期艰苦奋斗，坚持自我批判，踏踏实实，长期投入，厚积薄发。随着 ICT 技术的加速融合，以云计算、大数据为特征的技术正在成为引领和促进 ICT 行业创新和发展的核心技术。新的技术创新，不仅在全方位地重构 CT 产业，而且通过 IT 和 CT 产业融合带来巨大的商业发展机遇。为适应这一革命性变化，华为围绕客户需求和技术领先持续创新，与业界伙伴开放合作，聚焦构筑面向未来的信息管道，致力于共建更美好的全联接世界。

面对新的时代趋势，在传承的基础上，华为提炼了华为新核心价值主张（见图 4－1 华为新核心价值主张）。

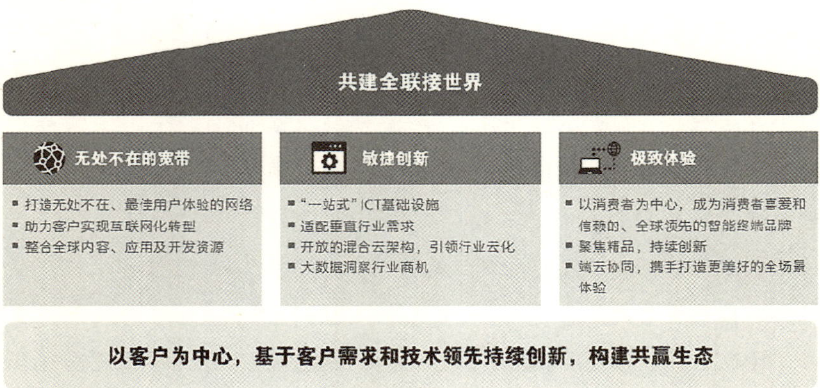

图 4－1　华为新核心价值主张（资料来源：付亮的竞争情报应用：《华为公司价值主张微调，增加共赢生态》，2016 年 4 月 2 日）

无处不在的宽带：

互联网使得信息的传播和获取更加便捷，人们将越来越渴望能在任意时间、任意地点使用任意设备连接到网络，尽情体验快速增长的高质量内容和应用，享受移动办公带来的便利。企业 IT 向数据中心和云服务的迁移，将对网络提出更高的需求。面对即将到来的数字洪水，网络需要变得更宽、覆盖更广、更敏捷，让更多的人享受到网络带来的好处。

由于消费者对网络连接、带宽、可靠性和安全性的需求还远远没有得到满足，因此，华为将针对全球不同运营商所处的不同发展阶段，不同解决方案需求，进行有效适配，与客户共同应对商业和技术上的挑战。

华为将致力于帮助运营商提升网络容量、优化网络管理，实现互联网化运营；在新架构（Soft COM）、新技术等方面持续创新，向客户提供技术领先、平滑演进的产品和解决方案，帮助客户建设高效的基础网络；帮助运营商实现现有 IT 资源整合，以及网络的 NFV/SDN 转型；聚合优质内容资源，帮助运营商提升收入；支撑运营商数字化运营，实现 ROADS（Real-time，On-demand，All-online，DIY，Social）体验，使人们更加自由地享受无处不在的宽带。

敏捷创新：

展望未来，ICT 行业仍处于快速发展阶段，移动性、云计算、大数据和社区化等新趋势正在引领行业开创新的格局；世界正在发生深刻的数字化变革，互联网正在促进传统产业的升级和重构。

各行各业需要快速洞察商机，并借助 IT 不断提升组织的协同，更快更好地将新产品、新业务推向市场。IT 正在从支撑系统转变为生产系统，成为企业的核心竞争力。

华为致力于成为创新的“一站式 ICT 基础设施提供商”，提供基于全面云化的网络基础设施、云计算的数据中心基础设施和数字基础设施解决方案，帮助客户提升网络、存储、计算资源的使用效率，实现业务系统的快速部署、精简运维和高效管理；提供行业解决方案以有效适配垂直行业需求;提供基于大数据的智能数据分析系统,帮助客户洞察商机、实现敏捷的商业创新。通过合作、创新,华为将自身的 ICT 产品嵌入到合作伙伴的行业解决方案中,让产品能够适配行业化需求,并易于合作伙伴集成。

未来 30 年是企业逐渐拆除传统数据中心、向混合云迁移的 30 年。华为致力于构建开放的混合云架构,引领重点行业云化,使能运营商的全面云化,并率先完成自身云化,将产品和服务通过云的方式提供给客户。

极致体验:

未来智能终端将不断丰富和加强人类情感、需求的识别以及对外部环境的感知,成为人们生活方式中不可缺少的工具和伙伴。

华为将通过工业设计创新和关键技术创新,聚焦精品,持续打造设计时尚、领先创新、安全易用的高品质产品;通过构建应用和服务的生态系统,围绕个人健康与生活、工作、家庭、出行等各种场景,提供手机、智能手表、智能终端等产品和服务,聚焦端云协同,携手打造更美好的全场景体验,与用户建立长期情感连接;为全球用户提供 O2O 的购买体验和服务,全方位提升用户体验。

对比分析我们发现,以客户为中心、开放合作、进取奋斗等方面都没有大的变化。但在客户层面更加强调极致体验,这同华为业务拓展到 C 端是有关的。在创新层面更加强调敏捷。谈到创新,任正非不太赞同社会上有一个时髦的术语叫“颠覆”,他理解自然界规律,更强调产品创新的延展和传承。

任正非说:“不要妄谈颠覆性,认为革命一定会被接受,不见得。苹果的成功是 40 年的积累而成功的,个人电脑就是苹果发明的,图形界面也是苹果发明的,后来进入 MP3 音乐也成功了。MP3 时我就说了一句话,这个加个通讯不就更厉害了吗?果然加了通讯,第一代就卖了 900 万台手机。你看苹果 iPhone 的成功是 40 年积累的突破,并非一日之寒。

有时候我们不要总想用革命性思想使自己颠覆，人类需要的不是颠覆，人类需要的是技术高质量的继承与发展。”

任正非对企业内部的产品创新是有约束的，只能聚焦到华为的主航道或者略宽一些。确实我们曾经去参观膜拜的贝尔实验室，曾经摩托罗拉的卫星计划，技术创新堪称业绩领袖，但最后还是倒下了。在商言商，在企业无边界的技术创新是有可能误导公司战略的。

■ 投资语录：投资具有正直和朴素核心价值观的企业。

华为的红旗还能打多久

据国外的一项研究表明：1955 年的《财富》500 强企业发展到今天只有不到一半的企业还存在；《财富》500 强企业的平均寿命只有 40～50 年。从 1978 年改革开放至今的 40 多年间，中国民营企业经历了从无到有、从小到大的过程。从平均寿命 50 年的历史来看，目前，中国真正成功的民营企业还没有出现，如果华为算是的话，它依然还有很长的路要走，华为能走到今天已很不容易。按照长江商学院项兵教授的话说：“华为是目前中国企业中唯一一家在主流产品和国际主流市场上同时与国际一流企业竞争的中国企业。”

中国企业更加短命，为什么？这也是我在前言中提到的 3S 模型研究要回答的命题。在全球产业链的分工中，中国企业还处在价值链分布的低端。目前，中国绝大部分企业还处在靠自然资源垄断获得竞争优势的阶段，许多企业靠成本优势获得一定的竞争优势。

中国目前世界级的有竞争力的品牌还比较少，每当我在国外机场和市中心广场看到华为的广告时都有点儿小激动。什么是有持久生命力的品牌？在笔者看来，真正具有生命力的品牌是关注领导力、关注企业文化、关注客户的，这也是笔者在讲企业文化建设的主题中提及品牌建设的原因，品牌是企业文化在客户心中的折射。华为创始人所具有的领导力和民族情节，孕育了华为富有内涵的企业文化；华为富有内涵的企业文化又让华为品牌具有强大的生命力，与企业同呼吸、共成长；而华为品牌的国际化又不断推动企业组织能力和领导力的提升，而中心永远是为客户创造价值。

在华为前 20 年的发展中，广告相对较少，对许多人来说华为是陌生的，外界对华为还有许多误解。由于笔者后期在华为的市场策划部门工作，对华为当时的市场策略和竞争战略演变比较了解，每季度的市场竞争分析与展望就出自这个市场神经中枢部门。在笔者 2007 年《华为的思维》一书出版时，还很少人知道华为。也许这同它的产品有关，最近 10 年由于华为消费者业务的迅猛发展，华为的广告多了许多，这是非常好的，良好的沟通让人们不再误解华为。与其他企业不同，如果说，华为做产品，是 28 年只对准一个城墙口冲锋，那么近几年来华为广告也只做了一件事，与用户沟通交流华为人心中流淌的华为企业文化和华为精神。

我们先来看华为的第一个企业形象广告，任正非一直以来不太喜欢提《财富》500 强，他甚至曾经说三代以内都不要提进入世界 500 强。但 2012 年华为已经是《财富》排名第 351 位的 500 强企业，老百姓拿着印有华为"Huawei"Logo 手机时，却并不了解华为。这个时候出现了华为的一个企业形象广告，没有任何产品，只有一句话("华为，不仅仅是世界 500 强")。当初我看到这个广告时，我心想：老板，你终于针对大众做广告了。

我为什么要提这个广告，因为作为曾经的华为人，深深知道由于开始华为不注重与外界媒介以及客户的交流，常常不被人理解。这个简简单单 10 个字的广告在华为企业品牌建设上，具有里程碑的意义。这 10 个字引起了大众对华为品牌与广告语的讨论，它让更广泛的用户认知华为，或者说是，重新认识华为。即便是在今天，有的华为员工在介绍华为时还会很骄傲地说:“我们可不仅仅是世界500强。”文化自信是强大的生产力。

2014年有一则华为企业形象广告(“真心向李小文学习”),让我印象深刻。李小文是我国遥感领域“泰斗级”人物,中科院院士。华为坚持的是什么精神?华为重视研发和技术积累,希望李小文的这种基础研究的精神得到弘扬,李小文的精神正契合了华为的理念,任正非一直强调华为的乌龟精神和马拉松精神。这期广告设计也很简单,配图是“扫地僧”院士李小文,他蓄着胡子,身穿黑衣黑鞋,坐在中国科学院大学讲台前低头念着稿。华为真心向“扫地僧”李小文先生学习,学习他的简单、开放、定力和耐性。

2015年华为还有一则广告(“芭蕾脚”),同样没有产品,只有一双跳芭蕾舞的烂脚,旁边有罗曼·罗兰的一句话“人们总是崇尚伟大,但当它们真的看到伟大的面目时,却却步了”。即使现在每当看到这个广告,每次都会忍不住低下头躲避它,又希望多看一眼,看后都会感动得流泪,也许是因为那里流淌着我的青春、我的汗水,回忆起和同事们战友们一起在科技园总部办公楼加班睡垫子的文化(创业早中期,华为每个员工的桌子底下都放有一张垫子,就像部队的行军床。除了供午休之外,更多的是为员工晚上加班加点工作时睡觉用。这种做法后来被华为人称作“垫子文化”)。任正非曾阐释过这则企业形象广告的含义:“我说这就是华为人生,痛并快乐着。华为就是那只烂脚,如果不表现出来,社会还觉得我们这个脚还挺好。”

2016年推出的一个企业形象广告(“欧洲核子研究中心”)是侧重在华为对基础研究和思想的重视。华为一直强调压强配置研发和积累技术,华为提出共建全连接智能世界的目标,华为进入无人区,华为需要在数学、物理等基础学科领域上寻得突破。当我们惊艳于欧洲核子研究中心用大型强子对撞机捕捉到的“上帝粒子”光彩夺目,经数十年的厚积薄发,“隐约听到了上帝的脚步声”,这种精神和期许是多么的相似。华为经过这么多年的集中炮火猛攻一堵城墙，厚积薄发，期待更大收获季节的到来。

与其他企业的广告代言人不一样，对这些广告的出现，可能大部分人开始并不知道它在讲什么，没有美女，也没有产品，会感到有点不合时宜，有点傻。我却能理解它们是在沟通和传达华为的文化、华为的精神、华为的核心价值、华为的战略原则和管理哲学，向员工和客户传递着企业文化和核心价值主张，2014 年以后的华为对外界可以说是更加开放了。2018 年 10 月 4 日，品牌咨询公司 Interbrand 发布了“2018 年全球最佳品牌榜单”，华为排名上升至第 68 位。相比 2017 年，华为排名提升 2 位，品牌价值提高 14%，达 76 亿美元。

> 创新小提示：品牌也是一种重要的资产，品牌创新也是一种重要的创新。

一直以来每每谈起华为，许多关心华为的人士都会问：华为企业文化做得不错，华为能做百年吗？华为的红旗还能打多久？华为的标志色是红色，红色代表着生命力。IBM 前主席托马斯 · 沃森在 1943 年曾说：“我认为世界市场上有可能售出 5 台计算机。”比尔 · 盖茨在 1981 年曾预测：“无论对谁来说，640k 内存都足够了。”在今天看来，这些话都是科技界预测的笑话，即使最伟大的人也有犯错误的时候，关键在于你如何面对错误。即使到了 1995 年，比尔 · 盖茨还在说互联网的坏话，说互联网的用途不大，昙花一现。

预测很难，预测华为的红旗还能打多久，也不是本书关心的。我们要关心的是华为的领导人和企业的核心价值观有没有发生实质性的变化。世界在不断变化，企业需要不断变革，企业家总要离开人世，所谓的基业常青有时并不可取。透过华为的红旗还能打多久这个问题，我想让读者更多地关注问题的本质：华为能走到今天的底层思维密码是什么、其组织基因是什么？这个基因能否在未来的业务和组织扩张中健康地传承复制？在其未来的发展中存在哪些干扰因素会让组织基因变异？品牌建设与企业文化的关系是什么？

开放的文化孕育　开放的思想

华为的红旗到底还能打多久？在于华为的文化如何开放包容不同的文化和新的技术变革，这也是我们在上一章中提到的反熵增能力（见图4－2组织反熵系统）。文化是企业生生不息的资源。一杯咖啡吸收宇宙能量，成为华为开放文化的思维符号。

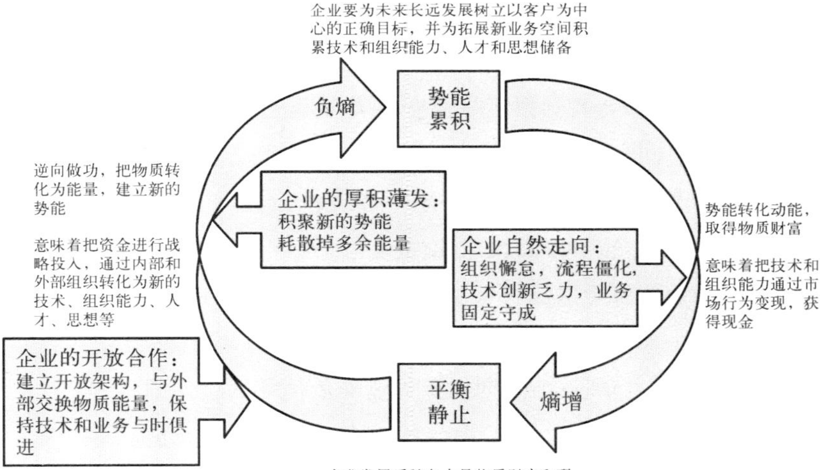

图4－2　组织反熵系统（资料来源：丁伟等：《熵！才是任正非管理思想的最大秘密（深度好文）》，2017年1月12日）

任正非说：“热力学讲不开放就要死亡，因为封闭系统内部的热量一定是从高温流到低温，水一定从高处流到低处，如果这个系统封闭起来，没有任何外在力量，就不可能再重新产生温差，也没有风。此外，水流到低处不能再回流，那是零降雨量，那么这个世界全部是超级沙漠，最后就会死亡，这就是热力学提到的熵死。企业和社会也是一样，需要开放需要加强能量的交换，吸收外来的优秀要素，推动内部的改革开放，增强势能。”

开放的文化会孕育开放的思想。无论是科学理论的重大突破，还是主航道的无人区，开放的思想会孕育出多样性和更多发展路径的分支，让华为在面临未来不确定性和黑天鹅突变时拥有充分选择权。而选择权，如同我们在分析亚马逊底层管理思维中讲到的是一种流动，流动才有变革创新，捕捉到新增长机会和曲线的可能，也许有时会碰到黑天鹅。正是地球生命繁荣进化、避免熵死的根本，也是大自然最美妙的特性。企业的新增长选择权，只诞生在开放、非平衡的环境中，并由企业的理性做出最终选择。

在企业战略方面，任正非为大管道战略定义了开放的属性。他说："我们把主航道修得宽到你不可想象，主航道里面走的是各种各样的船。要开放合作，才可能实现这个目标。"不做成吉思汗，不做黑寡妇，通过"深淘滩，低做堰"，华为积极开展与业界合作，构建日益高效的产业链和繁荣的生态系统，不断做大产业规模。在科技研发的势能积累方面，任正非经常旗帜鲜明地反对自主创新，要学会站在前人的肩膀上。在具有可选择性的领域，华为更愿意采用合作伙伴的解决方案，并对其持续优胜劣汰、吐故纳新，从而长期保持与业界最优秀的伙伴进行合作。如果并购合作伙伴，就会失去选择权，失去选择权则意味着临近熵死。

华为的开放性还体现在作战空间的与时俱进。华为通过不断积累核心能力，一方面是在当前核心领域争取深入无人区，构建独特竞争优势；另一方面也根据行业价值转移的趋势，不断扩大作战空间。这些年来，华为从 CT 发展到 ICT，作战空间的有序扩张使华为长期积蓄的内在能量得到极大的迸发。螺蛳壳里做不了道场，一个公司如果不能跟随价值转移趋势而与时俱进，一味固守原有的作战空间，内部再有能量也发挥不了，只能导致企业的熵死。开放的文化孕育开放的思想，开放的思想打开了业务作战空间,拥有了未来发展的选择权,形成新的生态空间。要拥有未来发展的选择权,而不是扼杀它,不做黑寡妇,这一点和贝佐斯提到的非常一致。

亚马逊文化

以上讲述了华为的核心价值主张以及核心价值主张如何对内对外传递以及系统固化。下面我们来分析亚马逊文化和核心价值主张。有一次贝佐斯曾经告诉《连线》杂志记者,当他在考虑是否辞职创办亚马逊时,害怕因错失互联网机遇而后悔不已的心理,最终促使他做出了抉择:"我会对离开华尔街后悔吗?不会!我会对因为没有抓住互联网迅猛发展的大好机遇而后悔吗?是的!"

贝佐斯从内心出发,从华尔街辞职创建了亚马逊。在发展的过程中,同华为的文化内核一样以顾客为中心,而非以自己能力为中心。在创立亚马逊以后的20年里,从电商图书起家的亚马逊,不断进军音乐、内容制作、云计算服务、人工智能等新领域,这些尝试看似随意,实则都有一个共同的目标,那就是一切从顾客的需求出发。亚马逊的组织能力似乎已突破边界,如今边界越来越广。

亚马逊从开始就有这理想主义、长线思维的特点,这和华为的炸开金字塔、板凳要坐十年冷是一样的。贝佐斯在2008年致股东的一封信中写道:"最终,现有的技能都将过时。逆向工作法要求我们必须探索新技能并加以磨炼,永远不会在意迈出第一步时的那种不适与尴尬。"贝佐斯还将这种逻辑应用到他的个人生活中,每当他不得不做出重大决策时,他常常会以这种方式来思考问题,假设自己80岁高龄时,对这种选择是一种什么样的态度。2011年,贝佐斯在接受《连线》杂志采访时说:"如果你所做的每件事都围绕3年规划展开,那么你的竞争对手就太多了;但如果你愿意投资一个7年期的规划,你的竞争对手就少了很多——因为很少有公司愿意这样干。"

创新小提示：逆向工作法。

在创业沉默期，他耐得住寂寞，投资了10亿美金在看不见明天的网上购物体验的研发上。在快速变化的互联网时代，他却把战略建立在不变的事物上，即建立在客户极致的购物体验上。贝佐斯在1997年的致股东信中写道："我们以长期的眼光经营这家公司；我们要把注意力极度聚焦到客户身上；比起短期利益和华尔街对股价的反应，我们更在意公司的长期领导地位；哪怕一些投资短期看不到回报，如果长期有益，我们也会大胆地去做。"这些基本原则，贝佐斯坚持了23年。为了长期目标，特斯拉的马斯克曾经想私有化，但没有找到好的方法。来自华尔街，其实贝佐斯最懂华尔街，但他偏偏不去迎合华尔街信仰的"给股东的回报"，而是坚持把全部赚到的钱投入到产品边界拓展和研究技术创新里。在亚马逊2009年致股东信中，贝佐斯说：在我们452个目标中，"净收入""毛利润"和"运营利润"等字眼一次也没出现。而我们通常研究的第一个指标就是利润。

贝佐斯说："世界上有两种类型的公司，一种是为提高价格而工作的公司，一种是为降低价格而工作的公司。我们将成为第二种。"因为他一直牢记着他外祖父的教导：善良比聪明更重要。"聪明是一种天赋，而善良是一种选择。天赋得来很容易——毕竟它们与生俱来。而选择则颇为不易。如果一不小心，你可能被天赋所诱惑，这可能会损害到你做出的选择。"

在亚马逊，企业价值观念是日常工作和用语的一部分，必须付诸行动。在亚马逊，客服人员拥有很高的权限，比如，一旦超过两名客户投诉同一产品的相同问题，客服有权立即下架该商品，不论销售多么火爆。客服还有权限给客户免费提供新产品或者用优惠券和其他形式对客户进行赔偿。亚马逊之所以这样做，就是为了让顾客的问题，第一时间得到解决，而不是等客服层层上报，影响客户感受。

在亚马逊文化中，广受外界批评的一条是，要求员工勇于攻击同事的想法，并提出无情的意见。普遍观点认为，这会让团队处于不和谐之中，但贝佐斯认为：和谐会扼杀诚实的批评，并鼓励出于礼貌而对错误观点做出赞美。相反，亚马逊人被要求“敢于谏言服从大局”——必须要能够不卑不亢地质疑无法苟同的决策，不会为了保持一团和气而屈就妥协，一旦做出决定，全身心地致力于实现目标。许多离开亚马逊的员工，把亚马逊的文化称为“角斗士”文化。

而对于公司让员工感到压力的高标准要求：“要有近乎严苛的高标准，即使在很多人看来，可能高得不可理喻。”同华为一样，超强度工作是亚马逊的常态。贝佐斯曾说：“你可以超时工作、勤奋工作和动脑工作，但在亚马逊，你不能三选二。”贝佐斯认为，高标准能让公司实时满足消费者不断提升的期望，而且还有其他诸多好处。很多亚马逊的员工也表示：他们之所以喜欢亚马逊，恰恰是因为亚马逊使他们超越了自己所认为的极限。亚马逊文化的鼓励创新、更灵活更简洁高效，但同时也更加严厉，也更加不宽容平庸。而亚马逊的员工也因此很受行业追捧，Google 等公司都喜欢招聘前亚马逊员工，因为这些人工作都非常努力。

亚马逊价值观十四条

亚马逊的文化里强调的是超强度高标准的工作文化。如同华为新员工培训，进入亚马逊的每一个新员工，都要求认真学习公司的“文化指导十四条”，这十四条规章会被印在卡片上发给每个员工，并进行考核测试。不论这一过程被称为“洗脑”还是“企业文化教育”，对每个员工来说，这些准则绝非听听而已，而是必须严格遵循的“天条”，并且要努力贯穿于工作之中。亚马逊的核心价值主张十四条包括：

第一条　Customer Obsession（以客户为中心）：努力成为“最以客户为中心”的公司，从客户方方面面入手，再反向推动工作。

第二条　Ownership（主人翁精神）：作为主人翁，要从长远考虑，不会为了短期业绩而牺牲长期价值，绝不会说“那不是我的工作”。

第三条　Invent and Simplify（创新简洁）：期望并要求自己的团队进行创新和发明，并始终寻求使工作简化的方法。

第四条　Are Right，A Lot（决策正确）：要拥有卓越的业务判断能力和敏锐的直觉，寻求多样的视角，并挑战自己的观念。

第五条　Learn and Be Curious（好奇学习）：要对各种可能性充满好奇并付于行动加以探索。

第六条　Hire and Develop the Best（选贤育能）：要不断提升招聘和晋升员工的标准，寻找到优秀的人才，并帮他们创建职业发展机遇。

第七条　Insist on the Highest Standards（最高标准）：要有近乎严苛的高标准——这些标准在很多人看来可能高得不可理喻。领导者不断提高标准，激励自己的团队提供优质产品、服务和流程。

第八条　Think Big（远见卓识）：要大胆提出并阐明大局策略，从不同角度考虑问题，并广泛寻找服务客户的方式。

第九条　Bias for Action（崇尚行动）：速度对业务影响至关重要。很多决策和行动都可以改变，因此不需要进行过于广泛的推敲。提倡在深思熟虑前提下进行冒险。

第十条　Frugality（勤俭节约）：力争以更少的投入实现更大的产出。勤俭节约可以让我们开动脑筋、自给自足并不断创新。

第十一条　Earn Trus（赢得信任）：坦诚沟通，敢于自我批评，即便这样做会令自己尴尬或难堪。

第十二条　Dive Deep（刨根问底）：深入各个环节，随时掌控细节，经常进行审核。

第十三条　Have Backbone；Disagree and Commit（敢于谏言服从大局）：必须要能够不卑不亢地质疑无法苟同的决策，哪怕这样做让人心烦意乱，精疲力尽。不会为了保持一团和气而屈就妥协。一旦做出决定，就要全身心地致力于实现目标。

第十四条　Deliver Results（达成业绩）：关注业务的关键决定条件，确保工作质量并及时完成。即使遭受挫折，也从不气馁。

以上所有的核心价值观原则，都是贝佐斯亲自制定的。亚马逊的价值观，是在贝佐斯经过了20多年的低利润和外界的质疑中不断实践中总结出来的。如同华为的军规和核心价值观，亚马逊核心价值文化十四条被贝佐斯用来对抗侵蚀企业的力量，它是整个亚马逊公司健康运行以及持续增长动力的重要文化基础。

创新小提示：亚马逊核心价值观密码十四条。

未来10年什么不变

在我们前一章分析亚马逊管理系统时，曾经提到的一个思想是可选择权，管理系统建立的基础思想是应对流变的。那战略建立的基础是什么呢？贝佐斯曾说："我经常被人问一个问题，未来10年什么会变化。我们要抓住变的那个东西，这个东西很重要，但更重要的问题是，未来10年什么不变。如果，我们找到未来10年不变的那个东西，应该把我们的战略建立在不变的事物上，而不是建立在流变的现象之上。"在变的基础上，把握不变，把握确定性。

把战略建立在不变的事物上，不是贝佐斯心血来潮，这是他深思熟虑的底层思维逻辑："我们把精力放到这些不变的事物上，我们知道现在在上面投入的精力，会在10年里和10年后持续不断让我们获益。当你发现了一个对的事情，甚至10年后依然如一，那么，它就值得你将大量的精力倾注于此。"

在瞬息万变的零售业，那什么不变呢？贝佐斯说："我们知道客户想要低价、更快捷的配送、更多的选择，这三点10年不变。"亚马逊的目标是成为全世界最以客户为中心的公司。1998 年,他在致股东信提到:我们力图建立一个全球最以客户为中心的公司;1999 年提到我们的使命是通过这个平台打造全球最大的、用户至上的公司;2003 年,致股东信再次提道:我们的策略并不打算最大限度提高利润率,而是旨在为客户提供最大的价值,创造更大的长期利润。2017 年的信中依然提到以客户为中心,注重结果,抵制形式主义。贝佐斯以客户为中心的理念一坚持就是 20 多年,深刻在其日常的管理行为中,甚至,贝佐斯每次开会时都习惯性的留一把空椅子来代表客户。

基于低价、更快捷的配送、更多的选择这三个不变,以客户为中心,不仅是在股东信中,而是体现在亚马逊每一次利益冲突的抉择中。曾经有这么一场官司可以说明亚马逊是如何坚持这三个不变的。2004 年美国最大的玩具连锁店"玩具反斗城"把亚马逊告上了法庭。因为它们当时正好和亚马逊在合作,合同里它们要向亚马逊支付年费和销售分成,换来的是亚马逊的网站上独家销售它们的玩具。结果贝佐斯认为,任何阻碍客户有更多选择的行为都是不能接受的,于是亚马逊引入了和"玩具反斗城"竞争的卖家来销售自己的玩具。"玩具反斗城"认为,这个合作应该是独家和排他的,就把亚马逊告上了法庭。结果亚马逊败诉了,不得不向"玩具反斗城"赔偿 5 100 万美元。后来亚马逊仍然坚持了自己的做法,亚马逊坚持了自己的原则,维护了客户的多样性选择权。

贝佐斯在早期还做出过一个颇具争议的决策,允许用户在亚马逊网站上发表书评,无论是正面的,还是负面的。竞争对手则无法理解一家图书经销商为何要这样做。贝佐斯说:"在亚马逊上线几周后,我收到了一些好心人的来信,他们说我可能不懂自己的业务。你卖东西赚钱,为何要让负面的评论出现在你自己的网站上呢?但我们认为,如果我们能帮助用户做出正确的选择,那么就能卖出更多的东西。"这种帮助客户作出正确选择、给予客户选择权的思想,亚马逊一直坚持着,也给其他的电商企业树立了样板。

亚马逊把“天天低价”这个从沃尔玛学来的价格战略，贯彻到了极致。比如，我们前面提到的云服务业务，贝佐斯力排众议，不顾其财务总监的反对，在云服务平台推出的10年里，在大部分时间没有什么竞争压力的情况下，云服务自主降价了51次。当然，这种行为也为后来的潜在竞争者进入这个市场设置了很高的壁垒。

抱朴守一

贝佐斯读懂了商业上这个不变的事物“一”，20多年来，贝佐斯抱朴守一，以不变应万变。无论竞争对手如何变化，无论是第三方服务还是云计算，他始终抱定这个很傻、很笨、很朴素的战略，一条路走到底，有没有一点阿甘精神？贝佐斯说：“最开始我们就是以客户为出发点，现今只是回到起点，为了服务好客户，我们学习所有需要的技巧、开发和建造所有需要的技术。”不同于阿里巴巴集团，阿里的使命是让天下没有难做的生意，它的不变的“一”是商家。亚马逊坚守的这个“一”和华为的战略出发点是一致的，以客户消费者为中心。推己及人，己所不欲勿施于人，以客户消费者为中心，他的痛就是你的痛。把战略建立在不变的事物上，就是敬畏和肯定人的最高价值，就是选择善良。贝佐斯在真实与幻象之间，选择了真实，选择了商业的本真，抱朴守一。

说到这里我们归纳一下亚马逊的抱朴守一文化核心价值观：原点使命从内心出发、选择善良（致良知为一），战略上把握不变、坚持长线思维（长线不变为一），运营决策以客户为中心（客户为一）、关注自由现金流和可持续增长，推动生命体的流动（可选择权为一），永远保持组织机体的活力（见图4－3亚马逊核心价值观关系）。

贝佐斯很少在会上发言，也不大接受媒体的采访，如同任正非早期一样面对媒体的态度。在大家都不看好亚马逊的时候，亚马逊的早期投资者约翰·杜尔理念与贝佐斯一致，始终站在亚马逊这一边，他之于亚马逊的意义，如同孙正义之于阿里。他说：贝佐斯参加新闻发布会、产

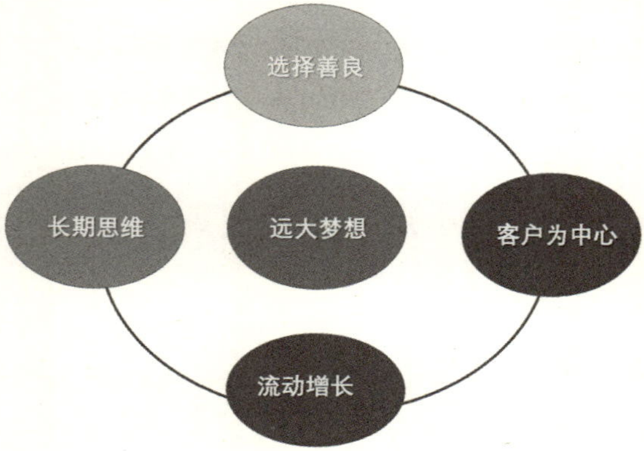

图 4－3　亚马逊核心价值观关系

品推介会或者致股东信函时，习惯手拿一支红笔，把那些顾客很难听懂和对顾客不利的言辞删除掉。可以说以客户为中心，流淌在贝佐斯的血液里、深入到了他的骨髓里。

上一章我们提到两家企业管理系统建立的底层思维，这一章分析我们看到：两家企业都有着远大的理想，在其以客户为中心、坚持长线思维、抱朴守“一”等方面又是如此的一致。文化是一个企业的软实力，比高楼等资产要重要得多，文化随着员工、客户、供应商、产品各种流去流动和传播，文化核心价值观的建立不是一朝一夕的，常常在冰山的下面，它有时无法模仿，这也是优秀企业最核心的竞争力。它蕴藏在每一次的员工招聘中，它蕴藏在每一次的产品开发中，它蕴藏在每一次的产品营销中，它可以无处不在，而你却无法真实触摸，但恰恰是最有生命力的部分。文化自信也是生产力。

五、领导力

财富是思维的产物。

——艾恩·兰德(Ayn Rand)

前三章分析了华为和亚马逊这两家在不同文化体制下成功组织3S模型的三个部分,这些特征是成功组织的组织基因。以下部分我们将以任正非为主来分析领导力,同时,结合这几年对亚马逊贝佐斯的研究成果,分析优秀领导的共同特质。领导力素质是领导的内在基因,它将锻造和影响企业的组织基因,而且这种组织基因是可以传承的。

也许每一位读者对领导都有自己不同的理解和定义,本章我们要探讨的领导是一个广义的范畴,不仅是指经济组织的领导和政府机构的管理者,也许你会发现你家四五岁的小孩都具有相当强的领导力。投资大师巴菲特曾说:如果说我与他人有什么不同,那就是每天我都做着自己喜欢的事情。贝佐斯在30岁就找到了其内心要全力all in的事业,如果不做他会后悔一生的事业。现代管理学之父彼得·德鲁克曾有“三个石匠”的比喻。本书对领导的理解都与此有关。

■ 投资语录:如果说我与他人有什么不同,那就是每天我都做着自己喜欢的事情。

如何定义领导

每一次在给企业做有关领导力发展的内部培训课上，开场总希望听听学员对领导的理解。最后得到的答案也总是各式各样，有人认为领导就是战略制定者，有人认为领导是组织和人员配置者，甚至有人认为领导就是控制预算和签字者，有人认为领导象征着权力和地位，等等。由于每个人的经历和所处的工作职责不同，对领导有不同的理解也是很正常的。但对于企业来说，尤其是高层团队对领导内涵的理解有偏差，没有一个共识和共同的语言，就会影响组织的效率和可持续组织能力的培养。

在历史上，有许多学者曾经对领导下过定义。旺斯·派克德认为：领导是让他人乐于按照你认为应该的方式行事的一种艺术。孔茨认为：领导是说服人们合作以达到一个共同目标的行为。领导力大师约翰·科特认为：领导是指促成建设性或适应性变革。豪斯认为：领导是激励别人在团队利益的框架中去实现个人利益的过程。即使历史上研究领导的专家对领导的定义都不一样，我们对领导的理解有差异也就很正常了，本书从实证的角度研究领导力，所以对领导学研究的演变、领导的定义、情景领导、领导风格类型等研究不会花过多的笔墨介绍。本书更关注领导力思维的本质，如果对此感兴趣的读者可参考有关研究领导学的相关文献。

仁爱天使

领导不仅仅存在于经济组织中，为了更深刻地说明本书对领导的定义，我们先举一个成功创建一个非营利组织的领导的故事。

你是否知道世界上有这样一个人，没有任何权利，没有任何财产，在另外一个国度，总统取消所有活动，为她举行国葬，全民上下自发冒着倾盆大雨为她送行，全世界为她逝世而悲痛？这个感人的故事发生在1997

年 9 月，她就是“怀大爱心，做小事情”的“贫民窟的圣人”特蕾莎修女（Mother Teresa）。在《特蕾莎传》和何光沪的序中介绍了她的事迹。

特蕾莎 1910 年生于南斯拉夫境内的一个阿尔巴尼亚族农家，本名阿格尼丝。她的家乡位于现在脱离南联盟独立的马其顿首都斯科普里。她小小年纪就开始思索人生，12 岁时感悟到自己的天职是帮助穷人，这决定了她被称为“活圣人”的一生。17 岁时，她到爱尔兰的劳莱德修女院学习，随后到印度大吉岭受训，37 岁时发誓终身愿成为修女。她成立了一个专门无偿地服侍受苦人的修会，即“仁爱传教会”。

她身无分文，开始时只有两名志同道合的修女做帮手，先是到一个美国医护修女会学习医疗护理，然后向加尔各答市政府申请到一间旧神庙中的两个房间，收治被遗弃的危重病人，给予细心的护理。到她逝世前，她创建的组织有 4 亿多美元的资产（相比一些富豪几千亿美元的基金显然量级不同，性质也不同），她的手下有 7 000 多名正式成员，还有数不清的追随者和义务工作者分布在多个国家……

可是，她住的地方，唯一的电器是一部电话；她穿的衣服，一共只有三套，而且自己洗换；她只穿凉鞋没有袜子……她把一切都献给了穷人、病人、孤儿、孤独者、无家可归者和垂死临终者；她从 12 岁起，直到 87 岁去世，从来不为自己而只为受苦受难的人活着……她不像一般富豪设立的慈善基金，整天想的是投资和募集资金，1984 年她还同一个名叫“赞助特蕾莎修女基金会”的组织对簿公堂，目的是要向全世界宣告：她反对任何人以她的名义募捐筹款；她希望人们不要关注她而只关注她要去帮助的那些人。

她的目的，不是仅仅为穷人和鳏寡孤独者提供衣食住处，不是仅仅为病人和遭灾遭难者提供医疗服务，而是要在这一切之中，这一切之外，给这些人带去爱心，让他们感到自己有尊严、感到自己被人爱。为此，她愿意向这些人下跪；她立志要服侍穷人，所以先变成了穷人；她放弃了安适的修女和教师生活，穿上穷人的衣服，一头扎进贫民窟、难民营和各种各样的传染病人之中,50 年如一日;她的追随者为了让服侍的对象觉得有尊严,也仿效她的榜样,过着穷人的生活,以便成为穷人的朋友。这种远远超过一般慈善事业的宗旨,体现在她的这句话中:“除了贫穷和饥饿,世界上最大的问题是孤独和冷漠……孤独也是一种饥饿,是期待温暖爱心的饥饿。”

1979 年,诺贝尔委员会从包括促成埃以和谈的美国前总统卡特在内的 56 位候选人中,选出了特蕾莎,把诺贝尔和平奖这项殊荣授予了这位除了爱一无所有的修女。授奖公报说:“她的事业有一个重要的特点:尊重人的个性、尊重人的天赋价值。那些最孤独的人、处境最悲惨的人,得到了她真诚的关怀和照料。这种情操发自她对人的尊重,完全没有居高施舍的姿态。”公报还说:“她个人成功地弥合了富国与穷国之间的鸿沟,她以尊重人类尊严的观念在两者之间建设了一座桥梁。”

特蕾莎说:“这项荣誉,我个人不配领受,今天,我来接受这份奖金,是代表世界上的穷人、病人和孤独的人。”当然最后她把这笔巨额奖金全部用来为穷人和受苦受难的人办事,这对她来说是最自然不过的事情。而且一向克己的她还向诺贝尔委员会请求取消照例要举行的授奖宴会。诺贝尔委员会答应了这一请求,并且把省下来的 7 100 美元赠与了她领导的仁爱修会。

特蕾莎修女认为:不被需要才是真正的贫穷。她一生的使命既简单又直接,就是服侍穷人中的穷人。她认为人最大的贫穷不是物质上的缺乏,乃是不被需要与没有人爱。她说:“感觉自己没有人要,是人类最糟糕的一种疾病。因为别的病有药可医,唯独不被需要,除了一双愿意服侍的手与一颗充满爱的心外,再没有一帖药可医治。”

特蕾莎在《家庭》一文中说:“爱源自家庭。假如我们没法去爱与我们朝夕相对的人,我们又怎能去爱那些与我们只有一面之交的人呢?爱表现在为他人设想,善待他人,与别人分享喜悦,与别人分享值得高兴的事……爱是透过日常细微的事表现出来的。小孩子容易爱人,心里没有爱的屏障。我们都需要一颗童心。”

在文中，特蕾莎讲述了她的一次经历：“有一次，一位女士来到我跟前，她心里有极大的忧伤。她告诉我她女儿失去了丈夫和孩子，于是她女儿把心中的怨愤都发泄在她身上，甚至不想看见她。因此我告诉她‘现在你试想一下你女儿童年时所珍惜的一些小玩意，也许是一些花朵或特别喜好的食品，把这些东西送给她，而切莫指望回报。’她依我的话去做，把她女儿喜爱的花朵放在桌子上，或留给她一块漂亮的花布；她并没有期望女儿的回报。几天后，她的女儿对她说‘妈妈，来我这里，我爱你，我需要你。’这真是一件美妙的事。”

特蕾莎从少年立志到弥留之际，几十年如一日奔波操劳，身患重病时依然毫不停歇，只是为了世界上最底层、最悲惨的穷苦人们。所以，1997 年 9 月在另一位以慈爱之心感动千百万人的妇女、英国王妃戴安娜的葬礼正吸引世人目光的时候，特蕾莎去世的噩耗传来，引起了全世界更大的震动：在印度，成千上万的普通市民冒着倾盆大雨走上街头，悼念他们敬爱的“特蕾莎嬷嬷”；印度政府宣布为她举行国葬，全国哀悼两天，总统为此宣布取消官方活动，总理亲往加尔各答敬献花圈、发表吊唁演说；从新加坡到英国，从新西兰到美国，各国元首和政府首脑纷纷发表讲话，为这位“仁慈天使”的逝世感到悲痛。

想想特蕾莎说的话，牢记于心：

（1）你如果行善事，人们会说你必定是出于自私的隐秘动机。不管怎样，还是要做善事。

（2）你今天所做的善事明天就会被人遗忘。不管怎样，还是要做善事。

（3）你如果成功，得到的会是假朋友和真敌人。不管怎样，还是要成功。

（4）你耗费数年所建设的可能毁于一旦。不管怎样，还是要建设。

（5）你坦诚待人却受到了伤害。不管怎样，还是要坦诚待人。

(6) 心胸最博大最宽容的人,可能会被心胸狭窄的人击倒。不管怎样,还是要志存高远。

(7) 人们的确需要帮助,但当你真的帮助他们的时候,他们可能会攻击你。不管怎样,还是要帮助别人。

(8) 将你所拥有的最好的东西献给世界,你可能会被反咬一口。不管怎样,还是要把最宝贵的东西献给世界。

人生有限。人最艰难的事情莫过于面对伟大,因为良心要承受巨大的煎熬;如果你准备好了,那就以真诚面对特蕾莎。她的伟大源自穿越时空的感动,她的力量源自包容善恶的仁爱。当特蕾莎抚摸麻风病人的残肢时,当特蕾莎亲吻艾滋病患者的脸庞时,全世界都看到了划过苦难的一道阳光。正是这阳光给了人们度过茫茫未来的勇气和信心。

这世界上最大的贫穷是不被需要,最大的财富是拥有健康的思维。

我国著名诗人臧克家在他题为《有的人》一首诗中写道:"有的人活着,他已经死了;有的人死了,他还活着……"特蕾莎修女永远活在人们的心中。

从特蕾莎修女身上折射出了作为一个优秀领导的特质,她的使命,她一生不变的事业梦想,她的坚定意志,她的谦卑自律,她的爱心。不管你从事怎样的事业,优秀领导的思维方式和特质是共同的,只要有这样的特质,你最后都能成功。特蕾莎修女是一位优秀的领导。

领导力就是影响力

从多年实践与研究的感悟出发,在所有学者对领导的定义中,我比较赞同保罗·赫塞的简单定义"领导力就是影响力"。结合自己多年的实践体会,我对上面的定义作了一定的扩展,没有对错,只是人生的感悟,与大家分享,也是本章的主题。**领导力就是影响力,领导就是找到自己的心声,并影响他人、激励他人,找到他们自己的心声去完成长期共同的事业。这就是一个优秀领导应该具备的领导思维**。

人生最大的快乐就是找到自己的心声，快乐地做自己喜欢的事情。投资大师巴菲特曾说：如果说我与他人有什么不同，那就是每天我都做着自己喜欢的事情。领导思维是帮助他人找到他们共同的心声并影响他们的行为、帮助他们去实现，这是一种双赢的思维。“现代管理学之父”彼得·德鲁克曾说：成功的组织在于让平凡的人变得不平凡。

现代管理学之父彼得·德鲁克曾有“三个石匠”的比喻：一个企业家问正在砌石头盖房的石匠。第一个石匠说“我终于找到了一个好饭碗，我在维持生计”，第二个石匠说“我正在做一流的石匠活”，第三个石匠说“我正在建一座大教堂”。德鲁克说，第三个石匠才代表做企业的最高境界。如果你拥有第三类石匠的员工越多，你就越是一位真正的领导。有关这方面的内容，后面还会展开论述。

领导的主要工作是什么呢？领导与管理有何区别？美国通用电气前 CEO 韦尔奇曾说：“有想法的人就是英雄。我主要的工作就是去发掘出一些很棒的想法，扩张它们，并且以光速般的速度将它们扩展到企业的每个角落。我坚信自己的工作是一手拿着水罐，一手带着化学肥料，让所有的事情变得枝繁叶茂。”

亚马逊创始人贝佐斯有一次对采访他的记者说：“16 年前，我萌生了创办亚马逊的想法。创建涵盖几百万种书籍的网上书店的想法令我兴奋异常，因为这个东西在物理世界里根本无法存在。那时我刚刚 30 岁，结婚才一年。我告诉妻子麦凯奇（MacKenzie）想辞去工作，然后去做这件疯狂的事情，很可能会失败。麦凯奇支持我追随内心的热情。在深思熟虑之后，我选择了那条不安全的道路，去追随我内心的热情。我为那个决定感到骄傲。”我们的人生由一个个选择构成，优秀的领导如何在关键时刻决策？选择善良服务客户还是短期的利益？选择内心的念力还是外部的诱惑？考察这一点也是非常有意义的。贝佐斯有个逆向工作法，每当重要决策，他总要问自己，如果现在已经 80 岁了，会如何决策？追随内心，还是追随当下的诱惑？优秀的领导者在重要决策时刻常常是基于长期思维追随内心的。

苹果创始人乔布斯，是亚马逊创始人贝佐斯的朋友，他们都是美国这个时代的奇迹。乔布斯有着极大的影响力，他有着很强的心力磁场。当年他劝说百事可乐总裁来担任苹果 CEO 的时候说："你是愿意一辈子卖糖水，还是跟我一起改变这个世界？"这句话同样也激励了无数心怀梦想的创业者，通过那则著名的广告"think different"他告诉世人："因为只有那些疯狂到以为自己能够改变世界的人，才能真正地改变世界。"乔布斯确实改变了世界，而且不是 1 次，是 5 次。2010 年乔布斯在接受日本电视台的采访，谈到创业时他说："为了赚钱而创业有很大的可能不会成功，很多成功的创业者创业的初衷并不是为了赚钱，而是他们对这个世界有些不同的想法，但没人听，他们不得已，只好开家公司，通过他们的产品去向世界表达，发挥他们的影响力。"领导力就是影响力。

领导不同于管理，管理的职责在于制定计划和预算，协调组织人员实施，控制和解决问题以达到期望的目标和结果。**领导意味着激励、承担风险与责任、辅导、鼓励创新、变革管理和帮助他人成功**。你如果处在领导的位置，你可以问问自己，你每天的主要时间都花在哪些方面？你就可以知道自己是否是一个真正意义上的领导。

作为领导，你需要掌握必要的知识和技能，包括战略制定、全面预算等，但这仅仅是冰山一角。在有关能力素质模型的研究中，我们经常提到一个冰山素质模型，知识和技能可以反映在学历、资格认证等显现方面，属于冰山上面的东西。对于一个人的发展来说，冰山下面看不见的部分更重要，这也是本书研究的课题，更重要的是冰山下面的领导素质，我们一般会采用行为事件观察法，有时你也可以在不经意中问一些简单的问题来看冰山下面的素质，比如，你如何看待成功？你如何看待你在公司中扮演的社会角色？你怎么看你自己？你的核心价值观是什么？等等。

领导的思维和素质会逐步影响其行为，经过一定时间会形成领导风格，领导的风格会造就团队的组织气氛，而组织气氛对于组织的绩效会产生很大的影响。

结合工作体验和人生感悟，以及多年来领导力开发的持续研究和实际案例的咨询，对照国内外优秀企业和一般企业的企业家领导思维的差异，笔者总结提炼了如图 5－1 所示的领导力素质模型。我们用一个闭环的圆圈，将起点忘我胸怀和终点谦和串起六项领导力素质。其实人生何尝不是一个闭环的圆圈，有的人从原点回到原点，而有的人不断提升从起点到达伟大的终点。

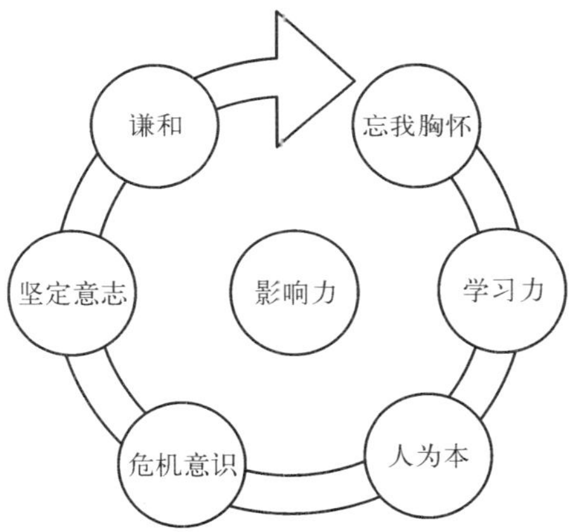

图 5－1　领导力素质模型图

优秀领导的关键素质主要由忘我胸怀、学习力、人为本、危机意识、坚定意志和谦和六项素质构成。忘我胸怀是优秀领导素质的基础，我们将它置于六项素质之首。在唯一不变就是变化的世界里，学习力和人为本这两项素质能让优秀的领导不断提升自我和帮助他人成功，从而不断提升忘我胸怀、危机意识和谦和等素质能力。危机意识和坚定意志（坚毅）是优秀领导不可或缺的关键素质，是走向可持续成功的关键。谦和是所有素质的升华，是从优秀走向伟大领导的关键素质。在后面的章节中，我们将对这六项素质逐一展开论述。

在六项素质中，第一项忘我胸怀和最后一项谦和，是本书大力提倡的，如果你具备其他几项素质，但缺乏这两项，就只能取得一时你认为的成功，不可能永续取得真正的大成功，乃至成为伟大的领导人。有时还难于善始善终。这六项素质有些方面粗看起来似乎是矛盾的，许多非常优秀的领导似乎具有双重人格，一方面表现出令人钦佩的谦和，不爱谈论自己更爱谈论公司，不爱抛头露面；但又有坚定的意志，严格的标准、执着、雄心勃勃，勇于承担责任。

每一项素质我们分为六级（见图5－2），即使是优秀的领导，这六项素质中也有高低，但总体每项素质都比一般的领导要高许多，一般的领导在有些素质项上根本不具备。同时，优秀的领导具有非常强的自我认知能力，知道自己哪些方面需要互补的管理团队来组合，所以并不影响团队的业绩。

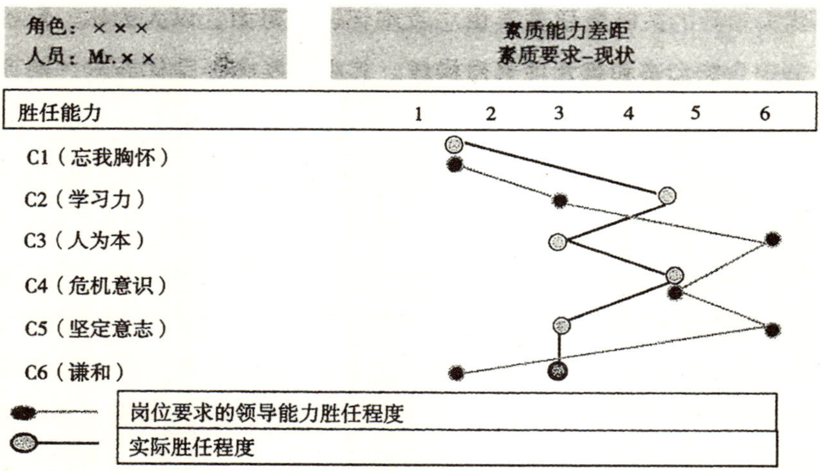

图5－2　领导力素质评估样表

在后文中，我们将用以上模型来全面分析华为建立基于行业本质的战略定位、建立基于组织能力的提升和基于核心价值观的企业文化建设，与其精神领袖任正非的管理底层思维、领导力素质和企业家精神之间的关系。同时,对比分析亚马逊创始人贝佐斯的创新底层思维、管理哲学和领导力素质,有许多共同的一致性。

谷歌(Google)董事会主席埃里克·施密特曾这样评价亚马逊:"亚马逊就是一个辉煌创业者的故事,它让梦想飞翔。"巴菲特曾这样评价贝佐斯,他说:"他是这个时代最卓越的商人。我从未见过一个人能够几乎同时在两个业务领域取得成功,这两项业务在客户分布和运营上真的有很大差异。"

这里先介绍一下美国《时代周刊》对任正非的评价。美国《时代周刊》评选的2005年度"全球100名最具影响力的人物榜"中,在"建设者和巨子"的年度排行榜上,低调的任正非榜上有名。同一档位的有美国苹果公司董事长兼首席执行官乔布斯、传媒大亨默多克、俄罗斯石油巨头阿布拉莫维奇。

2005年的《时代周刊》这样评价:"……现年61岁的任正非显示出惊人的企业家才能,他在1987年创办了华为公司,这家公司已重复当年思科、爱立信卓著的全球化大公司的历程,如今这些电信巨头已把华为视为'最危险'的竞争对手……"

以上的领导力素质模型是在多年的实践和研究下的初步总结,肯定需要进一步研究与完善。本书结合亚马逊创始人贝佐斯的领导力研究,发现领导力素质的大项方面,许多是一致的,但也各有高低。当然,即使是任正非这样的优秀领导,在这六项素质上也并非完美,也有高低;华为也并非一个完美的企业,但我们需要关注的是问题的核心。亚马逊也是如此,并非完美,在世界各地还有员工起诉亚马逊,罢工的事件也时有发生。

但我们想放在一个新时代、新商业的总体框架下,研究一个商业组织是如何永葆源源不断的动力去推动商业创新的,去抵抗一个个的危机,这就非常有意义。这两位优秀企业家的底层思维和运用于新时代商业的许多创新举措,是值得我们创新创业者学习的。研究他们越多越深入，笔者越觉得研究这些企业家的故事不仅仅是一个个企业的故事、一个个企业家的精神，也关乎着伟大成就背后的人性假设和道德基础，道德和商业是可以和谐共振的。

六、远大梦想

在什么重要问题上，
你与其他人有重要不同？
——彼得·蒂尔

本章阐述领导力素质模型中的第一项素质——忘我胸怀，忘我胸怀需要有远大梦想。彼得·蒂尔曾说："在什么重要问题上，你与其他人有重要不同？"当我研究观察优秀的企业家越多，我认为这个重要的不同就是在他们的胸怀里，在他们梦想格局里。

笔者从小生在江南，长在江南，有小桥流水，也有烟波浩渺的太湖。有陆羽的小茶山，也有绵延不断的天目山系。一滴滴水汇入长江成就了大海，一脉脉山连成了竹海。"海纳百川，有容乃大；壁立千仞，无欲则刚。"闲暇时最喜欢做的事情是看海和登山，海到无边天作岸，山到绝顶人为峰（见图6－1海到无边天作岸）。衡量一个企业家带领的企业能做多大做多久，判断一下他是否有远大梦想、胸怀有多大是一个先决条件。忘我的程度能到几分，事业就能做到几分。这也是为什么我把这项素质放在第一位的原因。

北国之春

学会感恩是树立忘我胸怀的基础。生命中怀有一份感恩之心是非

图 6－1　海到无边天作岸(2016 年拍摄于 Principauté de Monaco 山顶,发表于 Instagram)

常重要的,它是爱的源泉。只要心中充满爱与感谢,值得我们去爱与感谢的事物就会源源不断地降临。学会感恩,感谢父母给了我们鲜活的生命,辛苦地抚养我们长大,无论贫穷与富贵,高尚与卑微;学会感恩,感谢你身旁的每一个人,无论是帮助过你、关心过你或指点过你,还是怨恨你、伤害你或抛弃过你的人,都是你短暂人生中的缘分;学会感恩,感谢大自然给你阳光和空气。

任正非父母对任正非从小的教育,对任正非后来的事业发展具有很大的影响,任正非一直认为是父母用他们坚硬的脊梁,为他搭起了人生和事业的第一个台阶。这如同贝佐斯的外祖父、外祖母对贝佐斯的影响。由于任正非在刚开始创业的时候,一直忙于工作,回去看望他们的时候比较少。1995 年任正非的父亲因为在昆明街头的小摊上买了一瓶塑料包装的软饮料喝了后拉肚子,一直到全身衰竭去世。2001 年任正非的母亲因为到菜市场买菜被车撞不幸身亡,当时任总的母亲身上只装了几十元钱，又未带任何证件，“110”将其当成无名氏抢救。

任正非在《我的父亲母亲》一文中写到他创业早期与父母过的简朴生活的场景：“……当时广东卖的鱼、虾，一死就十分便宜，父母专门买死鱼、死虾吃，说这比其他地方还新鲜呢！晚上出去买菜和西瓜，因为卖不掉的菜便宜一些。我也无暇顾及他们的生活，以致母亲糖尿病严重我还不知道，是邻居告诉我的……”父母亲这种可贵的精神影响任正非一生，在华为发展早期，许多人说华为像个农民企业，简朴已成为任正非一生的习惯。在我的记忆中，在没有搬到龙岗之前任正非还在深圳科技园办公，任正非的办公室在用服大厦7楼，隔壁就是食堂。如果没有听他讲话，你看不出他就是这家企业的总裁。有好几次，在路上碰见他走路去公司上班。

在我们每个人取得的一点点进步的背后，都有许多人无私地奉献着。任正非从小家境贫寒，他父亲是家里的文化人，尽管生活困难，父母仍借钱供他上大学。他在《北国之春》的文章中提到他的歉意和感恩之心：“……但愿他们别太苦了自己，愁时相对无言也沽两杯薄酒。我们千万不要忘记他们，千万不要嫌弃他们，千万不要忘记报答他们。由此我想到，我们每一个人的成功，都来自亲人的无私奉献，我们生活、工作和事业的原动力，首先来自妈妈御寒的冬衣，来自沉默寡言的父兄，故乡的水车、小屋、独木桥，还有曾经爱过你但已分别的姑娘……”中国社会正经历着市场经济的大潮，各种财富榜层出不穷，财富的多少成为许多人衡量成功的标准，许多组织和企业似乎越来越功利，追求企业利润的最大化。但我们似乎忘记了社会责任，似乎找不到我们内心的一刻宁静，忘记了关怀和感恩，即使富裕了我们依然还很贫穷。1992年，任正非第一次到美国考察，回来后他不无感慨地说：“国家越繁荣，越重视科技和教育，美国经济已经走入一个良性循环。而我们中国人依然还陷在中国人的圈子里，也跳不出那个钱袋子，即使在美国也还依然贫穷。”

学会感恩，珍惜我们现在还拥有的，以乐观的态度面对人生，你的胸怀会越来越大。只有具备了忘我的胸怀,你才会有远大的梦想;有了远大的梦想,你才会有不断燃烧的激情。真正的成功者都有着忘我的情怀,有着海纳百川的胸襟,去追随内心的远大梦想。

千古传唱的歌才是好歌

我们常说"宰相肚里可撑船",你的胸怀和价值观决定了你梦想的大小。每一个企业家都有自己的追求,有什么样的胸怀就有什么样的追求。华为的追求和梦想也体现了任正非的价值观和胸怀,任正非经常强调:君子取之以道,小人趋之以利。任正非这样描述华为的追求与梦想:"现在社会上最流行的一句话是追求企业的最大利润率,而华为公司的追求是相反的,华为公司不需要利润最大化,只将利润保持在一个较合理的尺度。华为追求什么呢?依靠点点滴滴、锲而不舍的艰苦追求,成为世界级领先企业,来为顾客提供服务。"华为公司强调:爱祖国、爱人民、爱事业和爱生活是我们凝聚力的源泉。责任意识、创新精神、敬业精神与团结合作精神是华为企业文化的精髓。实事求是是华为员工行为的准则。华为近 30 年的发展,始终体现着以终为始、始终体现着追求世界级领先企业的目标。

只有具备了忘我的胸怀,你的理想和追求才有远大的可能;只有具备了忘我的胸怀,你才有不断燃烧的激情;只有具备了忘我的胸怀,你才会把客户的利益放在自己的心中;只有具备了忘我的胸怀,你才会把培养照顾员工作为自己的重要使命。

确立愿景和使命有关于企业家的胸怀,也是反映企业领导者素质能力的关键部分,一个企业的愿景和使命是企业文化的重要组成部分。华为在 30 多年的高速发展中,愿景和使命是指引华为的一盏明灯。任正非在一次讲话中提到千古传唱的歌才是好歌:"……什么是最好的科研成果,请看看都江堰几千年后还在流淌,还在孕育川西大地。而两河文明,古罗马的水渠已荡然无存。因此,伟大的发明并不一定稀奇古怪,故弄韵律的歌总唱不长。”

“千古传唱的歌才是好歌”这句话能反映任正非的使命和境界，正因为他有这样的梦想和境界，才不会因为取得一点点小成绩就到各种场合去演讲，去接受各种媒体采访，他深知目前离他的梦想还很遥远。尽管他出身贫寒，但他树立的远大梦想不允许他小富即安。如果你能让一千年历史缩短成一天，也许才能更清楚地看清自己，但这是不可能的。所以没有远大梦想的人，常常取得一点成绩就会自傲，有时还将傲慢变成了习惯，那时失败离他也就不远了。

华为以前在市场上的形象，一直给人一种被称为“狼性”的印象，其实任正非一开始就是客户价值导向的思维，有着心中无敌、无敌于天下的心态，这是由他的忘我胸怀所决定的。任正非认为：华为公司必须以客户的价值观为导向，成就客户是华为存在的唯一理由，公司的一切行为都是以客户的满意程度作为评价依据。华为确定了“以客户为中心”的战略，为客户服务是华为存在的唯一理由；客户需求是华为发展的原动力，将客户价值理念融入产品生命周期的全过程；在产品开发过程中构筑客户关注的质量、成本、可服务性、可用性及可制造性。任正非认为要瞄准业界最佳，以远大的目标规划产品的战略发展，立足现实，孜孜不倦的追求，一点一滴地实现。

华为当初进入IT通信行业，许多人都是不看好的，甚至任正非自己也说因为不懂才无知的进入。有一次，他回忆说：“如果我去卖水果，你也会问我为什么去卖水果。但是如果我聪明的话，不走上通信行业，也许对我的人生意义会更大。如果我去养猪的话，这时可能是中国的养猪大王了。猪很听话，猪的进步很慢，而通信的进步速度太快，我实在累得跑不动了。但不努力往前跑就是破产，我们没有什么退路，只有坚持到现在。那个时候错误地以为通信产业大，好干，就糊里糊涂地进去了。后来才知道通信最难干，它的产品太标准了，对小公司是一种残酷。”

远大梦想的选择有着初心。任正非希望中华有为，所以他会放弃短期的利润，在每一个艰难关口选择坚持，关注长期的技术积累，但到每一个选择的路口、每一个重大的决策，都需要有坚定的信念和不忘初心。这里也很值得再提一下贝佐斯当初选择互联网梦想时的抉择。

23 年前，贝佐斯当时在纽约一家基金公司工作，同事是一群非常聪明的人。当贝佐斯告诉其老板戴维想开办一家在网上卖书的公司。贝佐斯的老板带贝佐斯在中央公园漫步了良久，认真地听他讲完，最后他老板说："听起来真是一个很好的主意，但是对那些目前没有谋到一份好工作的人来说，这个主意会更好。"他说服贝佐斯在最终做出决定之前再考虑 48 小时。那样想来，这个决定确实很艰难，但是最终贝佐斯还是选择了辞职决定拼一次。贝佐斯回忆当初抉择时说："自己不会为尝试过后的失败而遗憾，倒是有所决定但完全没付诸行动会一直煎熬着自己。在深思熟虑之后，我依然选择了那条不安全的道路，去追随自己内心的热情和梦想。"

奉献精神

只有做到忘我，你才可能为了一个远大梦想去不断奉献，你才可能为了一个远大梦想去不断追求，天道酬勤，生命不息，追求永不停止。

华为在外界人的眼里一直是经常加班、工作压力大，有着"垫子文化"的"美名"。任正非曾经推荐一篇文章叫《不眠的硅谷》，讲述了美国高科技企业集中地硅谷的艰苦奋斗情形，无数硅谷人与时间赛跑，度过了许多不眠之夜，成就了硅谷的繁荣，也引领了整个电子产业的节奏。他说："华为也是无数的优秀儿女贡献了青春和热血，才形成今天的基础。"创业初期，华为的研发部从五六个研发人员开始，在没有资源、没有条件的情况下，大家以勤补拙，刻苦攻关，夜以继日地钻研技术方案，开发、验证、测试产品设备……没有假日和周末，更没有白天和夜晚，累了就在垫子上睡一觉，醒来接着干，这就是"垫子文化"的起源。虽然今天垫子已只是用来午休，但创业初期形成的"垫子文化"记载着老一代华为人的奋斗和拼搏，是华为人需要传承的宝贵的精神财富。

只有做到忘我，你才可能真正体会到追求和奉献过程中的快乐与幸福，体会到辛勤劳动才是真正的美丽。

华为似乎很倾向于招聘经历过苦难和挫折的人，华为的大多数员工来自山区、乡村和城镇，甚至许多高层管理干部当初是找不到工作才到华为的。这样的华为员工群体有着一种对生活艰辛的体验，在华为创业初期“农村包围城市”的过程中，更是感受到创业的艰辛，经历过苦难的人更能体会到生活的意义和责任。任正非说：“父母在他们那个年代和环境里努力用他们的付出，把我们抚养大，从他们身上，我们知道了生活的含义，领悟到了我们现在身上的责任。我们用自己劳动收获寄回了孝敬父母的第一笔钱，虽然可能微薄，但其中的滋味难以言述，就像我们第一次拿到海外的合同一样，会从心底里感到舒畅、宽慰和喜悦。”

热爱劳动不仅仅是一种美德，劳动中的人也是美丽的，可以在劳动中品尝到一种愉悦甚至幸福。任正非以浪漫主义精神，这样描绘生活中的一个场景：当我们自己成了父母，就可以看着我们的小孩由于我们劳动的付出而能够安详地吮吸着生命的乳汁，露出香甜而无忧无虑的睡容。华为诞生在一个竞争激烈的市场，从一开始就在夹缝市场中寻得一片生存和发展的空间，任正非在《天道酬勤》一文中描述了每一个小小成就的取得、每一次开局成功后由于奉献和自我牺牲带来的喜悦心情：“当我们翻山越岭，克服高原缺氧，为西藏最后一个不通电话的墨脱县实现了通话，藏族同胞载歌载舞，献上洁白的哈达时，我们为之欢呼雀跃，欢乐抚平了无数个日日夜夜的奋斗在我们额头上刻下的皱纹。我们使最封闭的山村一步跨入了现代文明世界，使世代穷苦的村民借助现代通信手段改变了自己的命运。即便是我们为某个非洲国家安装通信网络设备而长途颠簸，顶着赤道的烈日，走戈壁，穿沙漠，但这种经历未必不是一种值得津津乐道的人生体验。更不要说非洲小男孩，有生第一次通过我们的无线网络与外部世界通话时脸上欢快而惊奇的表情，那时我们心头洋溢着的是自豪与喜悦。”

在华为发展的30多年中，一代代华为人前仆后继，他们是敬业的，他们是自强不息的，他们又是乐观向上的，这种乐观不仅表现在工作生活上，还表现在对待困难和压力上。是什么支撑着他们？正如一位华为员工所说：是因为心中有爱。这个爱，不仅表现在对客户、同事和家人的关爱、真诚上，也表现在对祖国、对公司的热爱与忠诚上，体现在任正非的远大梦想和忘我胸怀之中。

舍得之间

阿里巴巴集团总裁马云在一次谈话中提道：我们讲的商人有三种人，一种是生意人，一种是商人，一种是企业家。生意人以钱为本，一切为了赚钱；商人有所为有所不为，有些事做有些事不做；企业家是为社会创造价值，改变社会的风气。我们主要关注的是马云说的第三种人：企业家，谈论的是这些人的领导力。

我们常说“有舍才有得”，大到国家产业结构的调整，中到企业战略方向的选择，小到一个项目的投资选择和个人职业发展的选择，舍得之间都反映了选择者的价值观和胸怀。每时每刻我们都在选择，选择尽管在一念之间，但反映了我们真实的素质和思维，反映了我们的胸怀。舍什么、得什么，我们每一个人的标准都不一样。

在前面介绍华为的产品和华为的梦想追求时，你可以发现华为在战略层面的舍得标准。华为从一开始就设立了虚拟的员工持股制度，也正是这个激励制度造就了华为成千上万的千万富翁。华为在《基本法》中一开始就提出利益共享的主张，华为有着一个知识资本化的理念，华为的价值创造体系认为：劳动、知识、企业家和资本创造了企业的全部价值，华为将知识劳动从劳动中分离，单独与资本和企业家并列为一大价值创造要素，可见华为重视人力资本开发并不是一句口号。对比其他的民营企业分析，目前，中国大部分民营企业极大部分股权都还是留在自己的家族成员手中，许多所谓的激励计划也是流于表面。在美国，往往公司越大，股份就越分散，当然这同美国资本市场发达和发展历史有关。

有大舍才会有大得，要建立自我，追求无我。

2008年华为高级经营管理团队（executive management team, EMT）在其管理致辞中这样写道："绿色环保是我们重点关注的工作之一。我们成立了专职的节能减排工作团队，确保节能减排贯彻到产品与解决方案的规划、设计、研发、制造、交付和服务全生命周期中。一方面，通过开发更多的创新电信业务，帮助人们削减不必要的差旅、物流，减少社会的碳排放；另一方面，持续提高产品能源利用效率和推动可持续能源方案的应用，协助运营商实现节能减排、降低运营成本的目标。一直以来，我们以实际行动积极为所在国家和社区做出贡献。无论是汶川地震、华南冰灾，还是阿尔及利亚洪灾，我们都在第一时间帮助当地运营商恢复通信，帮助灾区人民抗击自然灾害。我们还在非洲、亚洲等地区捐助教育网，资助当地大学教育，促进当地通信技术水平提升与经济发展。"

领导忘我的胸怀不仅仅体现在对待钱财和社会责任的问题上，还表现在用人方面。在一些企业，往往喜欢论资排辈，老总们喜欢招一些听话（换一个词叫忠诚）的下属，有关能力、品德等在其次，这就是笔者常讲的"断子绝孙型"领导，一代不如一代。我们常常会遇到10个有才华的人，9个是怪才，就是不太听话，作为领导要做到忘我，要学会去包容他们。卡内基的墓志铭这样写道："一个知道选择比他自己强的人为他工作的人安息于此。"

在华为，任正非提拔了一大批娃娃副总裁。其中最年轻的一位副总裁，2000年离开华为创办港湾网络的李一男就是非常典型的一位。2006年6月港湾网络被华为收购，李一男又回到了华为，后来又离开华为。任正非对管理干部尤其是副总裁以上人员在行事风格上非常严格，但并不能否定他在用人上宽容的胸怀。

1992年，李一男作为一名实习生到华为，当时他还只是华中理工大学(现为华中科技大学)二年级的硕士研究生。初来乍到的李一男对任正非的诸如“华为鼓励人人当雷锋,但决不让雷锋吃亏”等管理思想和见解感到非常新奇。还是实习生的李一男被委任主持研究开发一个技术项目。任正非还决定为该项目掏钱购买一套价值20万美元的国外设备。当时,还处于创业阶段的华为财力并不雄厚,20万美元对于任正非来说并不是一笔小数字。但任正非力排异议,依旧认可了李一男的项目。不过由于市场趋势突转直下,李一男主持的项目意外搁浅,刚买来的设备也一下子成了废品,20万美元几乎打了水漂。

正因为任正非理解舍得之间哪些是重要的,他没有责备李一男。任正非对研发的风险和失败有着很深刻的认识,所以任正非鼓励李一男从中吸取教训重新再来。1993年6月,硕士毕业的李一男正式进入华为。任正非坚持根据业务能力不拘一格提拔人才,23岁的李一男开始成为华为一颗耀眼新星:两天时间里,李一男升任华为工程师;两个星期后,因解决一项技术难题,被破格聘为高级工程师;半年后,因工作出色出任华为最重要的中央研究部副总经理;两年后,李一男因为在华为C&C08万门数字程控交换机的研制中贡献突出,被提拔为华为中央研究部总裁以及华为总工程师;4年后,27岁的李一男成为华为最年轻的副总裁。

一个企业家的成长是需要磨难的,没有经历过大失败的人取得的成功不能说是大成功,不能说是可以永续的成功。这也是我在投资时经常要问的一个问题:你经历过哪些挫折和失败?经历和磨难是不能代替的,也是在任何校园中学不到的,必须要自己亲身去体验去感悟。并不是人人都可以成为企业家,要做一个领导需要一定的特质,这也是本书研究的主题。李一男的这一圈,2000年从华为离开到2006年又回到华为,后来又离开,似乎是从起点又回到了原点,但对他来说积累的真正财富只有他自己知道。当然李一男后面发生的事情在这里就不展开了,从这个案例我们更加应该懂得领导力素质的重要性,技术能力和天赋仅仅是成功的一个方面,可持续的成功、要成为一个优秀的企业家,其他的素质更重要，这也是研究优秀企业家底层思维的意义所在。

■ 投资语录：你经历过哪些挫折和失败？

任正非的这种忘我的思想也体现在他具体的人力资源管理中，他要求高级干部要舍去小我。1996 年华为为了挖掘与培养新的市场干部，当年有一个华为市场部干部集体大辞职。2000 年 1 月，任正非在市场部集体大辞职 4 周年颁奖典礼上这样评价这次活动："市场部集体大辞职对构建公司今天和未来的影响是极其深刻和远大的。我认为任何一个民族，任何一个公司或任何一个组织只要没有新陈代谢，生命就会停止。只要有生命的活动就一定会有矛盾，一定会有斗争，也就一定会有痛苦。如果说我们顾全每位功臣的历史，那么我们就会葬送我们公司的前途。如果我们公司要有前途，那么我们每个人就必须能够舍弃小我。4 年前的行为隔了 4 年后我们来做一次评价，事实已向我们证明那一次行为是惊天地的，否则也就不可能有公司的今天。"2003 年，以任正非为首的公司总监级以上人员又搞了一次降薪 10%的运动，这次高级管理者的自动降薪也体现了在公司危难时期每个管理者的胸怀。

重要的是你不计功利，就能做成任何一件事。

胸宽则能容，能容则众归，众归则财聚，财聚则业兴。

有容德乃大，无求品自高。

佛陀舍弃了有限，故赢得了生命的永恒，放下有限，才能赢得无限。

笔者经常将老子《道德经》里自己非常欣赏的四个字，就是"上善若水"送给一些企业家。"上善若水"这四个字，出自老子《道德经》第 8 章第一句："上善若水，水利万物而不争。"其字面含义是：最善者的品行，如同水一样，可以滋养与造福万物，却不与万物争任何东西。世界上最柔的东西莫过于水，滴水穿石，这就是"柔德"所在。所以说弱能胜强，柔可克刚。水多变幻，不见其形，润物细无声，这就是"不言"的教导，

“无为”而治。避高趋下，以自己的清洁去洗净他人污浊，有容清纳浊宽大的是水。它源源不断地流淌，去造福万物却不求回报，这样的德行，乃至仁至善……这就是水的胸怀。

领导意味着要承担责任，要帮助客户和员工成功（利万物），要忘我，不去争功名和钱财。领导者深刻悟透“上善若水”，能恪守“上”“善”“若”“水”四字原则，则能识天地之大，能晓人生之难，有自知之明，有预料之先，不为苦而悲，不受宠而欢，寂寞时不寂寞，孤单时不孤单，所以绝权欲，弃浮华，潇洒达观，于嚣烦尘世而自尊自重自强自立不卑不畏不俗不培。

无为而治

在一次会议上，曾记得一个大型控股企业的总裁说：员工在呼呼睡大觉，而他自己却睡不着觉；他每天在跑步，他下面的干部在散步，他的员工在原地踏步。任正非在一次讲话中提道：实现无为而治，是管理者实现“从心所欲不逾矩”的长期修炼，行为英雄化不仅仅是破坏了公司的流程，严重的还会导致公司最终分裂。

任正非认为华为的宏观管理商业模式是：产品发展的路标是客户需求导向，企业管理的目标是流程化组织建设；同时，牢记客户是企业之魂，是企业的真正领导者。他有一个组织如龙的比喻：就像一条龙一样，不管龙头如何舞动，其身躯内部所有关节的相互关系都不会改变，龙头就如营销，它不断地追寻客户需求，身体就随龙头不断摆动，因为身体内部所有的相互关系都不变化，使得管理简单、高效、成本低。按流程来确定责任、权利以及角色设计，逐步淡化功能组织的权威，组织的运作更多的不是依赖于企业家个人的决策。

任正非一直认为管理的最高境界就是无为而治，从必然王国到自由王国是他的理想。任正非希望企业不要成为某个人的人质包括他自己，他说：我们一定要建立不依赖人的制度，我们要摆脱对人才、技术和资本的依赖。无论是华为《基本法》的制定，还是随后一系列管理咨询的引入和制度的建设，华为希望从文化和系统两个方面（3S 中的 2 个 S）将企业家的精神和战略思维固化下来。在任正非心目中，希望建立的是华为的长江。任正非把成功的管理比喻为长江，修好堤坝建好系统，就让水在里面自由流，晚上流，白天流，常年流，只要不遇到千年不遇的干旱。晚上睡觉，但水还在自动流。水流到海里面，蒸发成空气，雪落在喜马拉雅山，又化成水，流到长江，长江又流到海，海水又蒸发。这样循环多次以后，它就忘了一个还在岸上喊“逝者如斯夫”的人，一个“圣者”。它忘了这个圣者，只管自己流。这个“圣者”是谁？就是忘我的领导，就是企业家。

看似无生命的东西，恰恰是最有生命的。企业家总有一天会离开人世，而长江千古流传。

亚马逊基因来源

1964 年 1 月 14 日，贝佐斯出生于美国新墨西哥州中部大城阿尔布奎克。蒙特梭利幼儿园的老师们和贝佐斯的妈妈说：这个孩子做事非常专注，有时不得不将他连人带椅子一起搬到另一个地方。贝佐斯 8 岁时，标准测试时成绩非常好，父母给他报了橡树河小学的先锋计划班。贝佐斯那时已经表现出对读书的痴迷，父母担心他成为书呆子，所以还给他报了许多课外运动班。这也许也是亚马逊创业时从那么多商品中先选择了书籍作为网上购物的渊源。贝佐斯青少年时的朋友这样评价贝佐斯的妈妈：“如果你想知道为什么贝佐斯会成功，看看他妈妈你就知道了。她会是你见过的最坚强的女人，同时为人亲和并且忠诚。”

那时在一家军事研发中心工作的外祖父雷斯顿·贾斯经常和他讲火箭、导弹以及未来神秘太空探索的故事，5 岁时贝佐斯就开始在家里的黑白电视机里看阿波罗二号登月的过程，这也许就是蓝色起源（Blue Origin）的起源。贝佐斯 14 岁时，他就立志要当一名宇航员或物理学家。家里车库堆满了他的工程实验或科学试验品，有真空吸尘器做成的水翼船和雨伞加工出的太阳能灶具。16 岁时，他就能安装风车，使用弧焊机，动手能力特别强。而这一切，要感谢他的外祖父雷斯顿·贾斯，如果没有受到外祖父的影响，也许也不会有亚马逊的今天。

在贝佐斯青少年时期，从 4~16 岁的夏天，贝佐斯都是在外祖父的偏僻农场里度过的，因为农场太过偏僻交通不便，所有的事情都依靠自己去制作。不管是制作针头，还是像做兽医一样给牛缝针，在贝佐斯看来，他的外祖父简直无所不能，从小贝佐斯就在外祖父的指导下，帮助外祖父祖母做着力所能及的家务，还和外祖父一起参加各种野外俱乐部。外祖父对贝佐斯的影响是巨大的，他培养了贝佐斯对科学的热爱，贝佐斯阅读了大量的科幻读物，点燃了贝佐斯对知识追求的热情。

贝佐斯的中学时代是在迈阿密的迈阿密蒲葵中学度过的，他是班长和毕业生代表，同学们评价他的求胜心到了可怕的程度。他成立了“梦想”协会，开办各种暑期活动。高中毕业时，由于贝佐斯在各方面的优异表现，获得了美国高中毕业生的最高荣誉“美国优秀学生奖学金”。贝佐斯还亲自起草了毕业典礼词，这篇演讲稿里还包括了经典《星际迷航》的片头语：“宇宙是最终的边界。”他老师如此评价他：“无论他的未来前途如何，他都会坐拥巨额财富，如果没有梦想就不可能实现他的目标。”之后贝佐斯顺利进入了爱因斯坦晚年曾执教过的普林斯顿大学，1986 年贝佐斯获普林斯顿大学电气工程与计算机科学学士学位，以优异成绩毕业，并成为美国大学优秀生联谊会会员。

苹果的乔布斯没有上完大学，贝佐斯没有去上研究生，当然这并不意味着大学教育研究生教育不重要，相反，乔布斯曾提到许多他在大学期间选修的自己爱好的课程是其以后设计苹果手机的基础，他们很早就找到了自己的梦想和自学的方法。所以相对于我们国内轻视教育的倾向，一时的颜值并不是很重要，接受高质量的教育很重要，是人生重要的底座。教育的目的在于掌握学习的方法和磨炼优秀的品质，激发你内心的热爱。

1986 年贝佐斯大学毕业后，很快就进入纽约一家新成立的高科技公司。奋斗两年后，贝佐斯跳槽到一家纽约银行家信托公司，管理价值 2 500 亿美元资产的电脑系统。1990 年至 1994 年，贝佐斯跟随戴维组建了世界上最先进、最成功的套头基金管理萧氏公司(DESCO)，其中 1992 年成为该公司最年轻的资深副总裁，戴维对互联网新商业的理解深深地影响到了贝佐斯，让贝佐斯开始深入分析互联网的趋势。看到这个发展浪潮，和戴维沟通后，开始筹备自己创业。这段工作经历对以后贝佐斯的创业具有很大的影响。在亚马逊早期的许多管理方式都有着这家基金公司管理方式的影子。1995 年，贝佐斯与他妻子麦凯奇开着从其父亲那里借来的老爷车，从纽约来到西雅图，在自己家的车库开始了创业，创建了全美第一家网络零售公司——Amazon.com。

2012 年，麦凯奇回忆 1992 年当初与贝佐斯恋爱的情景时，对《时尚》杂志说："我的办公室紧邻他的办公室，我整天都能听到他的开怀大笑。那种笑声魅力无法抵挡。"麦凯奇开始向贝佐斯发动攻势，提议共进午餐，两人开始约会，约会 3 个月后订婚，1993 年他们结婚。1994 年他们一起来到西雅图，借了其父亲一辆开拓者轿车，开车回西雅图的路上，途中住的汽车旅馆，麦凯奇惊讶得连鞋子都不肯脱。后来麦凯奇成为了亚马逊第一位会计师，打理公司财务和协助人才招聘，共同书写了亚马逊的创业故事，也见证了亚马逊的一路成长。写到这里，让我想起阿里巴巴集团的创始人马云的太太，当年在互联网早期创业时对马云的支持和付出。所以好的伴侣和事业伙伴，一定是彼此成就的。

逆风飞扬

贝佐斯一直用后悔最小化模型，来确定人生重要转折点的抉择。他说："当你处于危机时刻时，小事也会成为你的绊脚石。我知道，当我步入 80 岁高龄时，我不会考虑为何在 1994 年的人生低谷时放弃华尔街的优厚待遇。因为当你 80 岁高龄时，你不会再担心这些事情。与此同时，我会为没有亲自经历互联网浪潮而后悔。"

贝佐斯开始创立亚马逊的时候，沃尔玛已经风靡美国，成为了不折不扣的零售大王。贝佐斯希望创建一家类似的网上商店，囊括几乎所有货物的网上商店。谢尔·卡芬是亚马逊最早的技术主管，卡芬曾开发过阿帕网，也就是美国国防部开发的网络前身。卡芬是一位计算机天才，他在加州大学取得了数学学士学位，曾开发过首个个人电脑播放器软件。卡芬载着满车家当来投奔贝佐斯，卡芬在 Kaleida 实验室关闭后也一度陷入低谷，也许是贝佐斯的人格魅力，或是对亚马逊的伟大构想吸引了卡芬，让他毅然放弃高薪的职位，跑来投奔刚刚开始一无所有的亚马逊和贝佐斯。

1995 年初，贝佐斯父母向亚马逊投资了 10 万美元，贝佐斯告诉父母这笔钱被赔光的概率为 70%。他说："我想让他们知道这意味着什么样的风险，如果不成功，这个感恩节就回家。"亚马逊最初的启动资金来自贝佐斯本人、贝佐斯的父母、贝佐斯妻子的父母，看起来像是一个家族企业。1995 年春天，贝佐斯和卡芬完成了最初一版的网站建设，但网站内容贫乏，满屏的文字、不够专业的图标、不美观的界面，超级慢的打开速度，让大部分人相信，人们不会在网上购书，因为实体店的购书体验要好得多。开始总是不会十分完美，但这不要紧，重要的是开始出发，后来亚马逊不断地在此基础上改善顾客体验和扩张边界。

1996 年，亚马逊的扩张伴随着资金缺口，贝佐斯决定募集风险基金，估值 1 000 万美元。这个估值对于亚马逊而言还是比较合理，1995 年亚马逊的销售额为 1 570 万美元，亏损 580 万美元。凯鹏华盈公司和泛大西洋资本集团的竞争行为，将亚马逊的估值拉到 6 000 万美元，最终凯鹏华盈投资 800 万美元，获得亚马逊 13% 的股权。作为交易条件，凯鹏华盈的一位员工加入亚马逊董事会，这个人就是凯鹏华盈的合伙人——约翰·杜尔，杜尔在亚马逊的发展历史上也留下了很深的足迹，他不仅带来了资金还在管理上给贝佐斯许多帮助和支持。杜尔对互联网的乐观态度和贝佐斯对互联网的狂热一拍即合，于是亚马逊开始酝酿新一轮的扩张计划。1996 年,亚马逊的销售额是 1 600 万美元,而巴诺书店的销售额是 20 亿美元。巴诺书店的创始人对亚马逊的创新很感兴趣,在 1996 年冬天提出要收购亚马逊,但被贝佐斯无情地拒绝了,如同扎克伯格当年无情地拒绝别人的收购,因为这是他们的生命。随后巴诺书店开始建立自己的线上书店,但由于完全不懂互联网,最终无疾而终。亚马逊则开始了大刀阔斧的扩张。

扩张伴随着物流系统的升级再造,贝佐斯将目光瞄准了当时美国最大的零售商沃尔玛,沃尔玛当时的物流体系绝对一流。于是贝佐斯开始游说当时任职于沃尔玛信息系统部的瑞克·达尔泽尔和他的同事吉米·莱特。这两人的到来为亚马逊的物流系统注入了新鲜的血液,但也让卡芬位置悬空。1997 年,亚马逊首次公开募股获得 500 万美元。

1998 年春天,亚马逊开始扩充商品门类,首先开发音乐市场。他们想要把世界上最大的在线书店变成经营图书、音乐和更多产品的网站。为了开辟新的商业领域,亚马逊在 1998 年 5 月募集了 3.26 亿美元,1999 年 2 月,又募集了 12.5 亿美元。可以说这两笔重要的资金帮助亚马逊度过了互联网的寒冬。2000 年 3 月,《巴伦周刊》发表了一篇文章,指出像亚马逊这样的互联网公司,正在以疯狂的速度自毁前程。文章说:网络公司的繁荣建立在某种信念的基础上,即相信这些既没有资产也没有渠道的公司就是炸弹。这篇深入分析的文章更加加剧了人们的恐慌。2000 年 3 月 10 日开始,纳斯达克指数开始螺旋下跌。此前,亚马逊的股票最高为 107 美元,至 2001 年 2 月份,股价已经跌为一位数。但现在回头看,从本质上分析,正是这种思维和信念让亚马逊发展到今天。

创新小提示:创新总是在质疑声中前行,繁荣是建立在某种信念的基础上的。

2007 年亚马逊发布 AWS 云计算服务,AWS 能迅速吸引创业公司的部分原因是他的商业模式，贝佐斯将网络服务视为电力一样的东西——允许客户只交给他们使用费，且可以随时增加或者减少消费。第一批试用名额发出后，还没来得及宣传，服务器就被占满了。微软类似的云服务2010年上线，谷歌则是2012年才上线，在AWS领域亚马逊又取得了先机。

2007年还有一个重要的产品是电子阅读器Kindle的推出，这个乔布斯都不看好的产品，贝佐斯力排众议挽回了荣誉。首次发布的Kindle，坐拥10万本电子书，可以随时购买下载，且价格低到惊人。Kindle一经发布，就被抢购一空，补货的速度远赶不上售卖的速度。当初反对它推出的出版商们，在电子书大卖的过程中也赚得盆满钵满。

也许正是苹果产品的不断更新换代促进了Kindle的诞生和迭代。电子音乐的发展促成了电子书的发展。乔布斯是一个音乐狂，他无法在没有音乐的环境中生存和呼吸，乔布斯的个人兴趣引导了苹果的战略。相反，贝佐斯对音乐嗤之以鼻，却痴书成迷，很享受阅读的生活，这也在一定程度上影响了两家公司的产品走向。市场竞争催生了创新的环境和土壤，这是良好的市场生态。贝佐斯认为如果亚马逊要在新的数字时代继续成为领导者，就必须发展电子书业务，他说："吃掉自己远比被别人吃掉好得多。"

2008年爆发的金融危机让全美的经济都陷入瘫痪，一时之间，全世界都开始缺资金，这时的亚马逊现金充沛，现金为王。雷曼兄弟的倒闭更是雪上加霜。这场金融危机是送给亚马逊的礼物，吸取2000年时盲目扩张的经验教训，亚马逊这次是在足够有能力准备时才转动它的增量飞轮。沿着其"建筑文化"和飞轮动量加速器，亚马逊在这场金融危机中也收获满满，不仅廉价收购了几个优质的竞争对手包括美捷步，还增强了其飞轮效应，在危机中逆风飞扬。1999年，贝佐斯在亚马逊的联合创始人谢尔·卡芬离职时曾说：亚马逊只有一个真正的父亲，其他的人，都是亚马逊成长路途中的导师。这些年，贝佐斯这个父亲将亚马逊带上茁壮成长之路,也走过许多坎坷,逆风飞扬,终成创业时的梦想。

善良比聪明更难

在功成名就之后,2010年贝佐斯回到母校普林斯顿大学,给毕业生发表了演讲。其中讲述了以下这个故事,下面我们将他的部分演讲词摘录于此:

> 当我还是一个孩子的时候,我的夏天总是在得克萨斯州祖父母的农场中度过。我帮忙修理风车,为牛接种疫苗,也做其他家务。每天下午,我们都会看肥皂剧,尤其是《我们的岁月》。我的祖父母参加了一个房车俱乐部,那是一群驾驶Airstream拖挂式房车的人们,他们结伴遍游美国和加拿大。每隔几个夏天,我也会加入他们。我们把房车挂在祖父的小汽车后面,然后加入300余名Airstream探险者们组成的浩荡队伍。我爱我的祖父母,我崇敬他们,也真心期盼这些旅程。那是一次我大概10岁时的旅行,我照例坐在后座的长椅上,祖父开着车,祖母坐在他旁边,吸着烟。我讨厌烟味。
>
> 在那样的年纪,我会找任何借口做些估测或者小算术。我会计算油耗还有杂货花销等鸡毛蒜皮的小事。我听过一个有关吸烟的广告。我记不得细节了,但是广告大意是说,每吸一口香烟会减少几分钟的寿命,大概是两分钟。无论如何,我决定为祖母做个算术。我估测了祖母每天要吸几支香烟,每支香烟要吸几口,等等,然后心满意足地得出了一个合理的数字。接着,我捅了捅坐在前面的祖母的头,又拍了拍她的肩膀,然后骄傲地宣称:如果两分钟就吸一口烟的话,你就会少活9年!我清晰地记得接下来发生了什么,而那是我意料之外的。我本期待着小聪明和算术技巧能赢得掌声,但那并没有发生。相反,我的祖母哭泣起来。我的祖父之前一直在默默开车,他把车停在了路边,走下车来,打开了我的车门,等着我跟他下车。
>
> 我惹麻烦了吗?我的祖父是一个智慧而安静的人。他从来没

有对我说过严厉的话，难道这会是第一次？还是他会让我回到车上跟祖母道歉？我以前从未遇到过这种状况，因而也无从知晓会有什么后果发生。我们在房车旁停下来。祖父注视着我，沉默片刻，然后轻轻地、平静地说："杰夫，有一天你会明白，善良比聪明更难。"

天赋和选择不同。聪明是一种天赋，而善良是一种选择。天赋得来很容易，毕竟它们与生俱来。而选择则颇为不易。如果一不小心，你可能被天赋所诱惑，这可能会损害到你做出的选择。

我曾经多次研读这篇演讲词，不仅领悟到对青少年教育的重要性，而且也体会到国内和美国教育的差异，人的一生的许多素质，青少年时期是重要的形成阶段。《福布斯》杂志将杰夫·贝佐斯评为科技界最具梦想家和哲学家气质的CEO(见图6－2福布斯封面人物)。

图6－2　福布斯封面人物(资料来源：《福布斯》2018年9月30日封面图)

科技情怀

亚马逊的主要的创始人是贝佐斯，而贝佐斯投资的公司绝不止亚马逊。贝佐斯创办了一家公司 Bezos Expeditions（贝佐斯探险）专门负责管理他的风险投资。多年来，这家公司已经投资了 Twitter、Domo、Juno Therapeutics、Workday、General Fusion、Rethink Robotics、Business Insider、MakerBot 和 Stack Overflow 等企业。2018 年还投资了治疗癌症的创业公司 GRAIL，以及一家教育创业公司 EverFi。贝佐斯拥有的另一家私人公司 Nash Holdings LLC 在 2013 年 8 月 5 日还以 2.5 亿美元收购了华盛顿邮报。

把人类送入太空是他的梦想，早在 2000 年 9 月，贝佐斯商业太空探索公司 Blue Origin（蓝色起源）就成立了。Blue Origin 的太空梦相当宏伟，不仅要降低太空飞行成本，增加旅行安全性，送乘客体验一场太空飞行之旅，还要让数百万人能在地球之外的太空中生活和工作。2015 年 11 月，Blue Origin 的 New Shepard 太空飞行器成功进入太空并到达计划的 100.5 千米的测试高度。2017 年 12 月，New Shepard 搭载虚拟乘客成功试飞。2018 年 4 月，New Shepard 完成第八次升空，创下 107 千米的新高度。贝佐斯给蓝色起源颁发了一枚奖章，并用拉丁文名言来题词：Gradatim Ferocite，含义是循序渐进、勇往直前。这几个词也真实反映了贝佐斯的梦想和价值观。

作为一个对未来科技非常有情怀的人，贝佐斯还投资 4 200 万美元在得克萨斯州西部的山中建造一座巨大的“万年钟”。“万年钟”的构想最早由美国发明家 Danny Hillis（丹尼 · 希利斯）在 1995 年提出，希望以此作为一个象征物，提醒人们关注和思考人类和地球长远的未来。按照希利斯的构想，1 - 100 - 1 000 - 10 000，秒针一年走一格，代表“世纪”的指针每一百年走一格，报时工具每一千年报时一次，其计时寿命将长达一万年左右。

从网上书店起家的贝佐斯，如今他的商业版图已经覆盖到全世界，无论是发展亚马逊的零售、云计算服务和 AI 应用，还是大搞情怀面向未来的万年钟和太空飞船，贝佐斯一直在实现自己当年的探索梦想，用科技去改善人们的美好生活。贝佐斯说:“在我看来,人类目前在技术上已经足够发达,能创造非凡奇迹,但也会带来巨大问题,我们需要更多的长远思考。”

从以上论述中,我们深切地感受到一个家的家风对后代的深远影响。我们可以说,如果没有任正非父母亲从小对任正非的严格教育,如果没有贝佐斯母亲和外祖父母对贝佐斯的熏陶,没有他们,就没有后来的华为和亚马逊。良好的家风就是一项不可估量的不动产。“积善之家,必有余庆,积不善之家,必有余殃。”在日常生活中,这种鲜活的案例太多,有时代价太过沉重。无论你选择伴侣还是选择合伙人或者天使投资,去寻找一下他/她来时的足迹,看一下其家风,是一种实实在在很好的风控,比听他/她自己说什么都强。

■ 投资语录:寻找来时的足迹,投资具有良好家风的企业家。

聪明是一种天赋,而善良是一种选择。而选择就要舍得放弃。正如任正非说:“我也因此理解了要奋斗就会有牺牲,华为的成功,使我失去了孝敬父母的机会与责任,也销蚀了自己的健康。”作为一个优秀的企业家和优秀的领导者,要牺牲许多珍贵的东西,也需要经过不断地磨炼和考验。

有时尽管我们具有远大的梦想,但可能阻碍我们远行的,也许是鞋底的一个石子、眼里的一颗沙子,我们还需要关注梦想落地中的细节,关注后面章节中的其他领导力素质,否则一个小细节就会把你带入坑里,耽误多年的时间,影响你的远行。尽管路途可能会曲折,会迂回,想想褚时健 80 岁才开始第二次征途,有梦想任何开始都不晚,因为每一个人都在自己的时区里。在路上是企业家生命的远行,在路上一直是他们的生命状态,优秀企业家是和平年代的英雄。

七、终身学习

> 令死神望而却步的是永无止境的好奇心。
>
> ——贝里尔·马卡姆

本章讨论领导力素质模型的第二项素质：学习力。我们都知道，人的智力发育水平很重要，也是目前我们的教育体系最关注的，各种升学考试主要考的也是智力水平（intelligence level, IQ），但是一般正常人的智力水平都能达到一个相当的水平，没有什么大的差异。许多成功的企业家都不比你聪明，但却领导了一批聪明的我们。为什么呢？

一本长着两条腿的书

回想童年岁月，当我们得到第一个消防车玩具时会告诉每个人，长大后要做一名消防队员。我们当时并不知道薪水，不知道工作的环境，不知道所需要的条件，这样做就是因为好奇和喜欢这么做。不知道为什么，当我们的年龄越来越大，好奇心却越来越少。这些是我们需要回忆的，需要重新发现我们内心的消防车。

最近一位学者提出了一个职商（career quatient，CQ）的概念，全称职业智商。该学者认为它是一种包含了判断能力、精神气质、积极态度的综合智慧。现在要为 CQ 正名，在我看来，在人的一生中，CQ 解释为 curiosity quotient，即好奇心商数更好。最近美国学者多克·西尔斯指出：努力很重要，但好奇心更重要，没有人努力学习的程度会超过一个拥有好奇心的孩子。

马卡姆说：令死神望而却步的是永无止境的好奇心。好奇心能让你自我不断地学习和自我激励。但并不是所有的孩子天生就有很强的好奇心，就像不同的企业家有不同的学习力一样。

美国通用电气公司有一条很重要的领导选拔标准，就是青睐乐于去学习并完成某事的人，不论是在学术还是其他方面，都企望自我完善，渴望做到最好的人。

当然这里讲的领导素质学习力并不仅仅是指看书，而指的是广义的学习，包括你的培训、个人辅导、寻求反馈能力、提问题的能力、工作结构改变、好奇心，等等。但自学阅读确实是判断一个企业家是否具有学习力的一个重要且简单易行的方面，因为只有站在前人的肩膀上，避免前人犯过的错误和学习他们成功的经验，我们才能找到更好的方法，少走弯路。

查理·芒格先生有一句广为流传的话："我这一生当中，未曾见过不读书就智慧满满的人。没有，一个都没有。沃伦·巴菲特的阅读量之大可能会让你感到吃惊。我和他一样，我的孩子们打趣我说，我就是一本长着两条腿的书。"

芒格还引用过古代最伟大的律师马尔库斯·图鲁斯·西塞罗的一句话，西塞罗说："如果一个人不知道他出生之前发生过什么事情，在生活中就会像一个无知的孩童。"应该记住：在我们出生以前，世界上伟大的事情都已经发生。阅读是快乐的，通过阅读，让你知道曾经发生过的事，因为有时你不用再经历别人曾经有过的痛苦。

想成为佼佼者先学习佼佼者

自我提高的最好方法是向每一个领域的佼佼者学习。与优秀的人交流，寻求一对一的辅导，这些都具有很好的学习效果。

2006 年 7 月 3 日搜狐网站 IT 新闻报道：2006 年以 62.01 万美元在 eBay 网上拍得今年与巴菲特午餐约会的竞拍者“fastislow”（快就是慢），是一名来自中国的投资人士，他就是国内著名电子品牌“步步高”的创始人段永平，后来段永平不仅投资了网易还天使投资了许多企业。2008 年，又是来自中国的赵丹阳以 211 万美元创历史高价拍得。

投资大师巴菲特从事投资 50 多年来有个规矩：除了在一年一度的股东大会上股东可以提任何问题，平时不接受任何采访，也不做投资报告。因此，一般的投资者很少有机会和他当面交流，而“巴菲特午餐约会”是个例外，那属于一个慈善活动。从 2000 年起，巴菲特每年 6 月底公开拍卖“巴菲特午餐约会”，并将拍卖所得捐赠给格莱德基金会。拍卖最初在旧金山的拍卖行进行，从 2003 年开始移到“电子港湾”拍卖网站上。按惯例，中标者最多能带 7 位亲友一起和巴菲特共进午餐，午餐时间由双方商定，地点通常选在巴菲特居住的内布拉斯加州奥马哈市或纽约的某家餐厅。

无论是段永平还是赵丹阳，国内许多媒体都纷纷评价他们作秀的成分大于真正学习的目的。其实我本人并不这么看，以我多年的投资体会，我能理解赵丹阳内心的体会和感受，在中国的市场环境中投资尤其需要信念的支撑，更何况他做着自己喜欢做的事，一般人只是盯着 211 万美元的数字而已。正如赵丹阳自己所说：“巴菲特经历过几十年股市和几个完整的经济周期。而我只经历过两个完整的周期，所以巴菲特给我的一些问题的回答，让我有信心做出一些大胆的决策。我就像是武侠小说里从高手那里直接学到很多东西的郭靖。”

当然“巴菲特午餐约会”活动更主要的目的是一种慈善事业，但“巴菲特午餐约会”背后表现出的学习方式是值得我们借鉴的。想成为佼佼者先学习佼佼者，因为佼佼者身上有着一些可以学习的共同素质，这也是本书讨论的主题所在。

在青少年时期，尽管任正非家庭贫寒，但父母一直鼓励与支持他上大学,小时候父母经常提醒他的一句话是:别人不学习,你不能不学习。父母一直激励他保持不断学习的精神。任正非对科学家和技术都抱有很大的敬意,从他的许多行为和语言中我们可以发现他向佼佼者学习的欲望非常强烈,他的思想与行为也成了华为企业的习惯。任正非具有非常强的学习力,而且很乐意传播他的思想。几乎每次重要的参观考察回来都要将心得体会写下来,与大家分享。任正非每年都要推荐许多书给员工学习,或者发表在华为的内部刊物上。

1997 年岁末,在西方圣诞节前一周,美国人都在准备休假,任正非一行访问了美国休斯公司、IBM 公司、贝尔实验室与惠普公司等企业。美国考察回来后,他对美国的创新精神感叹道:“我去过美国很多次,美国人民的创新机制与创新精神留给我很深的印象。他们连玩也大胆去创新,一代一代人的熏陶、传递,一批又一批的移民又带来了不同文化的冲击、平衡与优化,构成了美国的创新文化。”

在 IBM 的访问,给任正非留下了深刻的影响,他们在 IBM 听了整整一天介绍,其中 IPD(集成产品开发)研发管理模式正好讲到了华为当时的管理瓶颈,这也为华为后来花上亿元人民币请 IBM 做咨询顾问开了个头。IBM 曾经是 IT 产业的蓝色巨人,后来在微型机市场中被后起之秀无情地抛在后面,一个根本不懂 IT 行业的总裁郭士纳对 IBM 进行了创新变革。IBM 向任正非一行介绍了项目管理模型,包括从预研到寿命终结的投资评审、综合管理、结构性项目开发、决策模型、筛选管道、异步开发、部门交叉职能分组、经理角色、资源流程管理、评分模型,等等。任正非认为 IBM 是付出数十亿美元直接代价总结出来的。每一个公司都可能遇到危机,关键是我们是否有变革管理的能力,是否在危机中获得了组织的危机免疫力。

任正非当时身体状况并不好,但并不觉得累,他在《我们向美国人民学习什么》一文中这样回忆:“我们在 IBM 整整听了一天管理介绍,从早上一直听到傍晚,我身体不好,但不觉累,听得津津有味。后来我发现朗讯也是这么管理的,都源自美国哈佛大学等著名大学的一些管理著述……我们只有认真向这些大公司学习,才会使自己少走弯路,少交学费。IBM 是付出数十亿美元直接代价总结出来的,他们经历的痛苦是人类的宝贵财富。”

1998 年 2 月 20 日《华为人报》发表了任正非一行在美国考察回来的报告《我们向美国人民学习什么》一文。在文中他是这样回忆他们当初向美国企业学习的场景的:“圣诞节美国处处万家灯火,我们却关在硅谷的一家小旅馆里,点燃壁炉,三天没有出门,开了一个工作会议,消化了我们访问的笔记,整理出一厚叠简报准备带回国内传达。我们只有认真向这些大公司学习,才会使自己少走弯路,少交学费。”正是这份厚厚的报告为以后的 IPD 项目打开了一个窗口。

以上任正非谈的朗讯公司是通信行业的鼻祖,后来也遇到很大的危机,最后的命运是被收购,尽管它拥有很强研发力量的贝尔实验室。华为在研发上的投入在国内可谓居于领先地位,对此任正非真正体会到:在科学的入口处,真正是地狱的入口处。基础研究的痛苦是成功了没人理解,甚至被曲解、被误解。

学习力驱动创造力。任正非认为有两种不同的发展观:寻找机会,抓住机会,是后进者的名言;创造机会,引导消费,是先驱者的座右铭。抓住机会与创造机会是两种不同的价值观,它确定了企业与国家的发展道路。经历了 2001 年全球的网络泡沫破裂,2005 年以后网络的发展呈现得更加理性和健康。华为近 20 多年来一直是在努力创造机会,有时看来几乎是一种孤注一掷的行为。任正非一直呼吁华为人要学习美国人的创新精神,而且落实到公司的各项管理制度中,在华为薪酬激励制度、任职资格管理体系、员工职业生涯规划体系等方面管理制度的设计中,都体现着向研发职位族倾斜的思想。

任正非具有很强的学习力和洞察力,企业家的眼光和洞察力是需要不断磨炼的,勤奋和谦虚的学习是磨炼企业家眼光的最好方法。

成功永远属于积极主动的乐观者,成功永远属于有强烈进取心的人。要成为佼佼者就先学习佼佼者。

任正非认为管理是世界级企业的永恒主题也是最大的难题,他认为企业出问题85%的可能出在管理者和管理制度方面。从1997年开始,华为系统地引入世界级管理咨询公司总结的管理经验,在集成产品开发(IPD)、集成供应链(ISC)、人力资源管理、财务管理、质量控制等诸多方面。华为与IBM、Hay、Mercer、PWC、德勤、FHG、盖洛普、MFO-TNS、甲骨文等公司合作,引入先进的管理理念和方法论,从业务流程、组织、品质控制、人力资源、财务客户满意度等六个方面进行了系统变革。在项目推进中,不仅初步建立了各方面的内部系统,也锻造了华为的人才队伍。

任正非把外界的顾问咨询比喻成阳光,他把人才比喻为种子,把企业环境比喻成土壤,种子发芽壮大,需要宽松的土壤,也需要阳光。他认为引进世界领先企业的先进管理体系时,要坚持"先僵化,后优化,再固化"的原则。在引进管理咨询的时候许多员工包括一些高级干部认为西方的那一套不适合华为,有时在培训中甚至睡大觉。任正非坚决地说:"我最痛恨不懂装懂的聪明人,我们要坚决反对搞中国版、华为特色的管理,所谓管理创新,在现阶段就要去消化西方成熟的管理模式。一定要真正理解人家上百年积累的经验,一定要先搞明白人家的整体管理框架,为什么是这样的体系。不要知道一点点,就发表议论,说不结合实际,其实就是干扰了向别人学习。"正是任正非的自我批判精神和强力推行,先僵化,才有后来的系统消化与优化,也使得华为在变革管理上更加系统与完善。世界上最难的改革是革自己的命,触及自己内心的灵魂是最痛苦的。

让思想飞扬的内部媒体

华为当时有两份内部报纸,一份是侧重内部管理的《管理优化报》,另一份是侧重企业文化与公司宣传的《华为人报》。《管理优化报》侧重内部管理经验的分享和自我批判，许多当时的报纸我一直保留至今。两份报纸的成本并不高，都不精美，没有任何美工，但正是它们营造了让思想飞扬的天空，批判丑陋的华为人，让华为人不断保持清醒的头脑。当时华为的这两份报纸，具有很强的思想性，也是迄今为止我认为办得比较好的企业内部刊物。这两份刊物也是员工的学习材料和精神食粮。

任正非非常鼓励员工写文章和传播分享健康的思想。1998 年 5 月，我将我跟踪研究美国通用电气和韦尔奇的一篇心得《适时应变，掌握命运》发给他，没想到他看完后亲笔转给每一位副总裁以上人员阅读，并转发《管理优化报》在 1998 年 6 月 23 日第 50 期发表。

2001 年 3 月任正非又踏上了日本的国土。日本从 20 世纪 90 年代初起，连续 10 年低增长、零增长、负增长。日本企业尤其是电信设备供应商是如何渡过的，它们遇到了什么困难，有些什么经验，能给华为什么启示？这是任正非渴望知道的。

回国后，任正非又写下了被外界广为传播的《北国之春》，其他还有许多，如《印度记》《跨越亚欧分界线》等。他在《北国之春》中写道："华为还未处在冬天的位置，在秋末冬初，能认真向别人学习，加快工作效率的整体提高，改良流程的合理性与有效性，裁并不必要的机构，精简富余的员工，加强员工的自我培训和素质提高。居安思危，也许冬天来临之前，我们已做好了棉袄。"

创新小提示：养成写考察笔记是进一步的学习，并分享给内部高管。

机遇并不会告诉你我叫机遇

在相关的讲座上，我经常将下面的一个神父与上帝的小故事讲给我的学员听：

在某个小村庄，下了一场非常大的雨，洪水开始淹没全村，一位神父在教堂里祈祷，眼看洪水已经淹到他跪着的膝盖了。一个救生员驾着舢板来到教堂，跟神父说："神父，赶快上来吧，不然洪水会把你淹死的。"神父说："不！我相信上帝会来救我的，你先去救别人吧。"

过了不久，洪水已经淹过神父的胸口了，神父只好勉强站在祭坛上。这时，又有一个救生员开着快艇过来，跟神父说："神父，快上来，不然你真的会被淹死的！"神父说："不，我要守住我的教堂，我相信上帝一定会来救我的。你还是先去救别人好了。"

又过了一会，洪水已经把整个教堂淹没了，神父只好紧紧抓住教堂顶端的十字架。这时有一架直升机缓缓地飞过来，飞行员丢下绳梯之后大叫："神父，快上来，这是最后的机会了，我们可不愿意见到你被洪水淹死。"神父还是意志坚定地说："不，我要守住我的教堂。上帝一定会来救我的。你还是先去救别人好了。上帝会与我同在的！"

洪水滚滚而来，固执的神父终于被淹死了……神父上了天堂，见到上帝后很生气地质问："主啊，我终生奉献自己，战战兢兢地侍奉你，为什么你不肯救我？"上帝说："我怎么不肯救你？第一次，我派了舢板来救你，你不要，我以为你担心舢板危险；第二次，我又派一只快艇去，你还是不要；第三次，我以国宾的礼仪待你，再派一架直升机去救你，结果你还是不愿意接受。所以，我以为你急着想要回到我的身边来，可以好好陪我。"

其实，生命中太多的障碍，皆是由于过度的固执与不学习的愚昧无知所造成的。我们每一个人都不可能知道上帝长什么样子。当机遇来临时，机遇并不会告诉你我叫机遇。好奇心与学习力可以让你辨别机遇，保持适度的灵活性。

在最近一次 2018 年 7 月与专家的座谈中，任正非说："我们有更高的追求，就是要向一切先进学习。其实骂我们最厉害的人就是我们的老师。客户骂我们最厉害,我们才有今天的进步。所有挑毛病的都是在给我们上课,很多时候我们没有这个意识,就会抵制这些建议。年青人是很厉害的,是这个世间人是最宝贵的因素。只要有了人,什么人间奇迹都可以做出来。面对挑战,我们要重视科学家队伍,避免在关键要素上被外部卡死。我们决不投降,决不屈服,从不畏惧,英勇前进。我们要有更高的追求,就要向一切先进学习,以后我们的对手就是自己,自己要挑战自己。"

思维决定习惯,有学习力的企业家已经将学习变成自己的工作习惯。任正非每次出国考察都要写心得报告,以便华为员工分享。即使在旅行飞机上,也不放过学习的机会。任正非经常说由于长期不用外语,年轻时学的外语都还回去了,为了开拓国际市场,进行国际间合作,即使年岁已大他也一直在自学英语,提高口语能力。近几年,任正非把大量的时间花在了与管理顾问交流、与国外优秀企业家交流上。父母亲的话"别人不学习,你不能不学习",成了任正非终生学习的座右铭。

下面我们来看看另一位全球华人企业家的代表李嘉诚早晚的工作习惯,从一个人工作时间的安排,我们可以看出其相关的素质能力高低程度。

> 每天早晨,李先生都能在办公桌上收到一份当日的全球新闻列表,根据题目,他选择自己希望完整阅读的文章。通常,这些关于全球经济、行业变迁的报道,是启发李嘉诚思考的入口。多数时候,李先生每天六点下班,回家后,除了拨打越洋电话,他还有两件必修功课:跟着有字幕的英语节目大声朗读,以及夜晚的阅读。除小说外,他广泛涉猎各种书籍,并每阶段设定一个主题。(《环球企业家》2006 年 10 月刊)

从李嘉诚的工作习惯我们可以看到他有着极大的学习力和好奇心,那你有着什么样的工作习惯和学习方式呢?自学阅读很容易操作,当然学习的方式有许多,不仅仅是自学阅读。麦肯锡咨询公司的资料显示:

领导者的学习方式还包括内外部的培训、职业辅导、360度反馈、非正式的一对一辅导、改变工作结构、特殊项目设计等,美国企业被调查者认为,针对性的内部培训、非正式的一对一辅导、改变工作结构等方式有效性相对要高许多。

■ 投资语录:投资具有开放心态、终身学习习惯的企业家。

初学者的头脑

在美国有两个奇迹,一个是乔布斯,一个是贝佐斯,他们的出生并非那么愉快,但一个力挽狂澜了苹果,一个缔造了亚马逊。在斯坦福大学的演讲结束时,乔布斯曾用"Stay hungry,stay foolish."来勉励那些即将走向社会的毕业生们。从读高中开始,乔布斯就把这句话奉为自己人生的座右铭。乔布斯在一次采访说过"专注和简单"保持初心一直是我的秘诀之一。除了经济学领域之外,一个人对一件事的专注痴迷是最具有反脆弱性的。简单可能比复杂更难做到,保持初学者的头脑需要不断的扬弃。乔布斯所说的这种专注和简单是直接相关的,如果太复杂,心即散乱,就很难保持专注,只有简单,才能做到专注,只有专注,才能极致。

微软创始人比尔·盖茨也狂爱读书,思考那些成年人认为理所应当或无暇顾及的问题,以至于老盖茨夫妇担心儿子患上自闭症,如同贝佐斯妈妈担心小贝佐斯变成书呆子。比尔·盖茨的动作有时非常迟缓,经常迟到。似乎每次外出时,家里其他人都已收拾停当,坐在汽车上等候出发,唯独不见小盖茨。母亲会在临行前一次又一次喊他:"你还在干吗?"盖茨会反问她:"我在思考问题啊,妈妈,难道你们从不思考吗?"如果你小时候就养成了阅读的好习惯,这个习惯会成为你一生的最好的一项资产一直跟随着你。

如同乔布斯和盖茨,贝佐斯说保持"初学者的头脑"很重要。换句话说，你不想成为一个全知全能的人，你就要成为一个终身的学习者。曾经有人问贝佐斯："如何成为一位发明家？"他说："这个世界太复杂了，你必须成为一个领域的专家才能找到解决问题的办法。但危险的是，一旦你成为那样，又会被你的已有知识所困扰。你必须用童心、好奇来对待这个世界。发明家是专家，但同时拥有初学者的思维。"

贝佐斯在自己学习的同时，也经常推荐给员工书单，每周末行政管理人员要参加员工读书俱乐部。创业早期他每周会挑选出 20 本最奇怪的书目，并提供奖励。这些书目包括：《怎么用训练海豚的技术来训练金鱼》(*Training Goldfish Using Dolphin Training Techniques*)、《如何建设自己的国家》(*How to Start Your Own Country*)、《没有朋友的人生》(*Life Without Friends*)等。在亚马逊快速发展的时期以及混乱时期，贝佐斯都请过私人的领导力教练给他提供过相对机密的一对一辅导服务。

创新小提示：推荐给员工书单，每周末行政管理人员参加员工读书俱乐部。

贝佐斯尽管说不以竞争对手为中心，但在实际运营亚马逊的过程中，贝佐斯其实一直在吸收竞争对手的精华。同华为一样，亚马逊曾专门派人住在竞争公司的附近，专门去挖人，亚马逊曾一度挖了许多传统零售巨头沃尔玛的员工，后来沃尔玛为此事还将亚马逊等告上了法庭。贝佐斯将沃尔玛的创始人山姆·沃尔顿的节俭作风以及崇尚行动的文化理念，融入了亚马逊的文化之中。在亚马逊有个行动计划叫"JUST DO IT"就复制了山姆的理念。贝佐斯认为：要从竞争对手那里学习最好的管理方法，要站在前一位行业巨人的肩膀上。

另一个终身学习的角度和对象是客户。如何倾听客户的心声呢？贝佐斯认为，拥有初学者的头脑，为顾客带去好的用户体验，是一家企业能够永远坚持下去的事情。我们看一下是如何具体落地到产品策划上的？亚马逊一般先搞清客户要什么，再进行逆向操作，去学习挖掘自己能力不够的。而不是同苹果公司的技术能力导向。在贝佐斯2008年致股东信中，贝佐斯提道：我们采用从顾客需求出发的“逆向工作法”，先了解客户需求，保持初学者的思维，耐心探索，不断磨炼，直至找到解决方案。

在产品开发过程中，始终摆在眼前的问题就是如何快速低成本，构建原型来说明产品是否可行，软件行业尤其如此。然后就是如何测试它们是否真正能在消费者中引起共鸣？这个过程成本越低，越有可能成功评估其是否有效，这样你的产品开发周期也就越短，越成功，理想的开发流程还可以覆盖更加广泛的想法和创意。在亚马逊产品开发流程中有新闻稿的模式。我们举例来看一下智能硬件Echo音箱的诞生。

Echo音箱起源于一个伪造的、假装有抱负的新闻稿，这个新闻稿是亚马逊内部创意的第一步。每当有人想出一个新的创意时，贝佐斯会问：这个产品对用户来说最重要的吗？它能够改变行业的游戏规则吗？我们能做出来吗？然后第一步先写出一份新闻稿，暂时忽略所需要的技术和能力。写完新闻稿，亚马逊的团队还会写一个“常见问题解答”手册，里面会解答每个有可能问到的问题，就像真发了新闻稿一样。贝佐斯说：“我们以同样有抱负的方式回答这些问题，在那一刻忽略掉技术障碍。”第二步，与新产品相关的专家会展开具体讨论。从副总裁到初级软件开发人员，都会在一个屋子里共同讨论，这时每个人都有义务发言，亚马逊给工程师们的格言是：要有主见（have backbone）。亚马逊希望所有与新产品相关的人相信自己与这个项目有关，讨论即执行。接下来，贝佐斯说：“如果我们觉得自己手里有了什么可做的，就会去坚定执行，补能力与技术的短板，实现它。”

如果受众不明白新闻稿中描述的内容，那么这就说明你的服务或产品不具备足够吸引力。因为你的新闻稿是在开始构建产品之前完成的，这个时候获得受众的反馈，也帮助企业提前预知这个产品的开发可能遇到的困难,防止企业在注定失败的道路上付出过多的时间。亚马逊的新闻稿经常会被反复修改十多次甚至更多,直到这个想法具有足够的吸引力后,才能进行下一步开发;一些想法虽然很好,但是只是因为没有足够的吸引力,最后被放弃了,这在亚马逊也很多。创新必然有成本,包括时间成本,这种创新的低成本方法值得我们在其他领域借鉴运用。

创新小提示:新闻稿产品创意法。

冒险精神

上面我们谈到初学者的头脑,其实与冒险精神有关,这是我们目前中国基础教育所缺乏的。

为什么贝佐斯具有这样的素质呢?这和小时候其外祖父外祖母对他的熏陶培养分不开,与他孩童时候所受的影响以及人生哲学是紧密相连的。在安逸和冒险之间,贝佐斯奉冒险精神(adventure)为人生信条。贝佐斯说:“在我们80岁的时候,宁可后悔做错的事情,也不为自己没有选择、尝试过而遗憾。”

贝佐斯和外祖父外祖母一起参加了Wally Byam Caravan Club roadtrip,300辆房车经常一起野外旅行。后来贝佐斯放弃华尔街工作选择创业,之后选择造火箭要进入外太空等,都是这种冒险精神的延续。贝佐斯一家常在篝火旁聊天。每次有酒的时候,贝佐斯都会发表一句同样的祝酒词:To Adventure and Fellowship,这句话其实也是贝佐斯选择的人生态度。在商业世界中,这种对事物的好奇心和冒险精神是非常可贵的。

无论是任正非还是李嘉诚,还是贝佐斯或者巴菲特,优秀的他们,似乎永远保持着初学者的头脑。巴菲特的搭档查理,曾这样评价沃伦·

巴菲特:“如果你们拿着计时器观察他,会发现他醒着的时候有一半时间是在看书。他把剩下的时间大部分用来跟一些非常有才干的人进行一对一的交谈,有时候是打电话,有时候是当面,那些都是他信任且信任他的人。”

永无止境的好奇心能令死神望而却步,学习力可以让我们永葆思维敏捷、不断激励我们青春的追求。

八、人为本

不要以竞争对手为中心，
他们又不给你钱。

——杰夫·贝佐斯

本章讨论第三项素质：人为本。近些年来，“以人为本”逐渐成了众多企业的口头禅，只要我们留意一下，企业在产品设计中提出“以人为本”；市场销售中讲究“以人为本”；至于企业管理，就更要“以人为本”了。这应该是对的，关键是有没有真正去做。

“人为本”中的“人”可以理解为不仅仅限于企业的员工，还包括企业的其他所有利益相关群体，比如，企业最终所要面对的顾客、供应商、企业的股东、企业的合作伙伴以及社会各个方面相关的人，甚至是我们所处的社会环境。在大的宏观层面，以人为本是国家治理要考虑的民生问题。在企业微观层面，谈以人为本的主要目的在于企业家应该理解回归人性层面的许多问题，如何进行人力资本开发，如何克服人的惰性，提高组织绩效，实现企业要达成的目标。这里谈的主要是后者。

CEO 首先就是 CLO

在人为本这项素质的理解上，CEO 首先就是首席教育官（chief learning officer，CLO），马云也一直把自己比喻成 CLO。谈到这个话题，尽管美国通用电气目前问题多多,我还是喜欢引用通用电气前总裁韦尔奇的一句话"每一天,每一年,我总觉得花在人身上的时间还不够。对我来说,人就是一切,我总是不断地提醒我们的经理:不管是在哪一个级别上的人,都必须分享我对人的激情。称职的经理首先就是一位称职的人力资源主管"。在工作时间的分配上,韦尔奇把大部分时间放在了经营员工身上。韦尔奇的主要工作就是寻找合适的经理人员并激发他们的工作动机。

没有成功的企业,只有不断进取时代的企业。2018 年 10 月 1 日美国通用电气(GE)毫无预兆地炒掉了它的 CEO Flannery,而且是立即生效(effective immediately),并任命 2018 年 4 月份才刚刚加入董事会的空降兵 Lawrence Culp 作为 GE 新任首席执行官。这也打破了 GE 100 多年来一直从内部选拔 CEO 的传统,韦尔奇的管理思想似乎已经人去楼空。面对新的科技时代,通用电气(GE)似乎陷入了增长的谜团,董事会的慌不择路,似乎找不到让它迷途知返的人。

通用电气(GE)是道琼斯工业指数自 1896 年设立以来,唯一到今年 6 月还留在指数榜上的企业,直到 2004 年通用电气(GE)还是最有价值的公司,市值接近 4 000 亿美元,而截至 2018 年 9 月其市值已经跌破 1 000 亿美元。2018 年 6 月 26 日,美股交易开始前,通用电气被无情地剔除出道琼斯工业平均指数。早在 1896 年,GE 就是道琼斯工业指数的原创成员,就这样一个创始成员被清除出了局。1896 年正好是年迈的李鸿章到访美国,意图要好好学习西方工业文明的时代。但按市值计算,GE 在道琼斯指数中,仍然排名第十。希望 GE 能涅槃重生,这毕竟是一个美国人民乃至世界人民喜爱的知名品牌。

在这里我还是想列举韦尔奇时代在人才培养方面的措施,但也说明一个企业战略的决策有多重要,而且有时间窗口,有时一旦错过,丧失的就是一个时代的机遇。一个企业要突破固有思维寻找新增长曲线的战略转型是多么的难,这让我想到吉利控股集团李书福。2010 年 3 月 28

日，在瑞典哥德堡，中国浙江吉利控股集团有限公司董事长李书福，与美国福特汽车公司首席财务官刘易斯·布思，郑重地在一份协议书上签下了各自的名字。

认识李书福，还是在吉利集团战略转型时期，第一印象：他是一位爱学习爱思考的企业家，摸着下巴思考是他习惯性的姿势。从他身上，我学习到许多，他是我在中国近距离理解的具有远大梦想和格局的优秀企业家。在这里不多展开，但他曾经说过的一段话，我想引用到这里，很想说明没有夕阳的行业，只有夕阳的企业。他说："小时候的我骑在牛背上，一边请牛吃草，一边看书学习，完全可以实现合作多赢。晚上还要在牛棚周边点燃牛烟，把蚊子赶走，让牛好好休息，这样牛也高兴，我也快乐。我是如何登上牛背的呢？那时，我才八九岁，而且由于营养不良，我个子长得很矮，为了登上牛背，我是想了好久才找到技巧的。先把牛牵到草长势较好的地方，请牛低头进食，然后利用牛的左大腿，在牛行走弯曲时，我一边用手抓住牛的脖子，一边用脚飞快地踩上牛的大腿关节，这样就能很轻松地登上牛背，实现双赢。"合作双赢才是可持续增长的基础。

到现在我还是认为通用电气当年的人才培养机制是值得我们学习的，只不过你需要结合行业的特点进一步开发。通用电气很早就成立了经营开发研究所，也叫培训与发展中心，位于克罗顿维尔。公司每年拨款约上亿美元，每年在此接受培训者多达 1 万人，从高级干部到新任经理。韦尔奇在任时直接听取研究所的汇报，并同研究所一起制定研修计划，每年有 30%的时间要去克罗顿维尔。韦尔奇认为他一生中最伟大的成就莫过于培育人才。韦尔奇不无感慨地说："这是一家由众多杰出人物管理的公司。我最大的功劳莫过于物色这些杰出人物，而且是成批的杰出人物。他们比大多数公司的总裁要来得精明。他们非常杰出，这些一流的人物在这里成长起来，他们在通用电气如鱼得水。"

通用电气还专门设立了首席教育官（CLO）一职。首席教育官的职责是协助首席执行官(CEO)制定公司有关教育的战略和目标;负责全球领导力项目的培训,为通用电气培养眼下以及未来的领导人;审视通用电气的企业文化;组织为通用电气全球员工提供定期培训;要为客户的管理人员进行培训,帮助客户成功。

克罗顿维尔培训与发展中心被誉为美国"CEO 的摇篮"。美国《财富》500 强企业中,有许多企业的总裁都曾经在通用电气工作过。对于全球来说,企业家和 CEO 是社会的稀缺资源,中国更是缺乏有领导力和企业家精神的 CEO。

据一项研究表明,美国企业员工培训费用大致占人工总成本的 2%~3.6%,而我国企业要低许多。教育培训是人力资本开发的重要方式,也是驱动一个民族不断可持续增长的关键要素,姑且不谈质量,在数量方面我国企业也还没有达到一定的水平。在国内企业中,华为尽管没有把学习型组织挂在嘴边,但内部培训与教育体系建设已经走在了许多中国企业的前面。

1998 年华为开始编写第一本《员工手册》,我把以下两句话放在员工手册的第一页:"我们强调人力资本不断增值的目标优于财务资本增值的目标。认真负责和管理有效的员工是华为最大的财富。"任正非认为:人才并不一定是企业的资产,只有认真负责和管理有效的人才才是企业的最大财富。《员工手册》正文的第一页还配发了任正非写的"致新员工书"。

华为在用人方面主要强调内部培养为主,一直强调干一行爱一行的专业分工精神,进入华为后学历自动消失,在华为的任职资格评价表上没有学历一栏需要填。任正非在"致新员工书"这样教导新员工:"实践改造了人,也造就了一代华为人。你想做专家吗?一律从工人做起,已经在公司深入人心。进入公司一周以后,博士、硕士、学士,以及在内地取得的地位均消失,一切凭实际才干定位,已为公司绝大多数人接受。希望你接受命运的挑战,不屈不挠地前进,不惜碰得头破血流。不经磨难，何以成才。”

华为喜欢招聘大学应届毕业生，任正非知道初入社会的学生，许多人可能有抱负但没有耐心，对新员工在华为工作期间可能遇到的问题，任正非这样告诫道：“你有时会感到公司没有真正的公平与公正。真正绝对的公平是没有的，你不能对这方面的期望太高。但在努力者面前，机会总是均等的，只要你努力，你的主管会了解你的。要承受得起做好事反而受委屈。没有一定的承受能力，今后如何能做大梁。其实一个人的命运，就掌握在自己手上。生活的评价，是会有误差的，但决不至于黑白颠倒，差之毫厘，谬以千里。你有可能不理解公司而暂时离开，我们欢迎你回来。”在经历了华为的冬天之后，确实许多离开华为的员工又回到了华为。

任正非源于自己专注执着的精神也同样体现在对新员工的辅导中，他说：“希望丢掉速成的幻想，学习日本人踏踏实实、德国人一丝不苟的敬业精神。生活中能真正精通某一项技术是十分难的。你想提高效益、待遇，只有把精力集中在一个有限的工作面上，不然就很难熟能生巧。你什么都想会、什么都想做，就意味着什么都不精通，任何一件事对你都是做初工。努力钻进去，兴趣自然在。我们要造就一批业精于勤，行成于思，有真正动手能力、管理能力的干部。机遇偏多于踏踏实实工作者。”

以上的话语似乎是一位长者对一位刚进入社会不谙世事的晚辈的教导，其中也同样折射出他的情怀，他的理想，他的思维，他的领导力。CEO 首先就是 CLO。只要有与员工接触的场合，他总喜欢用口语化的语句把他的思维和价值观传递给员工。我至今还保留着他的许多讲话稿，每一篇讲话稿可能都有当时事件和情景的历史印记，但其中背后折射出的思维原则是相当一致的，而且也是经得起时间考验的。在你的企业你有没有这样做呢？新鲜的血液有激情也需要融合，你有没有帮助他们成长呢？而不仅仅是招聘。

在实际的领导工作中，任正非经常会采用教练的模式，他常常会布置作文，让大家参加考试。他曾经就《华为人》报道的一篇短文《无为而治》，要求高级副总裁以上干部以公司治理为题进行作文考试，考试前他还发表了一个讲话《一个职业管理者的责任和使命》。他在讲话中风趣地说："我希望大家来写认识，也是对你们职业素养的一次考试，考不好怎么办呢？考不好你还可以学习，我们是托福式考试，以最好的一次为准。学不好怎么办呢？学不好你还可以调整，你辞去高级职务往下走。因此，要深刻理解公司制定三、四、五级干部任职资格标准的深远意义，我们坚持这个干部考核标准可能在相当长的时间内不会改变，每年大家都要提交述职报告，要填任职资格表格。"

在谈到二次创业职业化管理的重要性时他强调：只有职业化、流程化才能提高一个大公司的运作效率，降低管理内耗。职业化管理就使英雄难以在高层生成。他说："实现无为而治，不仅是管理者实现'从心所欲不逾矩'的长期修炼，更重要的是我们的价值评价体系的正确导向，如果我们的价值评价体系的导向是不正确的，就会引发行为英雄化。行为英雄化不仅仅是破坏了公司的流程，严重的还会导致公司最终分裂。"华为《基本法》的前几章主要阐述的是华为的核心价值观以及价值创造机制、价值评价体系和价值分配体系。任正非认为企业的价值观体系、高级干部的价值评价体系导向比个人修炼更重要。他要求在逐步引入西方公司职业化的待遇体系，如工资、奖金、期权、期股等，都需要回到让职业管理者默默无闻、踏踏实实地工作上去，高层更不应成为英雄。

以上任正非表达的思想也体现了在前面提到的第一项素质能力：任正非希望他的高级管理者能做到无为，学会仰望星空，具有忘我的胸怀。只有做到忘我，你才能知静；只有做到知静，你才能心安；你能做到心安，才能做到无为。

任正非认为公司高级干部的价值评价体系导向比个人修炼更重要，但是只有企业家个人修炼到一定程度，才能反映在组织的价值评价体系中。所以从这个意义上说，企业家的个人修炼是基础。

为你自己的成绩买单

1997—1999年间，华为当时有三个培训中心（2005年正式成立华为大学），一个是新员工培训中心，另一个是客户培训中心，还有一个是高级行政管理干部培训中心，其中，新员工培训中心和高级行政管理干部培训中心由人力资源部管理。记得当时新员工培训中心和客户培训中心都设在风景秀丽的度假村内。

华为的新员工企业文化引导培训是到目前为止，我接触的中国企业中（包括跨国公司的中国公司）投资最大、时间最长的，而且重点在于全面的企业文化引导。学员全封闭3个月，课程形式众多也很严格，工资照发不打折，而且没有毕业再淘汰的机制。通过新员工企业文化引导培训的员工按照不同的类别还需要进入上岗培训（见图8－1）。

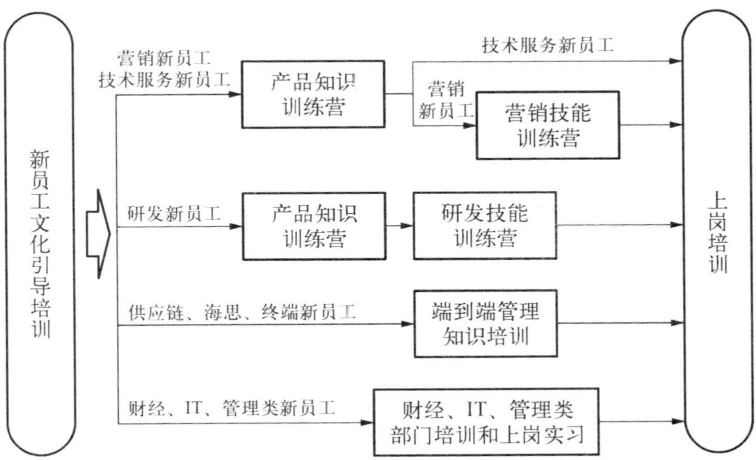

图8－1　华为新员工培训阶段图

培训中心后统一归口于2005年6月9日注册成立的华为大学，注册资本9.3亿元。华为大学致力于通过系统化的企业培训发展体系和解决方案，培养国际化、职业化队伍，以支持华为业务与组织发展全球化。华为大学的愿景是国际化、职业化领军人才培养基地。华为大学的使命是融汇东西方智慧与华为实践，助推企业全球化发展。华为大学培训的基本原则有三条：第一，领导者发展领导者；第二，实时、实战、实用，从实践中来，到实践中去；第三，强调绩效和结果导向。

■ 投资语录：投资重视人才梯队培养的企业。

2016 年 9 月 20 日，华为大学新校区在东莞松山湖高新区大学路开工建设，新校区总面积约 34 公顷，新校区建成后将会从深圳整体搬到东莞办学。华为大学的建立宗旨：以融贯东西的管理智慧和华为的企业实践经验，培养职业化经理人，发展国际化领导力，成为企业发展的助推器。大学依据公司总体发展战略和人力资源战略，推动和组织公司培训体系的建设，并通过对各类员工和管理人员的培训和发展，支持公司的战略实施、业务发展和人力资本增值；对外配合公司业务发展和客户服务策略，为客户和合作伙伴提供全面的技术和管理培训解决方案，提升客户满意度；同时，通过华为的管理实践经验的分享，与同业共同提升竞争力。华为大学目前拥有 300 多名专职和逾千名兼职培训管理和专业人士，遍布于深圳总部和中国及世界各大洲的分部以及代表处（见图 8－2）。

在欧洲，华为在包括英国、法国、德国和罗马尼亚在内的几个国家建立了培训中心（见图 8－3），它们将提高在欧洲地区提供高质量培训方面的能力。此外，在独联体国家、巴西、埃及、马来西亚、泰国、新加坡、土耳其、阿联酋和尼日利亚等国家和地区也设有培训中心。培训中心教师都经过了严格的程序评估和筛选。他们中既有资深的培训教师，也有经验丰富的华为专家和工程师兼职任教。另外，公司还定期特邀业内权威专家及知名大学资深教授前来授课。

图 8－2　华为大学总部一角

图 8－3　华为拉丁美洲培训中心一角

对华为大学的建设，任正非是非常重视的，华为大学是单独的独立预算一级部门，是对内服务的BG，任正非要求也一直是很严格的。他说："你们是否能够喊出你们的口号——这里是将军的摇篮？如果不这样，你们就脱离这个时代，就像在世外桃源一样，就没有和现在形势的紧迫感结合起来，你们的重要作用就没有得到公司各个部门的认同，这一点对你们很重要。"

这家在每一年度外界企业大学排名中都没有上榜的企业大学，任正非希望华为大学一定要办得不像个大学。华为大学要做到向员工和管理者赋能、萃取公司的组织经验、管理公司的知识资产。他要求华为大学要训战结合，给学员赋予专业作战能力。他说："公司要奋斗，但不掌握奋斗方法是不行的，光有干劲没有能力是不行的。训战结合的赋能和考试全以沙盘为中心。比如，在德国建立教导队来培训，做账实相符、五个一工程的综合管理的员工。华为大学的赋能要支撑公司文化、管理平台和关键业务能力尤其是战略预备队的建设。各方面都有预备队，预备队在哪里，华为大学就组织讲师跟上去赋能。华为大学是赋能管理，要根据片联提出的业务需求，把培训大纲、考试大纲拿出来。"

他谈到如何对待忠诚干部和提升其能力时，强调：忠诚不能当饭吃，一定要通过循环赋能，把能力提起来。他说："现在公司有种现象，人越优秀，越被部门抓着不放，耗干了能量，然后被末位淘汰。所以，我们的循环赋能就是推动解决这个问题，释放个人能量。忠诚不能当饭吃，一定要通过循环赋能，把能力提起来，才能产生忠诚的价值。为什么汉元帝不知道王昭君？是因为人才没有循环起来，所以只能我们加强培养。在赋能过程中也不要忽略了有经验干部教育，他们也可以在新的战争中赋能，赋能以后还可以再上前线。"

华为大学在培训实际操作中，有许多做法值得借鉴。你的成长是公司的事，但最终还是你自己的事。华为的培训其实是一种稀缺的资源，华为认为培训从来都不是让你去结交人脉的福利。培训其实是一种选拔的手段。华为大学培训聚焦在关键岗位和关键人群的策略。在每个时期，华为大学都会在公司的战略指导下，识别出关键的岗位以及关键的人群，设计一些培养的项目，然后进行交付和实施。

在华为，你不要想得到许多企业派高管去读 MBA 还可以让公司承担学费和差旅费的事。华为有一个非常知名的高管读书班，这个读书班收费非常昂贵，而且是向个人收费的。如果你要报名参加，除了你自己要交学费，还要请假扣工资。华为现在有 18 万员工，其中，基层管理者的队伍是非常庞大的，对基层管理者的培养在华为大学有一个核心项目，称为 FLDP（First-Line Manager Leadership Program）内部叫作转身计划“从骨干到管理者的转身”，主要对象是在业务部门中提拔起来的管理者，一般华为大学会和片联一起举办。

创新小提示：高管读书班，FLDP 计划。

华为就是希望通过这样一种方式，向参加培训的学员传达一种理念，每个人都要为自己的成长负责买单。同时也告诉员工，培训在公司是一种稀缺的资源。

在华为大学的课堂中，你几乎看不到传统的灌输式教学，都是案例式教学，就是仗怎么打、兵怎么练，实战模拟演练，不断考试。经过若干年的探索，这种教学在整个公司得到了非常好的验证。最大的浪费其实是知识和经验的浪费。所以华为很早就成立了案例库，也鼓励和号召公司的专家和管理者往案例库中投稿。这些案例，一方面会应用到业务部门的总结复盘中，另一方面能应用到教学的过程中。

给火车头加满油

人的本性是贪婪懒惰和安逸享乐的，如何让人们长期艰苦奋斗、激发出生命活力？（见图 8－4 微观永动机活力模型图）以奋斗者为本，长期艰苦奋斗，正是任正非用人性的贪婪驱赶人性懒惰的不二法门。

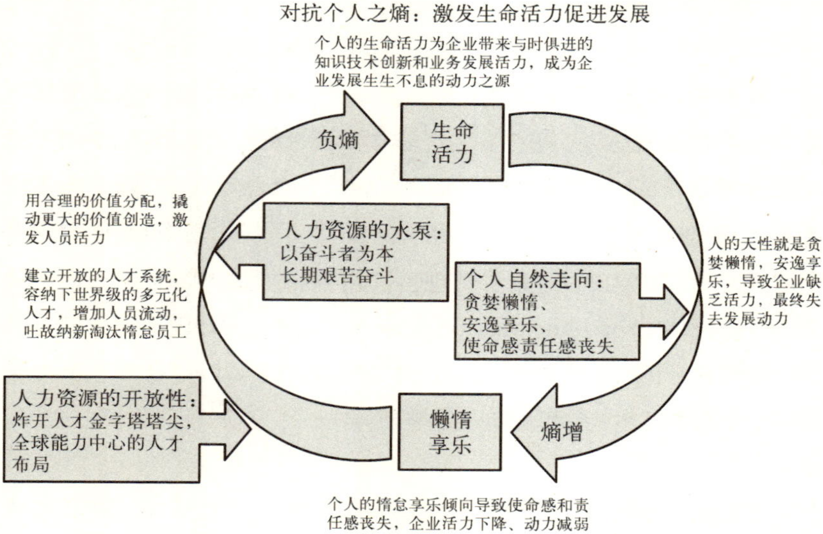

图 8－4　华为微观永动机活力模型图（资料来源：丁伟等：《熵！才是任正非管理思想的最大秘密（深度好文）》，2017 年 1 月 12 日）

华为具体做法就是用合理的价值分配，撬动更大的价值创造。任正非说：我把“热力学第二定理”从自然科学引入到社会科学中来，意思就是要拉开差距，由数千中坚力量带动十五万人的队伍滚滚向前。我们要不断激活我们的队伍，防止“熵死”。我们决不允许出现组织“黑洞”，这个黑洞就是惰怠，不能让它吞噬了我们的光和热，吞噬了活力。

在华为微观活力引擎中，最重要的功能就是华为人力资源的水泵。这个水泵要把人的活力充分激发出来，这个过程是痛苦的、长期的。人力资源水泵的工作原理就是用价值分配撬动价值创造。任正非认为：“企业的活力除了来自目标的牵引、来自机会的牵引以外，在很大程度上是受利益的驱动。企业的经营机制，说到底就是一种利益的驱动机制。价值分配系统必须合理，使那些真正为企业作出贡献的人才得到合理的回报,企业才能具有持续的活力。”

创新小提示:华为人力资源的水泵。

华为在微观永动机模型的能量循环上有一个独特之处,就是存在一部分合理的闭环:华为100%员工持股,避免了能量分流,避免迷失持之以恒的战略方向。在能量守恒的角度上,华为的股权结构做到了能量损耗最小,因而华为的内生动力远胜于上市公司。而近年新推行的TUP制度(相当于5年有效期的分红权),更是避免了利益沉淀引起的熵死。TUP,Time Unit Plan,直译为“时间单位计划”,是一种现金奖励期权。它是一种现金奖励的递延分配,属于中长期的一种激励模式,相当于预先授予一个获取收益的权利,但收益需要在未来*N*年中逐步兑现(也可以跟业绩挂钩)。TUP本质上是一种特殊的奖金,是基于员工历史贡献和未来发展前途来确定的一种长期但非永久的奖金分配权力。不需要员工花钱购买。华为TUP制度的推出可以解决目前受限股饱和的问题,解决了华为全球化员工中长期激励问题,在设计中TUP与受限股具有同等的增值权。

在物质回报的分配上,多劳多得是理念,分享机制是手段。让劳动者获得更多价值分配,打破平衡,把最佳时间、最佳角色、最佳贡献匹配起来,激发奋斗活力。华为在《基本法》中就确立:劳动是价值创造的主体,因此,价值分配优先分配给劳动者。让劳动所得与资本所得的比例大致保持在3∶1,确定这样的比例后,在华为大股东不能同上市公司大股东一样取得大额收益分配权,员工是在为自己劳动打工而不是为老板打工。这样既能激发劳动者创造价值,也能避免老员工积累过多股票后变得惰怠。在薪酬分配环节,任正非也非常注重拉开差距,华为通过及时提拔和破格提拔优秀者,以冲淡惰怠。这就是他常说的“给火车头加满油”,向奋斗者倾斜、以奋斗者为本的分配结构,充分体现了耗散结构不平衡的特点。华为还将进一步改革长期激励机制和短期激励机制，长期激励机制导向持续奋斗，短期激励机制导向多产粮食。

创新小提示：给火车头加满油。

华为微观永动机模型的开放性还体现在炸开人才金字塔塔尖，在全球能力中心进行人才布局。服务支持业务一线，识别关键人才，通过战略预备队培养未来领袖，加强跨部门人员流动；同时坚持吐故纳新、淘汰惰怠。在华为人才机制原来是金字塔结构，金字塔是封闭的系统，限制了组织模型和薪酬天花板。华为炸开人才金字塔塔尖，就是形成开放的人才系统和组织架构，这样才能容纳下世界级的人才，打开各类人才的上升通道，实现全球能力中心的人才布局。其次，华为干部流动和赋能机制制度化，让人才流动起来，避免产生惰怠，培养未来领袖。华为曾经搞过多次大辞职，有过上千人被破格提拔，2016 年还有 2 000 研发将士出征，都是华为从内部激活人员创造力的方法。华为干部流动机制的制度化正在不断完善，强调自上而下长期运作，结合资格管理、任期管理和战略预备队训战等系统展开。最后，华为人力资源的开放性还体现在吐故纳新，淘汰惰怠员工。一个健康的开放系统一定要有吐故纳新的扬弃通道，要能够及时调整或淘汰懈怠的主管和员工。2015 年，华为有超过 1 万名员工因为不胜任工作而被调整，部分主管和员工被淘汰。同时，公司政策也允许部分不愿意继续奋斗的主管或员工保留股票而退休。

激活需要授权，在 2013 年度的干部工作会议，任正非说："数据流量越来越大，公司也可能会越来越大。公司可以越来越大，管理决不允许越来越复杂。公司管控目标要逐步从中央集权式，转向让听得见炮声的人来呼唤炮火，让前方组织有责、有权；后方组织赋能及监管。这种组织模式，必须建立在一个有效的管理平台上，包括流程、数据、信息、权力……。"在最新的人力资源管理研讨中，任正非强调华为必须整体上将公司的组织运作要从管控型转向支持作战型，职能部门要平台化、平台要服务化、服务要市场化。组织运作是为了服务于战略服务业务一线，不是为了管控。他说："基于信任的管理就是减少不必要的汇报、不必要的 PPT、不必要的组织层级。在运作方式上，我们要逐步推广平台+业务团队的方式，这是一种理念，但实现的方式很多。希望职能部门要平台化、平台要服务化、服务要市场化，平台不能变得很笨重，平台的厚度要根据一线的调用来决定，反过来才能挤压平台的成本，最后平台与前线是力出一孔、利出一孔。"

创新小提示：平台与前线是力出一孔、利出一孔。

让作战的力量多用在产粮上

自 1997 年开始到 2002 年华为人力资源管理体系 1.0 基本完全建立到现在，已经有 15 个年头。华为在 2017 年启动了总结前一阶段华为人力资源管理实践，厘清华为当前人力资源管理面临的问题以及需要提升的方面，祛除华为发展 30 年积淀的问题，帮助组织重新焕发青春，简称人力资源管理纲要 2.0 工作。

在 2017 年 11 月份的研讨会上任正非强调：人力资源管理纲要 2.0 的思考主要从过去的不信任管理体系，向信任体系转变。在内、外合规的情况下多产粮食，减少不必要的汇报、报表，这样管理层级会缩小。让作战的力量多用在产粮食上。

任正非指出从一棵树向多棵树森林体系的增长蔓延中，会面临许多问题。他用形象的生物学知识比喻，他说："我们挡不住业务的客观发展，会冒出多棵树来。但是我们要首先着手总结经验教训，不允许杂草丛生，不允许盲目创新。生物学上人体的成长靠的是细胞的受控分裂，分裂成新的脑细胞、红细胞等，吸收营养，滋养肌体，茁壮成长；而不受控的细胞分裂就是癌症,无限分裂的细胞疯狂消耗宝贵资源,带来的却是肌体必然的枯萎与死亡。”他要求:“公司未来每棵树的全球市场占有必须企望达到全球前三,没有可能达到的,立项要控制。内嵌式的业务改进,也许是战略;外挂式的产品研发,未必在主航道。坚决不在非战略机会点上消耗战略竞争力量,不仅因为我们没这么多钱,也因为我们管理不好这么多拖油瓶。面对差异化的业务与人群,我们是要采用差异化的政策和管理方法,但差异化首先要从单一业务有效管理这一坚实的基础出发。”

我们许多企业往往陷入过去的经验不可自拔,面对外部快速环境变化不敏捷,陷入增长的泥潭。企业生命长存就要遵循生物学的进化法则,在外界环境变化缓慢时,持续积累是优势;而在外界环境快速变化时,要警惕依赖过去经验造成的发展障碍。任正非说:“总结和扬弃的原则是,和人性相关的管理经验,未来可能依然适用;和业务、和时代环境相关的经验,可能发生了变化,不能路径依赖。要坚持公司核心价值观的形而上的核心理念,可以逐步日落过去为适应阶段性需求的形而下的表象做法,积极开放探索适应变化的新方法。开放是企业进化的前提,只有开放,保持空杯,洞见和学习吸纳外部信息,才不会使自己成为商业丛林发展中的孤岛,才有机会改变、迭代和进化成始终适应时代的先进企业。”

谈到集团总体宏观组织结构管理体系,任正非指出:公司未来是统治与分治并重的分布式管理体系,采用“横向分权,纵向授权”的权力结构。统治系统各机构间是分权制衡关系、统治系统与分治系统间是授权与监管关系。立法权高于行政权。公司董事会是公司最高的领导委员会,公司共同价值管理就是公司董事会要承担的总责任,主要有四方面:一是战略洞察;二是建立业务边界与管理规则;三是管理高层关键干部;四是监督。董事会的支撑平台就是现在集团的主要职能部门,负有统治支撑责任,更多是基于建设,而不是操作;下面分治体系自己建设的平台是操作和监督。

华为以天（共同的价值）、地（共同的基础平台）为平台进行分布式管理（见图 8－5 华为天地宏观组织结构管理体系），其目的是允许多棵树在公司平台上共同生长。

图 8－5　华为天地宏观组织结构管理体系（资料来源：刘晓博：《被腾讯秒杀，华为正酝酿一场空前的革命！》，2018 年 3 月 31 日）

创新小提示：华为天地分布式组织结构管理体系。

任正非认为目前的华为还不适合去中心化，他说："最好树和树之间不关联，只是天和地跟这些树关联。我们是有中心的发散与收敛，使各业务有自由运营的灵活机动，又有天、地的管控。去中心化，短期内还不适合华为。也就是说，树与树之间原则不共享，各自干自己的，这样互不牵制，管理也就简单化了。公司统治平台是一个，分治的平台是各自的多个。"

同时，他强调公司基础平台（比如，技术平台与组织平台）建设的重要性，要保持稳定。在公司基础平台对应用平台开源，支持应用平台的快速发展。他说："如果我们建立了两个平台，一个基础研究的技术平台，一个基础管理平台。不同业务的大树就可以充分发挥自己的活力，按照自己的业务规律运作、发展。基础研究的技术平台就慢慢做，踏踏实实做，把尘嚣一层层沉淀下来，丰富万里长城的基座；应用平台允许有错，积极服务客户，每一年从应用平台沉淀5%~10%到基础平台上来。"

有关干部选拔和培养，任正非强调：坚持从成功实践中选拔干部，打造富有高度使命感与责任感，具备战略洞察能力与决断力、战役的管控能力，崇尚战斗意志、自我牺牲和求真务实精神的干部队伍。敢于选拔优秀的低级别员工，也敢于淘汰不作为的高职级的主官，要区分好领袖群体、主官群体、一般干部群体的不同作用。"仰望星空、洞察变化、把握好公司前行的宏观战略方向"是对公司领袖的要求，对主官要聚焦战略执行和作战成功，要求要具体。

在最近一次华为内部战略务虚会上，任正非说："现在我们和美国赛跑，到了提枪跨马上战场的时候，一定要把英雄选出来，没有英雄就没有未来，英雄犯错了就下去，改了再上来。我们一定要改变用人的格局和机制。我们要敢于团结一切可以团结的人，我们的唯一武器是团结，唯一的战术是开放。第二次世界大战后有一次人才大迁移，是300万犹太人从苏联迁移到以色列，促进了以色列的高科技发展；现在美国这么排外，又有一大批科学家也会离开美国，好在我们在世界各国都有科研中心，他们想在哪，我们就可以安置在哪。要敢拥抱这第二次人才大转移，我们又有钱，又有平台，为什么不能，为什么要错过天赐良机？我们才能获得对未来结构性、思维性的突破。小家子气是交不到朋友、学不到东西的。"

华为干部八条

华为对干部队伍作风建设一直高度重视，在华为《员工手册》里就有这样的内容，这也是队伍文化一致和大规模团队作战能力的保障。在此次人力资源管理纲要2.0的研讨中，任正非认为华为干部八条还要坚持不用变。《华为公司改进作风的八条要求》简称华为干部八条，最早于2013年11月4日以华为司发文件[2013]241号发布；2015年1月4日，以华为司发业务规定[2015]001号文进行了修订；2017年1月11日，华为召开干部工作作风宣誓大会，再一次做了修订。

(1) 绝不搞迎来送往，不给上级送礼，不当面赞扬上级，把精力放在为客户服务上。

(2) 绝不动用公司资源，也不能占用工作时间，为上级或其家属办私事。遇非办不可的特殊情况，应申报并由受益人支付相关费用。

(3) 绝不说假话，不捂盖子，不评价不了解的情况，不传播不实之词，有意见直接与当事人沟通或报告上级，更不能侵犯他人隐私。

(4) 认真阅读文件、理解指令。主管的责任是要求，不是简单的服从。主管尽职尽责的标准是通过激发部属的积极性、主动性、创造性去获取胜利。

(5) 反对官僚主义，反对不作为，反对发牢骚讲怪话。对矛盾不回避，对困难不躲闪，积极探索，努力作为，勇于担当。

(6) 反对文山会海，反对繁文缛节。学会复杂问题简单化，六百字以内说清一个重大问题。

(7) 绝不偷窃，绝不私费公报，绝不贪污受贿，绝不造假，也绝不允许任何人这样做，要爱护自身人格。

(8) 绝不允许跟人、站队的不良行为在华为形成风气。个人应通过努力工作、创造价值去争取机会。

2017年4月24日，华为道德遵从委员会(OEC)第二次代表大会召开，会上任正非要求华为的领导干部严格遵守“干部八条”。这个干部八条也是华为多年来在干部管理中总结出来的，华为需要的是以客户为中心的能作战的队伍，而不是一团和气的队伍，真正的以人为本是让人不断成长、激发人的潜能，仅仅一句“主管的责任是胜利，不是简单的服从”在许多企业都很难做到。干部八条需要企业家以身作则去示范才能层层传递。

创新小提示：华为干部八条。

亚马逊人本系统

与其他企业家不同，贝佐斯更懂得战略思考和长期思考对企业发展的重要性，更懂得平衡长期与短期，更懂得工作与生活。1999 年《连线》杂志一篇有关贝佐斯的人物专访中，他说：“每周都会预留出两天时间来畅想生活，寻找新的创意。有时，我只是上上网，或者是沉浸在自己的世界里。”对长远目标进行签到，贝佐斯每个季度都会与管理层会面，评估后者在各个预选计划上的进展。贝佐斯这样做主要是希望通过检验自己在过去三个月中的成绩，保证每天不会虚度光阴。这种签到式的做法有助于确保他始终坚持长远目标，同时注意力又不会被新的、稍纵即逝的创意所分散。

即使亚马逊现在取得了巨大成功，也成了首富。现在贝佐斯喜爱睡觉，每天至少睡足 8 小时。他每天早上都是自然醒，从不设闹钟。他坚持每天和妻子麦凯奇·贝佐斯（MacKenzie Bezos）一起分享一顿健康的早餐，一起散步，享受简单平淡的小幸福。为了能够与妻子和四个孩子一起共度美好早餐时光，他从来不会在早上安排会议。他们可以买私人飞机和豪华轿车，他们也可以雇司机，但是他们依然只开着一辆本田中档车，麦凯奇经常送他们的四个孩子上学，然后再送丈夫上班。

尽管贝佐斯现在可以不设闹钟，但创业之路不成功前都是不归路。和马云当年创业一样，创业开始时贝佐斯曾联系了 60 个投资商，40 个投资商刚听到就果断挂断电话拒绝，连登门拜访的机会都没有，因为大家都不知道“电子商务到底是个什么东西”。在每个迷茫和挫败的夜晚，麦凯奇始终坚定地站在丈夫的身后，独自照料孩子，没有半句抱怨，她的信任伴随贝佐斯走过最艰难的时刻。两个心智成熟的人彼此陪伴，独立又亲密，相爱又自由。没有斗智斗勇，只有相辅相成。

贝佐斯更喜欢工作与生活相互和谐（work-life harmony）这个说法，平衡意味着有一个严格的权衡。在一次与其弟弟 Mark Bezos 的对话中，贝佐斯说：“如果感觉到自己在增加价值，并且是工作团队中一个有生产力的成员，这让我在家变得更好。如果我在家里很开心，那么这也会让我成为一个更好的员工，一个更好的老板。不要成为那些从同事或家人身上攫取精力的人。这不仅关乎如何分配白天的时间，而且关系到是否有足够的精力与热情投身其中。”但员工有时经常会质问亚马逊的高管，工作的巨大压力和疯狂的速度，如何平衡工作与家庭？有时贝佐斯也回答不上来，他只能坦率地说：“我们来公司是做事的，这是重中之重。这是亚马逊文化的标志。如果你应付不了，无法平衡和投入，那么你就不适合在这儿工作。”

哪壶开了提哪壶

贝佐斯遇到问题，有时常常保持后仰哈哈大笑的姿势。贝佐斯喜欢多项目任务工作法，喜欢小而美的团队，他喜欢哪壶开了提哪壶，无论是做 Kindle 还是云计算，先杀进去再找解决下一步问题的办法。

亚马逊还鼓励“敢于谏言服从大局”，要求员工勇于攻击同事的想法，提出无情的意见。亚马逊一位业务线总监曾说：“走出会议室时，你会看到一个成年人捂着他的脸。”“几乎每一个和我工作过的同事，我都看过他们坐在位置上哭过。”有员工形容向贝佐斯汇报工作时，犹如置身于一部格斗电影中，“最后的结果是汇报工作的人回到自己的洞穴里，独自舔伤口，一段时间都不愿见光”。这也让我想起任正非管理风格中严格要求暴脾气的一面，任正非也是在汇报工作时无法忍受下属的工作质量，而把下属训哭。这其实是优秀领导者对自己器重下属的高标准要求，让组织永远保持动力和活力，这在后面第十章还会讲到。对直接下属的严要求，并不影响其他方面的谦和与宽容。

贝佐斯主张企业应该实行分散管理，不太主张员工间有太多的沟通交流。他认为许多的沟通是无效的，说明没有找到有效的工作方法，甚至有时陷入无组织状态也无关紧要，只有在这种氛围下，独立思考才能在与集体意见的较量中占得上风。他认为，要让团队尽可能的小，同时，适度限制员工之间的交流。贝佐斯说，他对“两个披萨原则”推崇备至：如果两个披萨都喂不饱一个团队，那说明它太大了。

亚马逊团队构建原则值得一些创新型企业参考。典型的亚马逊团队中只包括几名工程师，搭配一个产品经理和一个设计师。而亚马逊团队的构成体现了他们的两个理念，一个是团队大了任务自然能分拆，另一个是找对的人组团做专门的事。亚马逊的团队会有以下几个特点：人数要少，常见的亚马逊团队规模是 4～13 个人；在功能上闭环，要做出一个原型的话，需要方方面面的精英，不会全是设计人员或开发人员；汇报上单线汇报，团队主管对负责的业务享有充分的话语权，团队成员直接向他报告；人物聚焦，关注点单一，分解为原始问题，团队思考的是那些最终极的最想解决的问题，把问题分解，做得纯粹。

创新小提示：分散管理，两个披萨原则，小而美的团队。

亚马逊的薪酬激励方式也贯彻着公司的核心价值观，尽量减少不必要的成本支出，并考察员工所要经历的艰辛以及长期留在公司的价值。亚马逊很少有额外的福利和奖金，相比硅谷其他谷歌等科技巨头高薪酬、高福利的员工激励手段，亚马逊更推崇“精益经营”模式，贝佐斯树立了节俭的风气，亚马逊不提供午餐等各种福利性质的激励手段，有时办公桌都是几块板搭起来的，不像乔布斯设计的苹果大楼，亚马逊总部大楼很朴实简单。

亚马逊更喜欢用期权而非现金激励员工。贝佐斯在 1997 年致股东的信中称:“我们很清楚,亚马逊能否成功很大程度上取决于我们能否吸引和留住员工,每一名员工都希望成为主人,因此就应该让他们成为主人。”亚马逊没有奖金,或者说奖金实际上是通过股票期权的方式下发的,其实更强调关注公司的整体发展和整体长期利益,与公司一起成长,这也是其长线思维的体现。新员工会得到行业的平均工资,以及两年的合同签字费,如果工作超过 4 年就能得到一定数量的股票期权。通常在第一年会得到 5% 的份额,第二年为 15%,最后两年中每 6 个月得到 20%。随后两年的份额也可能会调整。其实这是很成功的管理方式,这里面非常注重亚马逊的文化价值观导向,留下认同亚马逊文化的员工,保持队伍的纯粹性。

早年贝佐斯面试员工的时候,许多问题会非常奇怪,有时他会问:美国有多少座加油站?主要目的在于考察候选人的逻辑分析思维,他一直要求要找到对他影响比较深的互联网启蒙人,像前老板戴维(其在基金公司的老板)一样的人,这些面试方式也是从那家像硅谷高科技公司一样文化的基金公司学来的。目前,亚马逊的选人招聘标准严格又极其统一,用表现和资格两个硬性标准进行,同时非常注重新员工对团队是否会有长期价值贡献,会有网上测试后的多轮面试。亚马逊在招聘员工的时候有自己独特的方式。把面试人员分成四种情况,强烈建议雇佣,建议雇佣,不建议雇佣,强烈不建议雇佣,面试结束后让所有的面试官聚在一起,给面试者评价,只要有一票否定,这个人就不会留在亚马逊。贝佐斯非常重视招聘,早年时许多员二他都要亲自面试,后来他从微软那里学到了招聘的一个方式,他策划设计为“抬竿者”,为了满足越来越高的招聘要求。这些“抬竿者”具有非常丰富的招聘经验,每次招聘至少有一位“抬竿者”参与到招聘环节中,并有权否决不符合公司不断提高的全部应聘标准的候选人。即使是人力资源部门的负责人也无权推翻他的否决票。

贝佐斯的节奏也是亚马逊的节奏。他一年会有两次亲自审查公司的业绩和公司运营的情况,两次审查签到分别称为OP1和OP2。各个团队在签到审查前要认真拟定6页的文件,文件的第一页要简明扼要地阐述要点。在亚马逊绩效管理上,全员都以360度绩效考核,没有具体的团队考评,而团队组织绩效的评定就是对该团队负债人的绩效评定。50人以上的部门管理者必须对下属进行排序,淘汰业绩差的员工。这如同华为的末尾淘汰制。亚马逊认为群众的眼睛是雪亮的,应该提供更多的反馈跟支持,让整个绩效评估的结果尽可能全面和客观。贝佐斯认为,员工只能越来越优秀。当老员工越来越守成的时候,就注定了贝佐斯不会留住他们,会被淘汰,而不是养着。新来的年轻员工总是有着冒险精神,喜欢尝试新的事物,给予发展的机会,快速提拔。

贝佐斯有许多怪癖,作为《星际迷航》(*Star Trek*)的铁杆粉丝,他的梦想是要上太空。贝佐斯每年与亚马逊投资者见面的时间加起来都不超过6个小时。当他不得不开会的时候,他会采取"两个披萨"的原则,参加他会议的人数,绝对不能超过两个披萨能够管够的人数。他还禁止亚马逊员工用幻灯片来作报告。相反,他要求员工提交不超过6页纸的提案。贝佐斯知道简洁的力量,这样做是为了鼓励员工用最简洁的几个要点来概括自己的想法,并进行理性思考。虽然亚马逊的人本系统有许多争议,被外界经常诟病。在很多亚马逊的员工看来,他们的同事都极为敏锐和负责,彼此之间相互信赖,而且没有繁文缛节、层层报告或者搞办公室政治、迎来送往,员工的焦点在公司业绩也真心拥护这家公司。

传统企业团队构建与亚马逊或者华为有着很大的不同,华为和亚马逊的组织和团队构建方式,很值得许多传统企业适应新经济时代转型借鉴。华为提出敏捷的创新组织,亚马逊提出两个披萨原则。将一个复杂的问题简单化，其实并不容易，这需要智慧、需要洞察力。简化问题，需要看到现象背后的本质，同时能用简单的语言将它表达出来。任正非说：未来是简洁的胜利。其实无论是任正非还是贝佐斯，这一点和乔布斯也是一样的，乔布斯说：简单和专注是他成功的密码。

九、危机意识

> 10 年来我天天思考的都是失败，对成功视而不见，也没有什么荣誉感、自豪感，只有危机感。
>
> ——任正非

本章关注领导力素质的第四项：危机意识。面对未来不确定的世界，我们能确定是，唯一不变的就是变化。1955 年《财富》500 强企业到今天只有不到一半还存在。为什么有的企业能长久不衰，有的企业却退出历史舞台？认真观察经久不衰的企业，它们的共性在于，有非常强烈的危机意识并能进行持续变革，建立起组织的危机免疫力。

乔布斯把每天都当作最后一天，而贝佐斯 23 年一直将 DAY 1 作为企业经营的标语，每天都是第一天，其中，体现的都是这种创新的紧迫感和危机感。领导的魅力就在于在被迫变革前就洞察到危机和机遇并实行危机管理和变革。华为的危机之道并不是危机来了再谈危机，而是每天都在谈危机。危机意识是优秀领导的关键素质，而且不仅仅在于你自己有危机意识，还需要建立组织的危机免疫力系统，将危机意识和持续变革传递到基层一线员工，转化为他们自觉的行动。

成功是一个讨厌的教员

在日本松下电工，不论是办公室，还是会议室，或是通道的墙上，随处都能看到一幅张贴画，画上是一条即将撞上冰山的巨轮，下面写着："能挽救这条船的，唯有你。"

海尔集团张瑞敏曾经说："我每天的心情都是如履薄冰，如临深渊。"

微软的比尔·盖茨也曾经说："微软离破产永远只有18个月。"在任正非的身上这一点更加明显，危机意识已经成为他内心的灵魂。他说："10年来我天天思考的都是失败，对成功视而不见，也没有什么荣誉感、自豪感，只有危机感。"

■ 投资语录：避开只谈成功的企业，投资有危机感并能化危为机的企业。

任正非的危机意识并不是外界所宣传的只有在2001年网络科技泡沫破裂后才有，任正非的危机感几乎贯彻在他的每一次讲话中。我们研究发现，对于优秀的领导来说，危机意识永远是他们内心的灵魂，同时，这些优秀的企业家能系统地让危机意识转化为管理措施与预防行动，提高组织的危机免疫能力。

面对取得的成绩，人们很容易因为昨天的成功而睡在桂冠上，也很容易把傲慢变为习惯，如果你二者都有，失败迟早会来。所以你必须在每天起床时想一想，还有很多人，还有许多公司想要你的位置。在美国，曾经很伟大的公司，如DEC、莲花软件等，这些品牌现在已经消失了。它们曾经是市场的领导者，它们为何失败？当然华为也不乏有点成功后变得傲慢的高级管理者，所以任正非把"成功是一个讨厌的教员"这句话挂在嘴上经常提醒他的高级管理者。

任正非一再告诫高级管理者：成功是一个讨厌的教员，它诱使聪明人认为他们不会失败，它不是一位引导我们走向未来的可靠向导。在一次《反骄破满，在思想上艰苦奋斗》的讲话中他说："华为已处在一个上升时期，它往往会使我们以为8年的艰苦奋战已经胜利。这是十分可怕的，我们与国内外企业的差距还较大，只有在思想上继续艰苦奋斗，长期保持进取、不甘落后的态势，才可能不会灭亡。”在他的思维中有着哲学的辩证思考，他经常辩证地看待问题，他说：繁荣的背后都充满着危机。这种危机意识让他似乎没有一刻安全感，他经常提醒他的高级管理干部要保持低调，“木秀于林，风必摧之”。

繁荣的背后都充满着危机。这个危机不是繁荣本身的必然特性，而是处在繁荣包围中的人的意识之中，存在于人们的思维之中。

一切为了活下去

2006年9月12日，曾成功投资雅虎、谷歌等公司的红杉资本创始人莫瑞茨来到中国，他阐述了这样一种观点：衡量创业公司的成功标准只有一个，就是活下去。

这种一切为了活下去的危机意识在任正非的讲话中随处可见。在一次春节慰问团及用服中心工作汇报会的讲话中，他讲到一无所有和一切为了活下去：“华为公司有什么呢？连有限的资源都没有，但是我们的员工都很努力，拼命地创造资源。真正如国际歌所述的，不要说我们一无所有，我们是明天的主人……8年来的含辛茹苦，只有我们自己与亲人才真正知道。一声辛苦了，会使人泪如雨下，只有华为人才真正地理解它的内涵。活下来是多么的不容易，我们对著名跨国公司的能量与水平还没有真正地认识。现在国家还有海关保护，一旦实现贸易自由化、投资自由化，中国还会剩下几个产业？一切是为了活下去，一切是为了国家与民族的振兴。世界留给我们的财富就是努力，不努力将一无所有。”

在2001年互联网泡沫破灭时期，华为也处于非常严重的危机，不仅是外部危机，还包括内部危机。企业内部不少人拿着公司的资源去外部创业，不承担公司的风险、责任，这种情况也是存在的。企业外部，与所有西方公司一样，遭遇了市场的滑铁卢。华为当时召开了400人的高级干部大会，学习了德国克劳塞维茨的《战争论》。什么叫领袖？在茫茫的黑暗中，发出一丝丝微光，照亮前进的道路，引导大家走出黑暗。当时华为是濒于崩溃的边缘，这400多人团结起来了，在公司最困难的时候，走出了这个困境。

在2014年4月与上海研究所一次专家座谈会上他说："我们在追赶的时候是容易的，但在领队的时候不容易，因为不知道路在哪儿。我当年精神抑郁，就是为了一个小灵通，为了一个TD，我痛苦了8~10年。我并不怕来自外部的压力，而是怕来自内部的压力。我不让做，会不会使公司就走向错误，崩溃了？做了，是否会损失我争夺战略高地的资源。内心是恐惧的。"他回忆：那8年我是怎么熬过来的呢？如果华为要是垮了的话，这么多人的饭碗就要敲掉了。因为不知道，所以很害怕，才很抑郁。

任正非认为华为是由于幼稚才误入了IT产业，又遇到CT和DT（data technology）的时代，走上了不归路，他坚强的意志告诉他必须活下去。五百年春秋战国如果缩到一天内进行，谁是英雄？几年前还不起眼的谷歌已经成为微软的克星，目前谁是英雄还很难定论，必须活下去，活到最后的才是英雄。

最大的敌人是自己

华为有着胜则举杯相庆的文化，在一次庆祝会上，任正非发表了题为"狭路相逢勇者生"的讲话，他说道："前程的艰险使我们始终不能有一次开怀畅饮。最大的敌人就是自己，能否战胜自己，是我们取得胜利的关键。狭路相逢勇者生，我们一定要冲过自己的心理障碍，在管理与服务上狠下功夫，从一点一滴的小事进步做起。在市场洪流冲击我们的时候，不做叶公好龙的小人。"在市场前线的鏖战中，任正非充分体会到市场的无情，他说："市场已没有时间等待我们的成长，它不是母亲，没有耐心,也没有仁慈。"

面对国内外越来越多的对华为取得成绩的善意宣传,他告诫华为全体员工说:我们是否会沾沾自喜?在我们队伍中是否会滋生一些不良的浅薄的习气?华为人的自豪是否会挂在脸上?凭什么自豪?华为人能否持续自豪?我们前进的道路是越来越宽广,还是越来越困难?木秀于林,风必摧之……我们要有在思想上长期艰苦奋斗的准备。在《不做昙花一现的英雄》一文中他强调:"持续不断地与困难奋斗之后,会是一场迅猛的发展,这种迅猛的发展,会不会使我们的管理断裂?会不会使意满志得的华为人手忙脚乱,不能冷静系统地处理重大问题,从而导致公司的灭亡?事实上摆在我们面前的任务和使命,比以前我们重技术、重销售的时代更加重大而艰难,要全面地建设和管理我们事业的艰难度要远远大于以前的艰难度,这就要求我们的干部要更快地成熟起来。管理是世界企业永恒的主题,也是永恒的难题,华为在第二次创业中更加不可避免。管理与服务是华为生死攸关的问题。"

在 2014 年 4 月专家座谈会上,任正非提到曾经与华为打过官司的思科,他说:"思科在全世界 IP 是独树一帜的,多么的先进。它在核心路由器上的一个投资错误就被华为超越了。那你以为华为就不会被别人超越吗?所以,我们应该在最好最繁荣的时候讨论华为的崩溃和衰退,我们也许能找到一条路来。我们不知道客户需求是什么,我们预见客户的需求都是鱼翅燕窝,如果客户的基本需求是麻婆豆腐怎么办呢。我们鱼翅燕窝做了一大桌,但人来了只吃麻婆豆腐怎么办呢?"这也是任正非经常提到的"磨好豆腐给妈妈吃"朴实的管理思想。

生于忧患,死于安乐。痛苦和磨难何尝不是一种上天赐予的财富。人生中最大的财富就是磨难,最大的敌人就是自己。去感谢你的竞争对手,向他们敬一杯酒,感谢他们给了你成长的机会。

在一次华为中研部将呆死料作为奖金、奖品发给研发骨干大会上,任正非在《为什么要自我批判》讲话中说道:"华为还是一个年轻的公司,尽管充满了活力和激情,但也充塞着幼稚和自傲,我们的管理还不规范。只有不断地自我批判,才能使我们尽快成熟起来。我们不是为批判而批判,不是为全面否定而批判,而是为优化和建设而批判,总的目标是要导向公司整体核心竞争力的提升。”

英特尔前总裁格鲁夫说:在IT业变化极快的十倍速时代,这个世界上唯一不变的就是变化。面对这种变化和跨国公司的实力,任正非在要面子和要活命的问题上,他这样说:“我们是为面子而走向失败,走向死亡,还是丢掉面子,丢掉错误,迎头赶上呢?要活下去,就只有超越,要超越,首先必须超越自我;超越的必要条件,是及时去除一切错误。去除一切错误,首先就要敢于自我批判。古人云‘三人行必有我师’,这三人中,其中,有一人是竞争对手,还有一人是敢于批评我们设备问题的客户,如果你还比较谦虚的话,另一人就是敢于直言的下属,真诚批评的同事,严格要求的领导。”

要活下去,就只有超越;要超越,首先必须超越自我。人最难过的一关就是自己,我们常常讲要面子,但是中国历史上还有韩信受胯下之辱的典故。任正非的自我批判精神处处可见,他的这种精神和工作方法也影响整个组织,形成了批判与自我批判的精神。任正非多年来一直对华为管理干部队伍的两点最基本的要求就是:认同华为企业文化的核心价值观,具备自我批判精神。

泰坦尼克号是在一片欢呼声中出海的

任正非每年都要提出公司当年的管理十大要点,每一年都要亲自对科级以上干部讲解当年的管理要点,2001年的管理要点被外界炒得沸沸扬扬,被提名为“华为的冬天”。他的危机意识表现在每一年的讲话中,并非2001年才强调危机意识。

在1998年的管理要点中,第一条管理要点就提道:继续贯彻充分授权,加强监督的管理原则。把权力下放到最明白流程的有责任心的基层管理人员手中去。高级管理干部要实行走动管理,要就事论事,从管理优化上解决根本问题。华为的快速决策反应能力与此管理理念十分相关。这与许多企业相比是一个明显的反差,领导坐在宽大明亮的最好位置的办公室,天天需要听汇报。

在深圳,华为就好像一个小社会。针对部分员工的少年得志和趾高气扬,任正非在对 1999 年管理要点分组讨论情况的评述中提道:"我们不要认为自己有多么了不起。昨天与一家咨询公司谈话时,我说我们未来 10 年后的天空是灰色的,而且还可能要下雨,千万别认为未来 10 年后的天空是蓝色的……我们的员工为什么少年得志呢?一是对内没有民主作风,而且死要维护自己的臭面子;二是对外趾高气扬,不尊重周边人员,实际上我们把客户和伙伴都赶跑了。这种作风不整顿是不行的,但是这次讨论没有一个人触及自己的灵魂。"

任正非一直认为华为还太年轻,没有经历过挫折,不经过挫折,就不知道如何走向正确道路。磨难是一笔财富,而华为没有经过大的磨难,这是华为管理干部的最大弱点。在《2001 十大管理工作要点》的讲话中他说:"10 年来我天天思考的都是失败,对成功视而不见,也没有什么荣誉感、自豪感,只有危机感。也许是这样才存活了 10 年。我们大家要一起来想,怎样才能活下去,也许才能存活得久一些。失败这一天是一定会到来的,大家要准备迎接,这是我从不动摇的看法,这是历史规律……现在是春天吧,但冬天已经不远了,我们在春天与夏天要念着冬天的问题。我们可否抽一些时间,研讨一下如何迎接危机。IT 业的冬天对别的公司来说不一定是冬天,而对华为可能是冬天。华为的冬天可能来得更冷一些。"

"沉舟侧畔千帆过,病树前头万木春。"没有预见,没有预防,就会被冻死;到最后,谁有棉衣,谁就能活下来。有危机意识的领导往往比别人提前半步做好危机的预防措施,准备好棉衣过冬。对于企业来说,这个棉衣不仅仅是企业需要有足够的现金流,更重要的是在心理层面上、在思维层面上的准备。

任正非曾经多次去日本考察,2001 年 3 月在樱花盛开春光明媚的时节任正非又来到日本,在任正非看来此次东瀛之行的目的在于:"日本经受了战后最严寒和最漫长的冬天,日本是否还有着宁静、祥和、清洁、富裕与舒适的情形?此次东瀛之行,我们不是来感受异国春天的气息,欣赏满山遍野的樱花,而是为了来学习渡过冬天的经验。"任正非在这次考察日本回国后写下了非常优美的考察报告《北国之春》,以优美的文字描绘了日本的早春风光,也表达了他深刻的危机意识。

文中说道:"正因为现在的所见所闻,是建立在这么长时间的低增长时期的基础上,这使我感受尤深。日本绝大多数企业近 8 年没有增加过工资,但社会治安仍然比北欧还好,真是让人赞叹。日本一旦重新起飞,这样的基础一定让它一飞冲天。华为若连续遭遇两个冬天,就不知道华为人是否还会平静,沉着应对,克服困难,期盼春天。"

从日本企业的发展历史与现状,任正非想到华为在经历了许多年高速发展后,能不能长期持续发展,会不会遭遇低增长,甚至是长时间的低增长;企业的结构与管理存在什么问题;员工在和平时期快速晋升,能否经受得起冬天的严寒;快速发展中的现金流会不会中断,如在江河凝固时,有涓涓细流,不致使企业处于完全停滞。

从日本企业的发展历史中得到的震撼与体会,也让任正非对企业是否真正成功的理解更加深刻,他说:"什么叫成功?是像日本企业那样,经九死一生还能好好地活着,这才是真正的成功。华为没有成功,只是在成长。华为经过的太平时间太长了,在和平时期升的官太多了,这也许会构成我们的灾难。泰坦尼克号也是在一片欢呼声中出的海。"

华为的发展和股权激励制度的设计,这几年造就了上万个千万富翁,在华为也存在着小富即安心态的员工。针对这种新的思想,任正非再次大声呼吁:艰苦奋斗是华为文化的魂,是华为文化的主旋律,我们任何时候都不能因为外界的误解或质疑动摇我们的奋斗文化,我们任何时候都不能因为华为的发展壮大而丢掉了我们的根本——艰苦奋斗。

对外界，由于一名华为员工死亡的报道引起的误解，他告诫华为的全体员工说："有人认为创业时期形成的'垫子文化'、奋斗文化已经不合适了，可以放松一些，可以按部就班，这是危险的'千古兴亡多少事，不尽长江滚滚来'，历史是一面镜子，它给了我们多么深刻的启示。我们还必须长期坚持艰苦奋斗，否则就会走向消亡。当然，奋斗更重要的是思想上的艰苦奋斗，时刻保持危机感，面对成绩保持清醒头脑，不骄不躁。"

在一次题为"天道酬勤"的讲话中，他如此评价企业发展的原因和现状，他说："华为唯一幸运的是，遇上了改革开放的大潮，遇上了中华民族千载难逢的发展机遇。公司高层领导虽然都经历过最初的岁月，意志上受到一定的锻炼，但都没有领导和管理大企业的经历，直至今天仍然是战战兢兢，诚惶诚恐的，因为十余年来他们每时每刻都切身感悟到做这样的大企业有多么难。"

组织危机免疫力

一个人在成长的过程中，在母亲断奶之后特别容易生病，在一次次的小病当中建立起了机体的免疫力，能抵抗更大的疾病。人的成长如此，企业组织的成长也是一样，危机总在你我身边，关键是你有没有建立起组织的免疫力。认真观察那些经久不衰的企业，它们有一个共性，即有非常强烈的危机意识并能进行持续变革，建立起组织的危机免疫力。领导的魅力就在于在被迫变革前已洞察到危机和机遇，实行变革。

唯有惶惶者才能生存，唯有有危机意识的企业家才能生存。企业家在有了危机意识之后，还需要建立应对危机的组织能力。在实际中，我们发现有很强危机意识的企业家往往在战略思维上要领先他人半步，而且能逐步建立组织的危机免疫能力，就像任正非所说的棉衣。

正是任正非的这种欲生先置于死地、破釜沉舟的精神，建立相应的危机管理系统，在危机意识下进行持续变革，并把危机意识和变革压力传递到华为的每一个员工。通过无依赖的市场压力传递，使组织的生命机体处在激活状态，获得应对危机的免疫力，组织才不至于腐烂，企业才可以保持可持续的发展。

建立组织危机免疫力，意味着要进行不断的组织变革，在组织变革中通常会有抵触、拒绝和失望。辞旧是痛苦的，迎新是困难的；帮助是必需的，理解是重要的。这时需要领导要有应对危机进行组织变革管理的能力，变革管理的目的在于降低组织变革中的抵触和负面影响，并采取相应措施。科特认为成功变革管理可以分为三个阶段：创造变革氛围，开始并推动组织变革，实施并持续推动变革。在实践中我觉得，如何增强紧迫感，如何有效沟通，如何坚持变革，尽管看似简单，可能名词都一样，但实际操作的方法与方式会影响到变革的效果。这也反映出一个领导应对危机时的素质能力高低。

建立组织危机免疫力，可以借鉴一些优秀企业的成功经验和失败的教训，尽量不要积累痛苦的经验除非别无他法，通过一些预防措施如建立内部管控体系、完善内部运营流程等，但我知道最好、最无形的还是像任正非那样，建立一种危机企业文化以及达成共识的健康的核心价值观，并落实到相关系统中去。

积极乐观精神

在平时的生活中，我非常乐意与具有积极乐观精神的朋友交流。2006 年 8 月我国台湾地区非常著名的口足画家谢坤山来到上海，我有机会聆听了他幽默风趣的演讲。他的故事在台湾家喻户晓，而且被美国《读者文摘》翻译成多种文字出版。谢坤山在 16 岁时，因一场工伤事故，失去了双臂、左腿，后来又失去了一只右眼。面对巨大的不幸，他从精神到肉体都没有被打垮。从最简单的独自进食、饮水、如厕、洗澡做起，他克服了常人难以想象的困难，做到生活自理。然后，他用嘴咬住了笔——学写字、学画画。他说：只要你自己不放弃自己，没有人能放弃你。他在演讲中很幽默乐观地看待这一切，而且还现场作了画。他讲了一个台湾高中生跳楼的故事，他也与我们分享了他是如何以积极乐观的精神教育他的两个女儿的。他女儿木木说：释放自己的心，就能完成美好的事。

谢坤山说："我从不去想自己失去了什么，我想的是我还拥有什么。"正是抱着这样积极乐观的人生态度，不管怎样艰难，他都心存感恩地一路走来；不但寻找到自己的幸福，而且尽可能地帮助他人、回馈社会。他感激父母，感激老师，感激妻子，感激朋友，感激许许多多扶助、支持和鼓励过他的人。在自传中，他讲了帮助他人的一个小故事。

有一个女人，在一场突如其来的瓦斯爆炸中，失去了丈夫，她本人也被1度烧伤，原本美丽的面孔扭曲变形，变得狰狞恐怖。这还不是最痛苦的。最痛苦的是她8岁的宝贝女儿见到她，就惊吓得哇哇大哭，再也不敢靠近她。

谢坤山听完了她断断续续的讲述后说："你没有好好爱自己。"

看女人不解的样子，谢坤山说："假如这场意外不是发生在你身上，而是发生在你女儿身上，你愿不愿意代替她承受这个伤、这个痛、这个苦？"女人使劲点头："我愿意！我愿意！我绝对愿意！"

谢坤山说："我相信你愿意，我绝对相信你愿意。请回头看看，此刻就站在你身后的妈妈。"她的身后，正在给她梳头的母亲，眼中的泪水正夺眶而出。"你的母亲又何尝不愿意代你受这个伤、这个痛、这个苦？可是，她能吗？"母女两人再也忍不住，泪水像决堤般喷涌出来，哭成一团。

当谢坤山再次见到她时，她已经像换了一个人，脸上有了笑容和神采，并且愿意和谢坤山一同，用她依然甜美的歌声，去关心和激励其他的病友。谢坤山说：不管遭遇到什么，其实我们拥有的永远比失去的多。

人生，最大的惩罚是后悔。我们许多人会陷入过去的泥潭中无法自拔，没有以积极乐观的精神迎接未来、迎接生命的挑战。在我们的人生旅途中，我们会遇到一次次的挑战，面对同样的挑战与危机，有的人看到的是机会，有的人看到的是绝望，有的人乐观，有的人悲观，但我们每个人都必定要为自己的思维承担最后的结果。

任正非的成长经历，锻造了他很强烈的危机意识和坚定意志，但他并不缺乏乐观精神，时时展现的是他浪漫主义的革命精神。他时刻体现着永远不忘记自己的理想与使命，以积极乐观的精神去不断追求新的目标。他说："创业难，守成难，知难不难。""我们从事的事业，是为了祖国的利益、人民的利益、民族的利益。相信我们的事业一定会胜利，一定能胜利。"

领导者在树立危机意识的同时，要将危机文化与乐观精神结合在一起，传递到组织中去。一味地强调危机，对小胜利、小进步的及时奖励和鼓舞也是领导的影响力，是领导力的平衡之道。华为有着胜则举杯相庆、败则拼死相救的企业文化。任正非具有非常乐观的革命浪漫主义精神，他说："混沌中充满了希望，希望又从现实走向新的混沌。人类历史是必然王国走向自由王国发展的历史。在自由王国里又会在更新台阶上处于必然王国。因此，人类永远充满了希望，再过5 000年还会有发明创造，对于有志者来说，永远都有机会。任何时间晚了的悲叹，都是无为者的自我解嘲。"

不管遭遇到什么，其实我们拥有的永远比失去的多。要以积极乐观的人生态度面对危机和挑战，懂得欣赏生命中平凡的美丽与快乐，懂得学会庆祝和鼓舞。任正非这种达尔文式的乐观主义精神，在亚马逊贝佐斯身上也处处可见，这里我们来看他应对外部世界和危机的坦诚和DAY 1理念。

凡是过去，皆为序章(DAY 1理念)

莎士比亚的戏剧《暴风雨》中，有一句名言："凡是过去，皆为序章"(What's past is prologue)。DAY 1理念就是如此。在介绍DAY 1前，我们先看一下贝佐斯开始电商网上书店时，第一场与巴诺等传统零售商的战争。

与巴诺的竞争，是亚马逊走向战场的开始。1996 年亚马逊的销售额是 1 600 万美元，而成立于 1873 年的图书销售巨头巴诺的销售额是 20 亿美元。在巴诺的设想里，这必定是一场碾压式的战斗。太多人建议贝佐斯把亚马逊卖给巴诺算了。可贝佐斯偏偏就不，从沃尔玛寻觅来其一生事业中重要的伙伴瑞克·达尔泽尔（Rick Dalzell），如同在开发 Kindle 时对待乔布斯不看好 Kindle 时的态度。贝佐斯对 Rick 说："表面上，我像一只鸡那么胆小，但我内心却很强大。"后来亚马逊开始募集巨额资金，All in 到仓储、物流、技术等，背水一战，不仅打败了巴诺等传统零售商，而且超越了沃尔玛。之后的岁月里，亚马逊又先后推出 Prime、一键下单、FBA 力挫 Ebay，超越沃尔玛，成了零售巨头。看到这里，你有没有想到阿里当年战 Ebay 的故事？那时亚马逊没有退路，只能 All in，而且是长期决战的心态，遇到一个不要命（利润）的企业对手，有多可怕。所以不要去怕大象，因为大象也有弱点。

贝佐斯是一个非常有危机感和紧迫感的企业家，这种迫切感就源于亚马逊的 Day 1 理念。这个理念源自亚马逊创业之初，当时，贝佐斯将它所在的办公楼命名为"Day 1"，以提醒自己公司应该始终处于"Day 1"模式（见图 9 - 1 贝佐斯 DAY 1 办公楼大堂）。贝佐斯一直以来都认为，世界上的公司分两种：Day 1 公司和 Day 2 公司。Day 1 就是创业第一天的状态。而 Day 2 公司停滞不前，会逐渐变得无关紧要，经历着痛苦的衰退，最终迎接死亡。

> 创新小提示：凡是过去，皆为序章。Day 1 就是创业第一天的状态。

从 1997 年的第一封股东信里，贝佐斯就向他的团队强调，要把每一天都当成是公司成立的 Day 1。他说："现在是互联网时代的开端，也是

图 9－1　贝佐斯 DAY 1 办公楼大堂

亚马逊的开端。电商平台为消费者省去了大量的时间和金钱。在不远的未来,个性化的定制会加速对电商平台的探索。虽然我们对未来很乐观,但是我们必须保持警惕并且持续拥有紧迫感,只有这种紧迫感能让我的团队保持在 Day 1。”那么具体什么是 DAY 1 理念呢?

贝佐斯在 2017 年度致股东信中,又提到了名为“Day 1”的创业理念,他说:“Day 1 已持续了几十年。当我搬离名为 Day 1 的亚马逊大楼时,这个名字也如影随形。我花了许多时间思考这个话题。Day 2 是停滞期。接踵而来的是远离主业,然后是一蹶不振,业绩痛苦地下跌,然后是死亡。这就是为什么我们总是处于 Day 1。”贝佐斯将“Day 2”视为停滞期,甚至在更糟糕的情况下,会与“Day 1”的概念相反。那么如何将 DAY 1 理念深入人心呢?

抵制形式主义

苹果乔布斯的创新精神和应对危机的方式体现在坦诚抵制形式主义,他说:“诚实是我的责任。”他对自己、对别人坦诚到可怕、残酷,直面事情最真实的一面。乔布斯认为，只有坦诚才能做出正确的决定，才能避免做错误的事情，才能避免做无用功，而不是明知不行也要去做出对公司不负责任的事情。乔布斯和贝佐斯尽管产业领域有竞争，但性格上却是如此惺惺惜惺惺。亚马逊一位高管如此评价贝佐斯："他相信真理和结果，他不按常规思考问题，令我感到吃惊的是他只接受物理定律的约束。他无法改变这些定律。他认为其他的一切都可以被公开讨论。"谈到这里，让我想起另一位硅谷钢铁侠马斯克，他也只受物理定律的约束。

贝佐斯一直强调要注重结果而非仅仅是过程。随着公司规模越来越大，贝佐斯发现企业变得更容易依赖过程而非结果。在这种情况下，过程会成为"重点"。这时候，有些公司会停止观察结果，只是考虑它们是否正确遵守了流程，而非是否达到预期结果。

在 2017 年度致股东信中提道：良好的服务流程有利于你为客户服务，但如果你不加警觉，流程本身就会变成问题，这在大企业中尤为普遍。工作流程没有为结果服务，只是走走过场。这就让人倒吸一口凉气了。贝佐斯举例说：某位领导以"嗯，我们是在遵守流程"为理由来为一个坏的结果辩解。而经验更丰富的领导则会把它视为调查和改进流程的良机。在一个每况愈下的 Day 2 公司里，你可能会发现，问题并不在于流程本身，问题在于流程左右了我们的操作。

贝佐斯还举了另一个例子：如果市场调研和用户调查流于形式，这是特别危险的，尤其当你正在发明和设计产品的时候。"55%的被测人员对此功能表示满意，比首次调查中47%的满意率有所上升。"这样的结论可能会造成无意中的误导。优秀的发明家和设计师深入了解用户。耗费巨大精力开发这种直觉，通过调查的结果来收获许多个体化的感受，而不只依靠平均数据，并对此加以研究。优秀的发明家是与设计共存的。贝佐斯说："我不反对 Beta 测试或调查，但作为产品或服务的主人，你必须了解客户、富有远见并乐于奉献。Beta 测试和研究可帮助你找到盲点，但是，卓越的用户体验始于心灵、直觉、好奇、游戏、胆量和品味，这些在调查中都找不到。”

高速决策的能力

“Day 2”公司的确能够做出很好的决定，问题在于它们做出决定的过程太慢。贝佐斯说：“初创企业在迅速作出决策方面基本没有问题，但大型公司却面临诸多挑战。亚马逊的高级团队决心确保决策过程高速。在企业中，速度非常重要。此外，高速决策的企业环境也更加有趣。”为了做到这一点，“Day 1”公司注重培养员工的“服从大局”观念。即使并非所有人都同意最终决策，但他们必须为实现共同的目标而努力工作。

在2017年致股东信中，贝佐斯对此进行了详细的展开说明：

第一，决不使用“一刀切”的决策过程。对于可逆的、双向的决策，不必在公司内部大动干戈。而对于那些决定公司生死存亡的决定，我在去年的信中曾经更详细地写到了这一点。

第二，当获得七成的所需信息后，大多数决策都可以成型。如果你要求信息量达到90%再做决策，你可能就有点慢了。另外，无论运用哪种方式，你都要善于快速识别和纠正坏的决定。如果你擅长自我修正，那么错误的成本可能比你想象的要廉价，而决策缓慢肯定意味着不菲的代价。

第三，采用“保留己见，服从大局”的方式。这句话虽然简短，却能节省大量时间。如果你对某个特定方向有信心，即使没有达成一致意见，你也可以说：“看，我知道我们对此意见不一，但你愿意和我赌一把吗？保留己见，服从大局？”这不是一种单向的做事方法，如果你是老板，也应该这样做。

最近亚马逊工作室开拍了一部原创剧。我告诉团队我的观点：不管它是否够有趣，制作过程是否复杂，业务条款好不好……一切都可以讨论，我们还有很多其他机会。而他们的态度完全不同，希望继续讨论下去。于是我立刻写道:“我保留意见,服从大局,并希望它成为我们制作过的最具可看性的节目。”

请想一想,如果团队得到的不是一个简单的承诺,而需要花大力气来说服我,这个决策周期会有多么漫长?请注意,我举这个例子并不是要表明,我从来没有在心里想过“这些人错了,(他们)没抓住重点”,这是一次真正的意见分歧,我坦率表明我的意见,团队对我的观点加以权衡,并快速而真诚地承诺,他们要走自己的路。考虑到这个团队已经带回了11个艾美奖、6个金球奖,以及3项奥斯卡大奖,他们愿意让我留在房间里,我已经很开心了!

第四,尽早识别真正的错误问题。有时候,团队内部会存在无法调和的目标与观点、难以解决的深层矛盾,如果问题没有适当的扩大、升级,那么默认的争端解决机制将导致争议双方精疲力竭。最终的结果就是,谁更有耐力,谁就能获得决策权。

在过去的几年里,我在亚马逊看到许多意见不合的例子。当我们决定邀请第三方卖家直接在我们自己的产品细节页面与我们竞争时,出现了一次大规模意见分歧,许多聪明而善意的亚马逊人完全不赞同这一决策。这个重大决定涉及数百个较小的决策,其中,一些决策最终上升到了公司高层。“你把我拖垮了”是一个可怕的决策过程,进展缓慢会令人疲惫不堪。使矛盾快速升级反而效果更好。

关注公司外部趋势

“Day 1”理念中最具说服力的洞见是:如果你不能或不愿快速拥抱强大的趋势,外部世界会将你推入 Day 2 状态。如果你抵制这些趋势,那么就是在和未来对抗。拥抱它们,你会顺势而起!大趋势并不难被发现,只是很多时候大公司不愿意接受这些趋势。

贝佐斯说:全世界目前都在关注的重大趋势包括机器学习和人工智能。这也是智能扬声器 Echo+人工智能助理 Alexa 系统成为亚马逊史上最畅销、增长最快产品的原因。“尽管我们已经竭尽全力，但依然难以保证满足 Echo 需求。这是个高质量的问题，但它依然是个问题，我们正努力解决它。”亚马逊还以很多方式拥抱这个趋势，包括递送无人机、Amazon Go 便利店等尝试。贝佐斯表示：“机器学习正驱使我们的算法进行需求预测、产品搜索排名、产品和交易推荐、商品配售、欺诈发现、翻译，等等。虽然这类机器学习的影响不太显眼，但它正悄然而意义深远地改进我们的核心业务。”

贝佐斯说：关注外部趋势并以顾客为中心将业务集中于一点的方法有很多。但在我看来，以客户为中心是目前保持 Day 1 活力的最佳做法。原因何在？尽管以客户为中心具有许多优势，但它也存在一个巨大问题：即使客户声称你的业务是一流的，但客户心里仍会对你有种种不满，他们的要求只会越来越高，而你想要取悦客户的愿望，最终将迫使你为他们付出更大利益。

因此，保持处于 Day 1 的心态，需要你耐心地尝试、接受失败、播种种子、保护树苗，这样你就既能看到客户的喜悦，同时获得双倍回报。客户至上的文化最有可能为这一情况创造可能的条件。

任正非和贝佐斯身上体现的这种危机感和紧迫感是推动华为和亚马逊不断进步的动力源泉。正是贝佐斯这种危机感和紧迫感，让亚马逊不断活下去，是推动其前进的动力，并保持 23 年的高增长，即便亚马逊现在每年的营收超过 1 600 亿美元，这种紧迫感和危机感一直在贝佐斯的血液里流淌着。

在大洋彼岸的华为，就在最近一次华为 2018 年 IRB 战略务虚研讨会上，任正非分析了当前的国际形势，他说：“投降没有出路，从来亡国奴就是任人蹂躏。华为整个公司嗷嗷叫，不怕谁。我们有能力自己站起来，不做亡国奴。”这才是危机感中体现的国家精神。

十、坚毅

> 生命中最伟大的光辉不在于永不坠落，
> 而是坠落后总能再度升起。
>
> ——南非前总统曼德拉

本章的主题是有关领导力的第五项素质：坚毅。在长期跟踪一些企业家的研究中笔者发现，一个企业家可能一时取得了一定的成绩，但面对困难和挑战时，如果他的这项素质特别短，就无法迈过这个坎走向大成功，所以说这项素质是走向持续成功不可或缺的。

马云在一次谈话中说道："我觉得今天很残酷、明天更残酷、后天很美好。绝大部分的人都是在明天晚上死掉的，见不到后天的太阳。所以我们这些人，如果你希望成功的话，你每天要非常努力。活好今天，你才能过到明天，过了明天，你才能见到后天的太阳！"确实如此，有很多已经发展到一定阶段的企业死在了明天晚上。

在研究这项素质时，我们很关心的一个问题是这些优秀企业家钢铁般的坚定意志是怎样炼成的。

化蛹为蝶

华为非常重视战略预备队人才梯队培养。你的企业是如何选拔后备人才和培养后备人才的呢？年轻人都有无限的潜力，因为他们可以做很多事情。而开发员工的潜力并无定律，重点在于他们如何面对挑战，他们的学习能力有多快。快速学习者可能会犯错误，但他们改正得也很快，他们不会重复地犯错误。能够面对重大挑战的人往往是很有潜力的，因为他们可以处理困境，这样他们就不会害怕面对压力，不会畏惧面对更大的挑战。人力资源系统要做的就是在一年中给他们一些挑战，看他们如何面对它，然后再给他们更大一些的挑战。任正非说：对于年轻人要给予他们上战场的机会，这比给他们简单加薪重要。

任正非最佩服的勇士是蜘蛛，最欣赏的是蜜蜂，他说："世界上我最佩服的勇士是蜘蛛，不管狂风暴雨，不畏任何艰难困苦，不管网破碎多少次，它仍孜孜不倦地用它纤细的丝织补。数千年来没有人去赞美蜘蛛，它们仍然勤奋，不屈不挠，生生不息。我最欣赏的是蜜蜂，由于它给人们蜂蜜，尽管它多螫，但人们都对它赞不绝口。不管你如何称赞，蜜蜂仍孜孜不倦地酿蜜，天天埋头苦干，并不因为赞美产蜜少一些。胜不骄，败不馁，从它们身上完全反射出来。"他希望华为应具有的心胸与内涵是：在荣誉与失败面前，平静得像一湖水。

这里我想补充另外一个讲蜘蛛的故事，这个故事是星巴克创始人舒尔茨讲的。舒尔茨有一次去英国出差，在伦敦最繁华金贵的地方，看见在很多名牌店的中间夹着一个非常小的店铺，在卖最便宜的奶酪。他很好奇地走了进去，见一胡子拉碴的老人在整理奶酪，他问："老先生，这里是寸金之地，您卖奶酪的钱够付房租吗？"老人看着他说："先买 10 英镑的奶酪，我再回答你。"舒尔茨于是买了十几英镑的奶酪，又问："老先生，这里是寸金之地，您卖奶酪的钱够付房租吗？"老人说："年轻人，你走出我店门向外看看，这街上所有你看见的豪华店铺基本上都是我们家的地产。我们家很多代人都卖奶酪，赚了钱也不知道干其他的，就买些店铺。我和我儿子现在还是卖奶酪，因为我们喜欢卖奶酪。"讲这个蜘蛛故事在于老人也做了蜘蛛一样的事，坚持专注自己的热爱、相信的事，即使这件事很小，看起来很难，只要你坚持内心的热爱，其实傻傻的，时间会给你做最好的礼物。

有关任正非的坚毅，在阐述上面几项素质时，我们可以看到他的坚定意志和信念，正是这坚定意志和信念才带领华为走到今天。我们这里更关心的是，任正非的坚毅是如何形成的？

在探究任正非的坚定意志如何形成之前，先讲一个"蝴蝶总理"的故事：

> 曾经有一个小孩，相貌丑陋，说话口吃，而且因为残疾导致左脸局部麻痹，嘴角畸形，讲话时总是歪向一边，还有一只耳朵失聪。为了矫正自己的口吃，这孩子模仿古代一位有名的演说家，嘴里含着小石子讲话。看着嘴巴和舌头被石子磨烂的儿子，母亲心疼地抱着他流着眼泪说："不要练了，妈妈一辈子陪着你。"懂事的他替妈妈擦着眼泪说："妈妈，书上说，每一只漂亮的蝴蝶，都是自己冲破束缚它的茧之后才变成的。我要做一只美丽的蝴蝶。"
>
> 后来，他能流利地讲话了。因为他的勤奋和善良，他中学毕业时，不仅取得了优异成绩，还获得了良好的人缘。1993 年 10 月，他参加全国总理大选。他的对手居心叵测地利用电视广告夸张他的脸部缺陷，然后写上这样的广告词："你要这样的人来当你的总理吗？"但是，这种极不道德的、带有人格侮辱的攻击招致大部分选民的愤怒和谴责。相反，他的成长经历被人们知道后，却赢得了选民极大的尊敬。他说的"我要带领国家和人民成为一只美丽的蝴蝶"的竞选口号，使他以高票当选为总理，并在 1997 年再次获胜，连任总理，人们亲切地称他是"蝴蝶总理"。他就是加拿大第一位连任两届的总理让·克雷蒂安。

我们无法改变我们的容颜，但我们可以时时展现我们的笑容。有许多东西我们无法改变，比如，低微的门第、丑陋的相貌、痛苦的遭遇，这些都是我们生命中的"茧"。但有些东西我们人人都可以选择，比如，坚定意志、毅力、勇气、自尊、自信，它们是帮助我们穿破命运之茧，化蛹为蝶的素质之剑、闪耀生命光辉之剑。任正非的成长经历就是这样一个故事。

■ 投资语录：投资具有化蛹为蝶潜质的人。

任正非，祖籍浙江，1944 年生于贵州安顺。少年时代历经苦难，20 世纪 60 年代初，任正非在重庆读大学时期“文化大革命”爆发，还遭到造反派的暴打，后投笔从戎成为一名军人，1982 年从四川某部队转业到深圳。任正非认为是在无处就业的情况下才被迫创建华为的。从他自己写的《我的父亲母亲》一文中，我们知道任正非的家庭可以算得上是一个教师家庭，任正非在家中排行老大，他的青少年时代是在非常贫困的环境中长大的。从文中我们看到他一家在那个年代的苦难历史，而正是这些苦难成为他一生最宝贵的财富，锻造了他坚强的意志，任正非的故事也是一个化蛹为蝶的故事。

文中他这样回顾自己的父亲、母亲：“爸爸任摩逊，尽职尽责一生，充其量可以说是一个乡村教育家。妈妈程远昭，是一个陪伴父亲在贫困山区与穷孩子厮混了一生的普通得不能再普通的园丁……我们兄妹 7 个，加父母共 9 人。全靠父母微薄的工资来生活。本来生活就十分困难，儿女一天天在长大，衣服一天天在变短，而且都要读书，开支很大，每个学期每人交 2~3 元的学费，到交费时，妈妈每次都发愁……我们家当时每餐实行严格分饭制，控制所有人的欲望的配给制，保证人人都能活下来。如果不是这样，就会有一两个弟妹活不到今天。我真正能理解活下去这句话的含义。”

在文章中，任正非还回忆了“文化大革命”时期的艰难岁月，遭受了比身痛严重得多的“心痛”，从中他认识到：物质的艰苦生活以及心灵的磨难，是人生成熟的一个机会。即使如此“心痛”，我们依然可以看出他那宽容的胸怀。

任正非回忆他的军旅生涯，他在文章中这样说："战士们立三等功、二等功、集体二等功，几乎每年都大批涌出，而唯我这个领导者，从未受过嘉奖。"14 年的军旅生涯并没有给他带来多少荣誉和成就感，但军队的成长岁月却带给他更加坚强的意志。这在其管理华为的实践中处处可见，以至于许多人都认为任正非是《毛泽东选集》迷，在企业内总是搞运动，但如果从领导艺术的角度研究，领导力本身就是一种平衡之道，关键在于背后支持他的核心价值观是否健康。任正非这种坚定的意志，也带给华为整个组织很强的执行力。

我曾多次静静地阅读任正非的这篇《我的父亲母亲》，每次都感动得几乎流下眼泪，因为我的父辈们也同样经历了那个苦难的岁月。任正非的成长经历，奠定了他的许多核心价值观，这些核心价值观也形成了华为核心价值观的基础。苦难的成长岁月一直让他养成了简朴的生活习惯，更让他真正能理解活下去这句话的含义。在本章的最后我节选了这篇文章，以便读者更加全面地理解任正非、理解他领导力素质形成的土壤。

任正非深刻理解磨难何尝不是人生的财富。任正非把他的这种思想用到了华为管理干部和人才培养中，希望打造一支华为斯巴达克方阵。"烧不死的鸟是凤凰"这句话反映了你要成为华为的管理者所需要的坚定意志。在华为轮岗是非常普遍的事，上上下下是非常正常的事。这些年华为市场开拓的重点是海外市场，一大批管理干部被送到各个海外市场接受再教育，这似乎成了一种政治表态，如果你希望得到提拔，需要先过这一关。任正非常说铁打的营盘流水的兵，这样的人才培养方式，也为一批还没有经历过大挫折的华为年轻管理队伍补上了一课，让干部队伍能更快地成熟。

莫斯科不相信眼泪

任正非这种成长经历锻造了他的坚毅，这种品格通过他的影响力成了华为公司的品格。只有坚定的意志和信念才会专注执着的精神。

华为在 GSM 产品线上投入了十几亿元研发经费，经过多年的努力后，它在国内无线市场上仍没有占到多少市场份额，连成本都没收回来；华为最后只好到海外寻找生存空间。但任正非依然对技术和研发保持着高投入，错过了 2G 市场，华为并没有停下来，在 3G 上又展开了更大规模的研发和市场开拓，每年近 10 亿元的研发投入，已经坚持了七八年。

自华为创立的那一天起，开始一点一点地从边远的农村市场争取到一个个订单；另一方面华为把一点点收入又都拿出来投入到研究开发上。华为用了十多年时间，2005 年销售收入首次突破了 50 亿美元，但与通信巨头的差距仍有好几倍。最近业界几次大兼并：爱立信兼并马可尼、阿尔卡特与朗讯合并、诺基亚与西门子合并，一下子使已经缩小的差距又陡然拉大了。任正非不无感慨地说：我们刚指望获得一些喘息，直一直腰板，拍打拍打身上的泥土，没想到又要开始更加漫长的艰苦跋涉。

许多投资专家都告诉你要把鸡蛋放在不同的篮子里，形成一个投资组合。华为这么多年来一直坚持着自己在电子信息领域成为世界级企业的梦想，坚持着自己压强配置的研发原则，经历了 20 世纪 90 年代初艰难的日子，在资金技术各方面都匮乏的条件下，华为一直咬牙把所有的鸡蛋放在一个篮子里。1994 年，华为第一次参加北京国际通讯展，在华为展台上，“从来就没有救世主，也不靠神仙皇帝，要创造新的生活，全靠我们自己”这句话非常与众不同，但对华为员工来讲，这正是当时的真实写照。任正非这样回忆创业初期的岁月：“设备刚出来，我们很兴奋，又很犯愁，因为业界知道华为的人很少，了解华为的人更少。当时有一个情形，一直深深地印在老华为人的脑海，经久不褪：在北京寒冬的夜晚，我们的销售人员等候了 8 个小时，终于等到了客户，但仅仅说了半句话‘我是华为的……’就眼睁睁地看着客户被某个著名公司接走了。望着客户远去的背影，我们的小伙子只能在深夜的寒风中默默地咀嚼着屡试屡败的沮丧和屡败屡战的苦涩：是啊，怎么能怪客户呢？华为本来就没有几个人知晓啊。"

华为自诞生的那一天起就处于竞争激烈的市场，世界巨头都云集中国，在自己家门口就碰到了全球最激烈的竞争，从此华为也练就了一身下海游泳的本领。华为采取了人盯人的人海战术，当时，定格在人们脑海里的华为销售和服务人员的形象是：背着华为的机器，扛着投影仪和行囊，在偏僻的路途上不断地跋涉。

任正非在《天道酬勤》一文中提到了国内市场和国际市场开拓的艰难历程和执著的精神，文中用优美的语句描绘了开拓市场的场景，文中写道："我们不得不在市场的夹缝中求生存；当我们走出国门拓展国际市场时，放眼一望，所能看得到的良田沃土，早已被西方公司抢占一空，只有在那些偏远、动乱、自然环境恶劣的地区，它们动作稍慢，投入稍小，我们才有一线机会。为了抓住这最后的机会，无数优秀华为儿女离别故土，远离亲情，奔赴海外，无论是在疾病肆虐的非洲，还是在硝烟未散的伊拉克，或者海啸灾后的印度尼西亚，以及地震后的阿尔及利亚，到处都可以看到华为人奋斗的身影。我们有员工在高原缺氧地带开局，爬雪山，越丛林，徒步行走了 8 天，为服务客户无怨无悔；有员工在国外遭歹徒袭击头上缝了 30 多针，康复后又投入工作；有员工在飞机失事中幸存，惊魂未定又救助他人，赢得当地政府和人民的尊敬；也有员工在恐怖爆炸中受伤，或几度患疟疾，康复后继续坚守岗位；我们还有 3 名年轻的非洲籍优秀员工在出差途中飞机失事不幸罹难，永远地离开了我们……"

华为目前点点成绩的取得，都离不开一代代华为人这种坚韧的奋斗精神，不论是已经离开华为的，还是目前还在华为奋斗的，华为的历史里程碑上都有着这些无名英雄的奋斗足迹。任正非用"愚公移山"的故事比喻华为的专注执著精神，他认为这个故事非常形象地描述了华为近 20 年的前进路程，他说：愚公整天挖山不止，还带着他的儿子、孙子不停地挖下去，终于感动了上帝，把挡在愚公家门前的两座山搬走了。在 20

世纪90年代初中期和海外市场拓展最困难时期的情形，是我们始终如一对待客户的虔诚和忘我精神，终于感动了“上帝”，感动了我们的客户。无论国内还是海外，客户让我们有了今天的一些市场，我们永远不要忘本，永远要以宗教般的虔诚对待我们的客户，这正是我们奋斗文化中的重要组成部分。

拓展海外市场，华为的差异化比较优势主要体现在其满足客户需求上响应速度比较快和具有相对的成本优势。任正非曾这样描述海外市场的开拓：“在资金缺乏、竞争激烈的独联体市场，华为人忍辱负重、默默耕耘了10年，从获得第一单38美元的合同起，集腋成裘，到2005年销售额6亿美元，成为公司重要的市场。在要求严格的欧洲市场，经历3年的认证，我们终于通过了BT的考试，成为BT重要合作伙伴；为获得中东某电信运营商的认可，面对世界级电信设备商的竞争，我们冒着室外60度的高温进行现场作业，长达数月，靠着全心全意为客户服务的诚意，经过两年多的坚持不懈，终于开通了我们全球第一个3G商用局。”

华为以坚韧的毅力逐步打开了国际和国内市场，用汗水换取客户的认同和初步的成果，我们可以发现华为公司坚定专注的品格与任正非的这项素质是如此的一致。

最后一次演讲

在前面我们讲过谢坤山的故事。谢坤山因家境贫寒，小学毕业就辍学打工。16岁那年，他已经有4年工龄了。就在那年，因一场工伤事故，他失去了双臂、左腿，后来又失去了一只右眼。假如你是他，你会怎么办？

真正的美丽是经过岁月的洗礼，仍能绽放出自在、自信的笑容。

南非前总统曼德拉曾说：“生命中最伟大的光辉不在于永不坠落，而是坠落后总能再度升起。”在华为的发展历程中，也经历了很多的坎坷，正是任正非的坚强意志带领华为整个团队走到今天。任正非的身上正体现了这样的生命光辉。

在我们的人生中总会面临大大小小的挑战,关键在于我们自己的选择。第二次世界大战时期的英国首相丘吉尔是一个著名的演说家。他生命中的最后一次演讲是在一所大学的毕业典礼上,这也许是世界演讲史上最简单的一次演讲。

在整个20分钟的演讲过程中,他只讲了一句话,而且这句话的内容还是重复的,那就是:

“永不放弃……决不……决不……决不!”

当时台下的学生们都被他这句简单而有力的话深深地震撼了,而后雷鸣般长时间的掌声。人们清楚地记得,在战争最惨烈的时候,如果不是凭借着这样一种精神去激励英国人民奋勇抗敌,大不列颠可能早已变成纳粹铁蹄下的一片焦土。

说到这里,让我想起任正非在最困难的时期,几度忧郁住院,几度想自杀。任正非在一次采访中说:“直到2006年,服务员们请我在西贝莜面村吃饭,我们坐在大厅里,有很多内蒙古村庄的农民姑娘在唱歌,我请她们来唱歌,一首歌3美元。我看到她们那么兴奋、乐观,这么热爱生活,贫困的农民都想活下来,为什么我不想活下来? 那一天,我流了很多眼泪,从此我再也没有想过要自杀。”

我在多年的素质研究中发现,一个人面对艰难困苦和挫折的坚强意志,并非全是天生的,在成长的过程中是可以发展的,关键是我们的教育机构、家长和老师、企业的领导要有这样的意识去积极引导和帮助他们发展这项素质。

“意义疗法”创始人,奥斯威辛集中营幸存者,奥地利精神病学家维克托·弗兰克尔,在那段苦难岁月中发明了富有影响力的“意义疗法”。在《寻找生活的意义》一书中,弗兰克尔讲述了促使他在集中营里发明“意义疗法”的关键时刻。一天,在去上工的路上他发起愁来:要不要用最后一根香烟换一碗汤。他突然意识到,自己的生活已变得如此琐碎无聊,不禁升起一阵厌恶之情。他意识到,要活下去就必须找到人生意义。于是，他开始想象战争已经结束，自己会向大家进行关于集中营内心理问题的演讲。尽管他当时并不能肯定自己能活着出去，但还是设立了一些具体目标。由于有了具体目标，他成功地经受住了当时的艰难困苦。

面对挑战，我们需要积极乐观的心态，这样的心态是可以培养的，有了这样的心态你就有了永不放弃的思维基础，就能不断发展坚定意志这样素质。每当遇到困难，我们都要知道：我们拥有的永远比失去的多，我们不能改变容貌，但可以时时展现笑容；我们不能决定生命的长度，但可以决定生命的宽度。

有关坚毅(Grit)

这里先讲一个贝佐斯的小故事：有一次，贝佐斯的外祖父把自己的拇指顶部给撕裂了。他试图跳出移动中的卡车，但卡车撞上了门，几乎扯断了他的手指，只剩下一丝连着。他很生气，把拇指顶部直接撕了下来，扔到座位上，然后开车去了医院。然而，外祖父没有让医生把扯下来的部分重新缝合等待重新长好，而是从屁股上移植了一块皮过去。贝佐斯后来清楚地记得，从那时起外祖父的拇指长出了屁股毛。但是，外祖父没有抱怨，只是刮胡子的时候把手指也刮一下……贝佐斯说这个经历对他印象深刻，他说："每次遇到挫折时，你要使用智谋和韧性，想出一套方法，逃离困境。"这种素质是一种气度，更是一种韧度，有时还是一种温度，刮胡子的时候把手指毛一起刮了。

相对于我们国内的教育，可能许多父母都不能接受，但这种理念也传到贝佐斯和妻子对孩子的教育上。他们从孩子 4 岁开始，就让他们学会使用锋利的刀、挥舞电动工具，贝佐斯说：一旦孩子伤害到了自己，他们就会学到一些东西。贝佐斯的妻子也说："我宁愿有一个只有九个手指的孩子，也不要一个无用的孩子。"

近几年来，整个美国教育学界被一种全新的教育理念所席卷，那就是 Grit（坚毅）。Grit 一词在古英语中的原义是沙砾，即沙堆中坚硬耐磨的颗粒。但这个词最早缘于一部电影，2010 年科恩兄弟翻拍了约翰·韦因的老片《True Grit》，获奥斯卡奖提名。这部影片讲的是一个 14 岁女孩终其一生为父报仇的故事，片名原意为《真正的勇气》，这部电影也启发了教育界。美籍亚裔心理学家、宾夕法尼亚大学副教授 Angela Lee Duckworth 将其发表于 2005 年、原名为“Self-discipline outdoes IQ in predicting academic performance of adolescents（自制力完胜智商，预示青少年未来学业表现）”的研究成果，更名为 Grit Research。

Grit 可译为“坚毅”，但其含义远比毅力、勤勉、坚强都要丰富得多。Grit 是对长期目标的持续激情及持久耐力，是不忘初衷、专注投入、坚持不懈，是一种包涵了自我激励、自我约束和自我调整的性格特征。如果你见一个孩子“能很投入地一直做一件事很久”，这就是 Grit。向着长期的目标，坚持自己的激情，即便历经失败，依然能够坚持不懈地努力下去，这种品质就是坚毅。而这种素质能力恰恰就是小时候贝佐斯的外祖父、外祖母影响他的，也是他后来具有探险坚毅和长期思维的底层素质，这种素质决定了亚马逊的经营理念。所以从这个角度说，没有贝佐斯的外祖父外祖母，也许就没有今天的亚马逊。

成功很少发生于第一次尝试。事实上，这通常是一段相当漫长的不断试错的旅程，并且布满艰难险阻。困惑、沮丧甚至觉得无聊透顶，这些都是旅程的一部分，都需要坚毅这个品格去托底。这里我们举一个例子，在互联网狂热时期，贝佐斯收购了一家由三位斯坦福大学计算机系博士创立的一家网上比较购物网站，后来这家公司的创始人和大部分员工都离开了亚马逊。但这笔失败收购却诞生了一个意想不到的另一个投资。这源于贝佐斯一直试图在互联网上重新构建搜索引擎。贝佐斯见到了谷歌公司的创始人，他被他们为什么不在主页上发布广告的原因以及积极向上坚持的行动所深深吸引，尽管最近一轮投资已经关闭，但贝佐斯不断坚持让中介人邀请与拉里·佩奇见面，后来贝佐斯成了未来竞争对手谷歌公司最早的天使投资人之一。

在互联网泡沫破灭时期，亚马逊的股价由一年前的近 100 美元跌至个位数，贝佐斯引用了华尔街金融大师本杰明·格雷厄姆的话安慰内忧外患的员工和股东："从短期看，股市是投票机器，但从长远看，股市是称重机。很明显，繁荣的 1999 年使得市场上出现了很多'投票'行为，但我们是一家想要获得市场'称重'的公司。"

不仅仅是贝佐斯，我们在以前的论述中看到任正非也是这样的体质，无论经历多少次病痛和困难，擦干眼泪，依然坚持长期目标保持激情不断前行。这样的企业家还有许多，同时，具有这种素质的人也广泛存在于我们普通人中，成就着自己普通而平凡的人生，如同前面讲到的谢坤山。

承受误解的能力

其实在贝佐斯创立亚马逊早期，他也曾遭受了不少嘲讽和质疑。许多人都读过《世界是平的》这本书，作者托马斯·弗里德曼是三次普利策奖获得者，他曾经在纽约时报上撰文称："亚马逊是注定要失败的，任何人在自己家的卧室里都能再建一个亚马逊。"《巴伦周刊》在 1997 年的一期封面专题中评论亚马逊是一颗：Amazon.bomb（亚马逊炸弹），认为亚马逊从本质上来说是一个泡沫，随时会像炸弹一样爆炸。作者是雷曼兄弟投资银行的分析师拉维·苏里亚。在互联网泡沫前，亚马逊也作了大量的风险投资，但大多数以失败告终，没有对主营业务带来多大的帮助。

在 2001 年互联网泡沫破灭之后，亚马逊连续数年亏损，亚马逊内部节俭度日，员工日夜加班，民怨沸腾；华尔街的分析师们对其展开狂轰滥炸，财经媒体上对它的批评也是铺天盖地。在那段时间，没有人同贝佐斯一样大胆，孤注一掷互联网这个赛道。他依然还是相信互联网会改变顾客的现状，他说："我认为公司价值被低估了，他们根本不懂得亚马逊将走向何方。”他曾对一位高管说：“表面上我像一只鸡一样胆小，但内心却很强大。”贝佐斯总是表现得越是别人怀疑的，他就越信心十足。有高管这样评价贝佐斯；“我从来没有见过在如此紧急时刻还保持如此镇定的人，好像他血管里流淌的是冰水。”

创业之初，贝佐斯的头发就已非常稀疏，这些年他索性剃了个干净的光头，当起了硬汉，同时秀秀恩爱。在被恶毒攻击得最艰难的时候，贝佐斯说“不要去在乎对手，对手又不给你钱”，不要以争对手为中心；在亚马逊股票一泻千里的时候，亚马逊员工非常担心，贝佐斯又在办公室白板上写下“我不在乎股票价格”，并告诫员工不要受悲观情绪影响。贝佐斯在一次全体大会上说：“当股票价格上涨30%时，你并没感觉到你比过去聪明了30%。因此，当股票价格下跌30%时，你也不应该感觉比过去愚蠢了30%。”

当时由于外部的许多负面报道，影响到了亚马逊的商誉和信用，内外夹击之时，贝佐斯表现得信心十足、信念坚定，开始绝地反击，他开始接受媒体采访粉碎谣言，他评价分析师的报告是“一堆不折不扣的废话”。他也强调要“重新从顾客入手，从零做起”。在2005年贝佐斯希望将亚马逊从电商公司延展到技术公司的路途中，他最信赖得力的两个技术主管，一位离开亚马逊去创业，一位去了谷歌。其中一位还是他在当初基金管理公司的同事，他的离开，贝佐斯可以说失去了他在公司里最好的朋友。

贝佐斯曾说：“从创办亚马逊过去几年的经历中我懂得了：发明一个新事物或者在某一领域成为领袖，需要能够在很长一段时间内愿意承受误解。”现在亚马逊不但坚毅地生存了下来，而且它的发展超出了所有人的想象，现在的亚马逊已经以过万亿美元的市值跻身全球科技巨头的行列，业务边界不断拓展，贝佐斯也位列全球最佳 CEO 之一，Marketwatch 网站和《财富》杂志都曾把贝佐斯选为年度最佳 CEO，《巴伦周刊》也连续数年将贝佐斯评选进“年度最佳 CEO 30 人”名单。

创新小提示：发明一个新事物或者在某一领域成为领袖，需要能够在很长一段时间内愿意承受误解。

有时人的成长情况和树的成长是一样的，那些痛苦、那些黑暗、那些批评你的人恰恰是你生命中的光芒和贵人，生命中许多美好的东西都是逆生长的。树越想生长到高处和明亮处，它的根越要向下、向泥土、向黑暗处、向深处探索。罗曼·罗兰曾说："世界上只有一种真正的英雄主义，就是认清了生活的真相后，还依然执着地热爱它。"

十一、谦和

> 真正伟大的领袖有三个重要的标志：谋略上的大度、行动中的仁爱和胜利后的节制。
>
> ——奥托·爱德华·俾斯麦

本章关注的领导力素质是谦和。谦和，是本书要大力提倡的，如果你具备其他四项素质，缺乏本项素质和第一项素质忘我胸怀，就没有达到本书提到的真正优秀的领导和具有企业家精神的水平。也许你能取得一时的成功，但不可能永续取得大成功，乃至成为伟大的领导人。这种案例，从峰顶直接垂直下坠的，无论是国内还是国外，我们都看到许多。

双重人格

在前面曾经提到过，领导者的坚毅、危机意识、不断追求远大理想的精神，似乎常常与谦和相矛盾。实际生活中优秀的领导呈现出一些双重人格的特质，一方面表现出令人钦佩的谦和，不爱抛头露面；但又有坚定的意志，严格的标准，执著，雄心勃勃，勇于承担责任，有时要求严苛不通情理。这种生物似乎是雌雄同体的，又感性又理性。他们感性敏感外界事物，认知决策时理性果断，有时有些野蛮。

在 IT 和互联网行业，苹果的乔布斯以他对顾客需求的理解至深而著称，同时，也因其与高管董事的不和而闻名，所以他曾多次被赶出董事会。英特尔 Intel 的 CEO 安迪·格鲁夫，《只有偏执狂才能生存》的著者，1956 年移居美国，他参与了英特尔公司的创建，于 1979 年成为公司的总裁。格鲁夫对下属也非常严厉，在一次绩效评估会上曾使得一位下属当场昏厥过去。另一位硅谷奇人马斯克，在《硅谷钢铁侠》一书里这样描述他：即使在社交场合中，马斯克也可能会突然从餐桌前站起来，不做任何解释，径直走到外面去看星星，仅仅因为他不愿意跟傻瓜待在一起闲聊。谷歌 Google 的拉里·佩奇，2001 年的时候，他突发奇想要解雇所有的项目经理，不顾其他高管的反对，当着 130 多位同事的面，事先没得到任何通知的项目经理被宣布炒了鱿鱼。任正非早年也经常有这种暴怒的时候，公司要接待某个重要人物，几位副总裁准备了汇报稿子，任正非拿起稿子，看了没几行，“啪”地一声扔到地上，“都写了些什么玩意儿！”贝佐斯对于员工回答错了，或者编造一个“正确”的答案，或汇报时占有他人的功劳，或者内讧、意志不坚定等，他就会暴怒，就会同任正非一样失去控制。他会说：“你是懒惰还是无能？”“我为什么毁在了你的手里？”“你为什么要浪费我的生命？”等等。

每每遇到提前安排见面约会不准时到的、没有解释的人，口头承诺完成目标而没有任何回音的人，擅自违约解约的人。我也会在内心问自己：你为什么要浪费我的生命？所以我能理解贝佐斯、理解任正非的那种咆哮，更多是出于对生命对时间的珍惜。而对于不守约、不守时的人，从小节就可知未来，应该早一点停止合作。尤其是处在 IT 快速变化的行业，进化竞争激烈，不进则退，贝佐斯火急火燎的性格也是在这样的环境中形成的，他们对自己以身作则高标准，同时也不能容忍下属的愚蠢行为，尤其是违反公司核心价值观底线的行为。其实越是看中想重点培养的对象，往往越会对其严格，但许多人承受不了这样的压力。

观察一些企业家的行为，你可以发现他们有很大的野心，有很强地追求权势的欲望，有很强的危机意识，也很好学，有很大的决心和坚定的意志去实现自己的目标。但缺乏忘我的胸怀和谦和的品格，他们常常以自我为中心，当取得一点成功后把功劳归于自己，一个劲地去领受各种荣誉，业绩不佳时就会怪罪他人。如果你与谦和的领导者谈话，你会发现他们有这样的语言与行为：他更愿意谈论公司而不谈论他自己；让他谈谈成功的原因，他往往会说这不算成功，常常将成果的取得归因于自己以外的因素甚至是运气；他们认为真正的英雄不是自己，而是那些平凡的人；业绩不佳时常常自己承担责任，他们喜欢自我批评，检讨错误而不是埋怨别人或说运气不好；他们对自己要求严谨，但又不乏幽默，善于讲故事。

美国第16任总统林肯出身卑微，凭借自己的努力和奋斗成为一位伟大的总统，他公平、诚实、可靠，人们尊称他为“诚实的亚伯”；他谦虚、平易近人，能虚心听取各种不同的意见；他坦率、真诚，告诉他的兄弟要去工作，不要养成懒惰的恶习；他富有同情心和幽默感，善于讲故事，当有人攻击他是两面派时，他诙谐地说：如果我还有另一副面孔，我怎么还会保留我现在这副面孔呢？林肯喜欢的一首诗是：“人啊！你有何骄傲？如流星飞逝，流云奔驰。一道闪电，一朵浪花。人生苦短，终归青冢。”

马克思与林肯是同时代人，他对林肯的评价是：“这是一个不会被困难所吓倒，不会为成功所迷惑的人；他不屈不挠地迈向自己的伟大目标，而从不轻举妄动；他稳步向前，而从不倒退……总之，这是一位达到了伟大境界而仍然保持自己优良品质的罕有的人物。这位出类拔萃的道德高尚的人竟是那样谦虚，以至只有在他成为殉难者倒下去之后，全世界才发现他是一位英雄。”

真正伟大的领袖有三个重要的标志：谋略上的大度，行动中的仁爱和胜利后的节制。李嘉诚曾说：你有远大的梦想，是否又有节制的热情？我相信中国有许多有这种品格的企业家，只是他们很平凡，我们缺少的是发现，他们默默耕耘，点燃自己，照亮了他人。

许多学者评价华为是中国目前唯一在主流产品领域和主流市场与跨国企业竞争并让自己也成为跨国企业的公司，但在大部分人的眼里任正非给人的初步印象并不谦和。外部媒体曾经报道任正非是一个非常冷酷的人，倡导“狼性”文化，“垫子文化”高压强加班，“骂人”的农民文化，常常呵斥他的管理干部到几乎不近人情，许多高管纷纷离他而去，等等。严厉的呵斥，我也看到过多次，如果你仅仅从这种表象看问题，那就没有看到问题的本质，就会误入歧途。任正非坦率的建设性沟通方式，只能归入到沟通艺术的角度，有关这一点我在后面还会提到。如果仅从这些表面理解，是根本无法理解谦和这项素质的本质内涵的。

在前文中，我们看到了任正非的坚毅、忘我的胸怀、坚持不懈的远大追求，我们看到了他谋略上的大度；我们分析了他具有的学习力、危机意识等方面的素质，我们看到了他胜利后的节制。下面看看他温和谦虚的一面，可以更进一步地看到他行动中的仁爱和胜利后的节制一面。

温和谦虚的一面

华为的秘书体系是公司行政管理系统中很重要的一个部分，当时我们常称秘书体系是除 IT 系统之外的另一个信息桥梁，华为的职业任职资格管理制度也是先从秘书职位族开始做起的。1997 年市场部一位秘书杨琳因意外事故去世，任正非写了一篇《悼念杨琳》的文章，认为她是公司真正的英雄。

杨琳当时是市场部秘书的负责人，在去世前半个月，她还代表市场部 100 多名秘书发言，题目是最无私的爱藏于最深的心底。任正非这样表达他当时的悲痛心情：“顿时我泪如雨下，多么好的一位同志，我们从此再也看不见她了……半个月前，她还在来自市场前线的汇报会上，代表 100 多名秘书发言。她的音容笑貌还在我们脑中萦绕，而现在香消玉殒了。杨琳是一位出色的秘书，踏踏实实、不声不响、一点一滴的，一直做到市场部秘书处的主任，管理庞大、复杂、多变的市场服务体系……华为正是由无数的平凡人物的呼喊,创造了自己光辉的历史。”

任正非认为华为的光辉是由数千微小的萤火虫点燃的,萤火虫拼命发光的时候,并不考虑别人是否看清了它的脸,光是否是它发出的。没有人的时候,它们仍在发光,保持了华为的光辉与品牌,默默无闻,毫不计较,它们在消耗自己的青春、健康和生命。他说:“我又一遍读了第42期《华为人》报‘最无私的爱藏于最深的心底’,心灵一次又一次受到震撼。多么好的文章,多么好的人,多么真挚无私的呼唤,这篇文章,成了她留给我们的遗言。我们永远不要忘记她。她是华为的功臣,是一位真正的英雄……”

任正非具有非常强烈的自我批评意识,一个人最高明的地方就是有自知之明,因为这世界上最难过的一关是自己、最难了解的人是自己。华为公司在一段时期内整体业绩曾经暂时出现停滞,任正非在一次公司内部会议非常自责地说:“不要太看重面子。在华为犯错最多的是我……大家为维护领导人的威信,给点面子罢了,我自己心知肚明。”

就如同比尔·盖茨说互联网的坏话,后来能知错就改一样。任正非也并非完人,任正非当年极力支持推出的华为内部创业,让华为流失了一大批人才,后来他采取了许多补救措施,让已经离开华为的人才又重新回到华为,其中,还包括许多与华为打过官司的员工。这再一次体现了任正非对人才的重视和作为一个优秀企业家所应拥有的胸怀。

任正非早年的成长岁月和父母亲的经历对他后来的管理思想产生了一定的影响,他认为他亲历亲见父母亲的思想改造过程形成了他宽容的品格。在他的《我的父亲母亲》一文中,他说:“回想起来,革命的中坚分子在一个社会中是少的,他们能以革命的名义,无私无畏的工作,他们是国家与社会的栋梁。而像父母这样追随革命,或拥护革命,或不反对革命的人是多的,他们比不革命好,社会应认同他们,给予机会。不必要求他们那么纯洁,花上这么多精力去审查他们,高标准要求他们,他们达不到也痛苦。而且要精神文明与物质文明一同来支撑,以物质文明来巩固精神文明,以一种机制来促使他们主观上为提高生存质量,客观贡献是促进革命,充分发挥他们贡献的积极性。”

他的这种以物质文明来巩固精神文明的思想,也反映在华为企业文化建设与激励体系的设计中,华为的价值评价体系也体现了这种思想。华为一直对一般员工比较宽松,在对高级干部为什么要严格要求的问题上,任正非这样认为:“我主持华为工作后,我们对待员工,包括辞职的员工都是宽松的,我们只选拔有敬业精神、献身精神、有责任心、使命感的员工进入干部队伍,只对高级干部严格要求。这也是亲历亲见了父母的思想改造的过程,而形成了我宽容的品格。”

理解了任正非的成长经历,你就能理解他谦和的一面之外的严格与纪律,这也是一个经济组织的必然法则。华为是一个企业,组织需要纪律,对公司委以重任的一小部分管理团队、未来的领导人更需要有严格的标准,令行禁止,执行没有标准时,会遭到训斥,我自己也见过好几次。任正非的这种简单的沟通方式,也影响到他的整个管理团队,似乎都很容易发怒,上层影响中层,中层影响下层,当然这样组织氛围并非处在最优状态,这几年华为已经好了许多,尤其是2012年开始。华为这种直接的沟通方式,对于组织压力的传递起到很大的作用,在某种程度上使大部分人战战兢兢,使得华为整个组织处在被激活状态。

当然良好的沟通是一门艺术,如何以同理心更好地理解下属,对许多优秀领导来说,也是值得学习的。这里我想讲一个钉子的小故事送给这些企业家:

> 有一个脾气很坏的男孩,父亲给了他一袋钉子并告诉他,每当他发脾气的时候就钉一颗钉子在后院的围篱上。第一天,这个男孩钉下了37颗。慢慢地,每天钉下的数量减少了。他发现控制自己的脾气要比钉下那些钉子来得容易些。终于有一天男孩再也不会失去耐性乱发脾气,他告诉父亲这件事,父亲告诉他,现在开始每当他能控制自己脾气的时候,就拔出一颗钉子。一天天地过去了,最

后男孩告诉他的父亲，他终于把所有钉子都拔出来了。

父亲握着他的手来到后院说，你做得很好，孩子。但是看看那些围篱上的洞，这些围篱将永远不能恢复到以前。你生气的时候说的话就像这些钉子一样留下疤痕。话语的伤痛就像真实的伤痛一样令人无法承受。

有时，尤其是当你成为领导，又不善于倾听的时候，会由于一些沟通上细节的误会，而造成对下属永远的伤害。如果我们都能从自己做起，开始以同理心理解他人，相信你一定能收到许多意想不到的结果。帮别人开启一扇窗，也就是让自己看到更完整的天空。

没有成功只是在成长

任正非一直认为公司取得的成绩应该是机遇大于其素质与本领，认为没有成功，只是在成长。任正非在《北国之春》一文中这样解释华为取得的成绩："华为成长在全球信息产业发展最快的时期，特别是中国从一个落后网改造成为世界级先进网，迅速发展的大潮流中，华为像一片树叶，有幸掉到了这个潮流的大船上，是躺在大船上随波逐流到今天，本身并没有经历惊涛骇浪、洪水泛滥、大堤崩溃等危机的考验……什么叫成功？是像日本企业那样，经九死一生还能好好地活着，这才是真正的成功。华为没有成功，只是在成长。"

尽管外界一直对华为的管理和文化有许多正面的评价，但他自己这样评价公司的管理水平：公司现在最严重的问题是管理落后，比技术落后的差距还大。他说："我们发展很快，问题很多，管理不上去，效益就会下滑。当务之急是要向国外著名企业认真学习，我们聘请了非常多的国外大型顾问公司为我们提供顾问服务。如我们的任职资格评价体系，是请的外部管理咨询公司来做顾问的。通过自己的消化吸收，一点一点的整改。任何整改都得先刨松土壤，这就要先从自我批评入手，才能听得进别人的意见。人才、技术、资金是可以引进的，管理与服务是引进不来的，必须靠自己去创造。没有管理，人才、技术、资金形不成力量，没有服务管理就没有方向。”

华为公司一直在流程、组织、IT 建设等方面持续地变革和优化，但在任正非眼里，与西方友商相比，在全球化管理体系的成熟度上，在管理者自身经验和能力上，华为仍然有着明显的差距。他形象地说：“我们从青纱帐里出来，还来不及取下头上包着的白毛巾，一下子就跨过了太平洋；腰间还挂着地雷，手里提着盒子砲，一下子就掉进了 Turkey 工程的大窟窿里……我们还无法做到把事情一次做正确，很多工作来不及系统思考就被迫匆匆启动。”

谈到华为为什么能活到今天时，他认为：华为在 IT 泡沫破灭后侥幸活下来，其实是当时的落后救了华为，因为落后华为没能力盲目地追赶技术驱动的潮流。早年他谈到华为未来的出路时说：“信息产业正逐步转变为低毛利率、规模化的传统产业。电信设备厂商已进行和将进行的兼并、整合正是为了应对这种挑战。华为相对还很弱小，面临更艰难的困境。要生存和发展，没有灵丹妙药，只能用在别人看来很‘傻’的办法，就是艰苦奋斗。华为不战则亡，没有退路，只有奋斗才能改变自己的命运。”

谁是英雄

任正非认为不是一两个企业家创造了历史，而是 70%以上的优秀员工，推动了华为的前进，他们才是真正的英雄。在一篇题为《不要忘记英雄》的文章中他说道：“人们常常把文艺作品、影视作品中的人物作为参照物，因此在生活中没有找到英雄。自己也没有找到榜样。英雄很普通，强渡大渡河的英雄到达陕北后还在喂马，因此解放初期，曾有团级马夫的称谓。”

任正非一直反对个人英雄主义，他很少接触外界媒体，没有担任社会上任何职务，只要理解了任正非的核心价值观和上述各项领导力素质，你就可以理解他不想聚焦在闪光灯下的真正原因，他并不想成为人们心目中的英雄。任正非一直说的一句话是韬光养晦。他是这样理解真正的英雄的:“如果我们用完美的观点去寻找英雄,是唯心主义。英雄就在我们的身边,天天和我们相处,他身上就有一点值得你学习。我们每一个人的身上都有英雄的行为。当我们任劳任怨、尽心尽责地完成本职工作时,我们就是英雄。当我们思想上艰苦奋斗,不断地否定过去;当我们不怕困难,愈挫愈勇时,你就是你心中真正的英雄。我们要将这些良好的品德坚持下去,改正错误,摒弃旧习,做一个无名英雄。”

任正非认为:我们这个时代最崇高的是责任心,最可贵的是蜡烛精神,他们照亮了公司消耗了自己。多么伟大的人格,多么高尚的情操,当我们获得辉煌时,他们仍然像萤火虫一样默默的发光,不管你知道不知道,消耗毕生的精力与心血,在闪着你成功的五彩缤纷时,不曾注意的微光。

■ 投资语录:避开夸夸其谈自己丰功伟绩的人,投资于将功绩归功于员工和团队的企业家。

有关谁是英雄这个话题,任正非在企业内部多次强调:不完美的英雄也是英雄。他一次和外部顾问的对话时说:“什么是英雄?英雄在那一段时间做出了贡献,就是英雄。不要求在孩童时代就有远大理想,也不要在以后背负着这个荣誉包袱而要求任何时候不能玷污了我们这个队伍。不这么过度的要求,我们千军万马就能上来。你不能对一个英雄要求是一个完人、圣人,我们对人有完美的要求,就抑制了英雄的产生。”

2016年的一则企业形象广告,以美国短跑名将乔伊娜为人物背景,引起了华为内部和外部许多人的争议(乔伊娜广告0.01秒)。弗洛伦斯·格里菲斯·乔伊娜是美国当代优秀的女子短跑运动员。1988年,她在第24届汉城奥运会上,只用了10秒49就跑完了100米,这个成绩至今无人超越。1998年9月21日,她猝死于家中年仅38岁,曾一度背负着服药的骂名。美国是一个包容的国家,1998年9月25日凌晨成百上千的吊唁者开始便伫立在洛杉矶教堂门前，等待为她送行。乔伊娜撞线的那一刻0.01秒是如此的辉煌，如此惊艳，如此的美丽。华为认为：她在太阳光底下有那0.01秒的辉煌，她就是华为厚积薄发要学习的英雄。

任正非强调：华为需要的是战士，尽管他们有各种各样的缺点与弱点。华为有15万不同出身、不同个性、不同肤色、不同教养的战士、将军和统帅，他们中的每个人，无不是充满了人性的两面性，但他们在华为这个大熔炉被包容，被淬炼，矿石化成铁化成钢，但钢与铁也仍然是有杂质的。他说："华为通过任职资格选拔出来的是一支有战斗力的队伍，而不是圣人，不是和尚，外国人叫教父。"

当一个组织中到处都晃动着高倍数的显微镜，有创新有抱负的人，图灵式的天才将会被湮灭，逢迎之风、帮派之风、唯上赞美之风，以及唯过程正确洋洋洒洒汇报但不为结果负责的浊污之风，便会迅速蔓延席卷整个组织，让组织陷入无创新无增长泥潭之中，有缺陷的英雄们也会弃甲而去。当企业的中高级管理者中，人人都说好话，不谈问题，人人都明哲保身过分爱惜自己"羽毛"的时候，表面临时的光鲜只会短暂停留，企业马上会进入失速点。一旦失去战略机会点，转身也是天涯。这样的企业，一定要提醒自己注意投资风险。

容忍个性，褒奖英雄，是任何一个成功组织持续扩张的前提。去发现他们，珍惜他们，包容他们，激励他们，让组织产生强大的磁场和鲜活的组织生命力，让英雄辈出。他们不仅有个性，他们还都无不带着疤痕，都经历过无数的挫折、无数次的痛哭，无不是在无数次挫折与坎坷、失败与错误中重新站起来的。

灰度哲学

古希腊大哲学家苏格拉底曾说："我唯一知道的就是我一无所知。"面对这无穷宇宙的奥秘与珍藏，谁又能懂得其中的万分之一呢？

在现实生活中，正是人们各种各样的预设判断，还有各种各样的经验、教条等，让我们离开每一个当下现场，离开了鲜活的生命源头和初心，而跑到自己的经验和他人的情绪评论中去。我们常常以自己的情绪和预设判断去面对事物、去框定事物。我们许多人在大多数场合都是情绪的奴仆。在现在网络无边发达、信息流动无比快的今天，各种网络暴力事件层出不穷。正因为自然奥秘无穷，事实真相难解，我们有时要傻一些，保持对自然和人心的敬畏。敬畏事物发展的无常，敬畏人性爆发贪婪恐惧的无穷性，敬畏事物昙花一现的本质。

任正非在 2010 年 1 月全球市场干部会议中说："一个领导人重要的素质是方向、节奏。他的水平就是合适的灰度。坚定不移的正确方向来自灰度、妥协与宽容。一个清晰方向，是在混沌中产生的，是从灰度中脱颖而出，方向是随时间与空间而变的，它常常又会变得不清晰。并不是非白即黑、非此即彼。"在管理改进中，他提出坚持遵循"七反对"的原则："坚决反对完美主义，坚决反对繁琐哲学，坚决反对盲目的创新，坚决反对没有全局效益提升的局部优化，坚决反对没有全局观的干部主导变革，坚决反对没有业务实践经验的人参加变革，坚决反对没有充分论证的流程进行实用。"

灰度需要宽容，宽容别人其实就是宽容我们自己。多一点对别人的宽容，其实，我们生命中就多了一点空间。但宽容并不是失去主动权的无奈，任正非说："宽容是一种坚强，而不是软弱。宽容所体现出来的退让是有目的有计划的，主动权掌握在自己的手中。无奈和迫不得已不能算宽容。只有勇敢的人，才懂得如何宽容，懦夫决不会宽容，这不是他的本性。宽容是一种美德。"

> 创新小提示：没有妥协就没有灰度，灰度需要宽容，创新需要宽容。

没有妥协就没有灰度，任正非说："坚持正确的方向，与妥协并不矛盾，相反妥协是对坚定不移方向的坚持。当然，方向是不可以妥协的，原则也是不可妥协的。但是，实现目标过程中的一切都可以妥协，只要它有利于目标的实现，为什么不能妥协一下？当目标方向清楚了，如果此路不通，我们妥协一下，绕个弯，总比原地踏步要好，干吗要一头撞到南墙上？妥协其实是非常务实、通权达变的丛林智慧，凡是人性丛林里的智者，都懂得恰当时机接受别人妥协，或向别人提出妥协，毕竟人要生存，靠的是理性，而不是意气。任何事物都有对立统一的两面，管理上的灰色，是我们生命之树。我们要深刻理解开放、妥协、灰度。”

曾经听过一首歌，歌名叫《醒来》，歌中唱道：“从生到死有多远，呼吸之间；从迷到悟有多远，一念之间；从爱到恨有多远，无常之间；从古到今有多远，笑谈之间；从你到我有多远，善解之间。”灰度、无常，也许这就是生命的本源。

青春追求

人一旦功成名就，常常会出现一个问题，那就是往往会目空一切、骄傲自满，认为学习没有什么用，不管是少年得志还是大器晚成。在改革开放的40年中，中国有许多机会，就如同一位企业家说只要站对位置就能发财，成功实在来得太快，还没有经历过任正非说的九死一生，这种成功也算不上大成功。

小成功后，接下来做什么？近几年，国内由官方和非官方各种机构举办的各路财富榜不下五六种，榜上人物每年都在轮换，金钱的门槛也在节节升高，这是一个好的趋势，说明我们中国人越来越富裕了，但商界和媒体界的潜规则中把财富地位作为很重要甚至是衡量成功的唯一标准。人们似乎都对仁爱、感恩、勇气、真正的美丽等情感怀着异样的眼光，有时甚至是麻木的心态。

华为经过近30多年的发展，已经从几万元成为年销售额超过925亿美元的跨国企业，按一般人的思维任正非完全可以歇一歇了。从以前对他各项领导力素质的分析中,我们可以非常清晰地发现他反而有更大的危机感。

在华为总部有一个专门招待来宾的餐厅,每次宴请外宾,任正非的那一份总是吃得最干净。有一次,新来的服务员不熟悉任正非的习惯,以为任总还没有吃饱,就问他要不要再加点,任正非赶紧说:已经吃得够饱了。你也经常可以看到,他经常与员工一起用餐。

在华为内部还流传着这样一个故事。有一次,他到某办事处拜访客户,当地办事处的主任不知道任正非的工作习惯,想当然地租用了一辆高级轿车亲自去接他,任正非一见面就火冒三丈,把办事处主任训斥了一顿:这纯属浪费,要这样的高级车吗?如果办事处一般的车不够用,我可以自己打车过去,而且你这时候更应该待在客户的办公室。这位办事处主任受到了一次华为文化的洗礼,我想他终身都不会忘记,对他来说这样的谦和与坦率带给他心灵的震撼是享用一生的无价之宝。任正非有时就是这样的不近人情,又是这样的让人发自内心的尊敬,这也是他谦和的真诚一面,在这世界上最怕的是那种两面三刀的鬼人。

■ 投资语录:投资于勤俭节约的企业家。

任正非之所以能坚持,关键还在于他内心的远大梦想和开阔的胸怀,他有着一颗不断追求的青春心灵,他喜欢看年轻人看的许多剧甚至动画电影。任正非这几年工作的一个重点,是再一次升华华为艰苦奋斗的企业文化。他认为华为必须防微杜渐,要以艰苦奋斗为荣,对于不能改正的干部,可以开欢送会让他离开。在他的一次讲话中,他说:"同样,一个没有艰苦奋斗精神做支撑的企业,也是难以长久生存的。而我们现在有些干部、员工,沾染了娇骄二气,开始乐道于享受生活,放松了自我要求,怕苦怕累,对工作不再兢兢业业,对待遇斤斤计较,这些现象大家必须防微杜渐。不能改正的干部,可以开个欢送会。全体员工都可以监督我们队伍中是否有人(尤其是干部)懈怠了,放弃了艰苦奋斗的优良传统,特别是对我们高层管理者。我们要更多地寻找那些志同道合、愿意与我们一起艰苦奋斗的员工加入我们的队伍。我们要唤醒更多的干部员工认识到艰苦奋斗的重要意义,以艰苦奋斗为荣。”

20世纪初,生于德国,后迁居美国的塞缪尔·厄尔曼(samuel UIl-man)写过一篇不足500字的短文《青春》,大半个世纪来一直为人传颂。麦克阿瑟将军生前视《青春》一文为座右铭,不但时常引用,还精心装裱后摆放在自己的办公桌上,将其珍藏于随身携带的钱包之中。日本经营之神松下幸之助也时常朗读这首诗。

作为我国改革开放以来一代企业家的代表,研究任正非的企业家精神和领导力素质,会带给我们不断涌现的企业家、创业者、政府管理部门、教育机构等各方面许多现实的教育和启示意义。在这里我想将这首优美的短文送给任总和一大批优秀的企业家们,你们是和平年代的英雄,衷心祝愿你们永葆一颗不断追求理想、不断追求仁爱的青春心灵,你们的不断追求将带给世界一份惊喜,还中国经济一个传奇。

《青春》

青春不是年华,而是心境;青春不是桃面、丹唇、柔膝,而是深沉的意志,恢宏的想象,炙热的恋情;青春是生命的深泉在涌流。

青春气贯长虹,勇锐盖过怯弱,进取压倒苟安。如此锐气,弱冠后生而有之,耳顺之年,则亦多见。年岁有加,并非垂老,理想丢弃,方堕暮年。

岁月悠悠,衰微只及肌肤;热忱抛却,颓废必致灵魂。忧烦,惶恐,丧失自信,定使心灵扭曲,意气如灰。

无论年届花甲,抑或二八芳龄,心中皆有生命之欢乐,奇迹之诱惑,孩童般天真久盛不衰。人人心中皆深植入一片追求,只要你从天上、人间追求美好、希望、欢乐、勇气和力量,你就青春永驻,风华长存。

一旦追求消失，锐气如同冰雪覆盖，玩世不恭、自暴自弃油然而生，即使年方二十，实已垂垂老矣；然坚持追求，积极乐观面对，你就有望在八十高龄告别尘寰时仍觉年轻。

Youth

Youth is not a time of life; it is a state of mind; it is not a matter of rosy cheeks, red lips and supple knees; it is a matter of the will, a quality of the imagination, a vigor of the emotions; it is the fresliness of the deep springs of life.

Youth means a tempera-mental predominance of courage over timidity, of the appetite for adventure over the love of ease. This often exists in a man of 60 more than a boy of 20. Nobody grows old merely by a number of years. We grow old by deserting our ideals.

Years may wrinkle the skin, but to give up enthusiasm wrinkles the soul.

Worry, fear, self-distrust bows the heart and turns the spring back to dust.

Whether 60 or 16, there is in every human being's heart the lure of wonder, the unfailing childlike appetite of what's next and the joy of the game of living. In the center of your heart and my heart there is a wireless.

Station: so long as it receives messages of beauty, hope, cheer, courage and power from men and from the infinite, so long are you young.

When the aerials are down you're your spirit is covered with snows of cynicism and the ice of pessimism, then you are grown old, even at 20, but as long as your aerials are up, to catch waves of optimism, there is hope you may die young at 80.

亚马逊·爱的备忘录

2002 年 1 月，亚马逊经历互联网泡沫之后迎来了第一个盈利季，对外公布净收益额为 500 亿美元。亚马逊公关推广人员整理了一份亚马逊好消息的文章，然后希望把它贴在墙上，问贝佐斯的建议。贝佐斯说：宁可把负面的消息整理出来，比如，《巴伦周刊》封面上刊登的那篇声名狼藉的亚马逊炸弹文章，贴在墙上。贝佐斯是想让员工知道永远保持一颗敬畏之心。

当亚马逊成为一个超 1 000 亿美元销售额的公司时，贝佐斯一直想的一个问题是：怎么才能让人喜欢亚马逊而非恐惧？贝佐斯曾长时间思考过这个问题。贝佐斯也会把攻击焦点转移，说亚马逊是一个以传道授业为目的的公司，而不是唯利是图的公司。传教士有正义的目标，并试图让世界变得更美好。而雇佣兵则是唯利是图，为了金钱和权力就可以扫荡所有拦路之人。就像他通常的做法一样，贝佐斯在一份备忘录中写下了自己的想法，被称为亚马逊·爱备忘录，展望出了一幅具有仁爱之心的公司画面。

贝佐斯说："一些大公司发展出热情的粉丝团队，深受广大顾客的喜爱，而且人们甚至认为它们超酷。出于不同的原因、以不同的方式且以不同的程度，我印象中，像苹果、耐克、迪士尼、谷歌、全食超市（Whole Foods）、好事多甚至是 UPS 这样的公司，都是深受顾客喜欢的大型公司。而另一方面，像沃尔玛、微软、高盛和埃克森美孚这样的公司往往令人恐惧。"他列举出了 7 个特征属性：

（1）粗鲁不是酷，击败小家伙不是酷，密切跟踪并不酷。

（2）年轻超酷，承担风险很酷，胜利很酷，有礼貌很酷，打败较大的、无情的公司很酷；发明酷，探险家很酷。

（3）征服者不酷，过度关注竞争对手不酷，仅为公司捕捉所有价值并不酷。

（4）授权给他人很酷，领导能力很酷，信念很酷，坦率很酷。

(5) 一味迎合大众并不酷，虚伪不酷。

(6) 真诚很酷，大胆设想很酷，出乎意料很酷，传教士很酷。

(7) 雇佣兵不酷。

贝佐斯承认自己的方法非常主观，但他的结论，最后成为亚马逊·爱的备忘录，旨在提升亚马逊的地位，成为一个有仁爱的公司。仅靠礼貌、可靠或者专注于顾客服务还是不够的。仅仅有创新或者征服也是不够的，他说："我真的认为那四家'失宠的'公司实际上非常具有创新性。但是人们并不将其视为发明家和先锋。仅仅有创新是不够的——还要具备开拓精神，同时受到顾客群体的认同。"

> 创新小提示：仅仅有创新是不够的，还需要仁爱之心，受到顾客群体的认同。

道在低处

在前面的3S模型章节中我们分析了华为和亚马逊针对长期目标、以长期思维去建立管理系统，不以利润为中心、不以股价为中心，关注自由现金流和长期增长；建立流动开放的耗散结构；不以竞争对手为中心，而是以不断投资客户需求为中心；无限选择，低价，快捷，在流变的时代把握不变的东西，把握确定性，并长期亘古不变的坚持执行。

贝佐斯一直强调要成为"地球上最以顾客为中心的公司"。他说："我们期望亚马逊能成为其他完全不同行业企业的模板，希望其他行业的企业能说出，希望在他们自己的行业也能实现那样卓越的顾客体验。"

其实无论是以竞争对手为中心还是以高品质为中心或者股价为中心等，其实都是一种站在高处的傲慢，一般在价格上往往都是高高在上，一定要包装保持这个高价格，以免掉队。如各种奢侈品品牌，在最贵的地段开着奢华的店面。企业领导者会很容易陷入傲慢，听不进客户的声音,陷入保持现状、拒绝创新的窘境。微软、英特尔都曾有过这样的阶段,微软 CEO 鲍尔默因为对移动互联网浪潮没有做出有力的举措而被多家媒体评为最差 CEO。

而以顾客为中心以用户为中心本质上是一种谦卑,站在低处倾听消费者的声音,不从自己的角度出发不以能力为中心,而以客户需求为中心,不断投资满足消费者需求。贝佐斯尽管早上不开国内许多企业开的早会,但有一个问号邮件的惯例,当客户投诉到亚马逊后,贝佐斯会立即将重要的问题转发相关人员,标题只有一个简洁的"?",这符号像一个炸弹符号,相关人员接到这样的邮件,已经形成习惯的严阵以待必须迅速拿出解决方案。

■ 投资语录:投资于真正以客户为中心谦和的企业。

最近 Google 内部进行了一次组织评估,目的在于提炼总结高绩效团队的特征,得到的其中一个结论是:"In a team with high psychological safety, teammates feel safe to take risks around their team members. They feel confident that no one on the team will embarrass or punish anyone else for admitting a mistake, asking a question, or offering a new idea."翻译过来就是:在一个心理安全感高的团队中,团队成员会敢于在队友面前去冒险。因为他们确信,团队中没有人会因为承认错误、提出问题或提出新想法而让大家感到尴尬或受到惩罚。

也就是说具有安全感的团队有着高绩效,而安全感来源于信任,信任来源于真实。贝佐斯曾说:"'不同意但服从'并不意味着你'认为你的团队错了,或没抓住要点',因为这将阻碍你为他们提供真正的支持。相反,即使你不同意,但也表现出一个真诚的服从、对团队真正的服从。"一旦决定"虽不同意也依旧服从",那就意味着你已经成为这项决议的一员,你不能直接或间接地破坏项目。团队也将由此获得信心,因为作为领导,你给了他们自由的空间去尝试和成长,并信任他们身上的创新和冒险的勇气。

不仅仅是亚马逊,笔者这几年在硅谷西雅图调研的其他企业,许多企业家都有这样的管理风格,所以那里才能涌现那么多的第一性创新。这种千年文化的差异,在任正非身上、在华为公司,我是难得发现在国内企业里得到了突破的企业。这也得益于他看到差距、承认自己的不足,同时有着坚毅的性格和开放的心态。这次中美贸易摩擦,本质上并不是贸易问题,而是创新问题。所以在当下的背景下,如何提升我们企业自身的创新能力,非常有意义。针对当下中美贸易摩擦,任正非恰恰认为是吸纳国外创新人才和科学家的好时机,任正非说:“我们有能力自己站起来,不做亡国奴。大家要不断研究,加强国际交流,不断开放思想。我们只有敢于敞开心胸,容纳人才,我们才有未来!”

我们前面讲了六项素质,这些都是做人的道,而实际在运用中如何自律呢?道在低处。一个人只有谦卑下来,他才能够得道,才能够和明德相应。同样你在阅读本书时,放空的程度也决定着你吸收的能量。

《群书治要·文子》上说:“能成霸王者,必得胜者也。能胜敌者,必强者也。能强者,必用人力者也。能用人力者,必得人心者也。能得人心者,必自得者也。能自得者,必柔弱者也。”意思是说:能够成就霸王、能够成就霸业或者王业的人,一定是得胜之人;而能够战胜敌人的人,一定是强者、强大的人;而能够强大的人,他一定懂得用众人的力量;能够用众人力量的人,一定是能够深得人心的人;而能够得人心的人,一定是自得的人。

那什么是自得的人?按照《大学》上所说的,就是能够“明明德”的人。谦和是一种最大的正能量,是我们的性德,如果一个人傲慢了,就把自己的明德给障住了。所以能够“自得者,必柔弱者也”,能够自得的人,一定是把谦卑柔弱作为根本的修养。这里边的柔弱并不是软弱,这和我们前面提到的灰度和宽容原则是一致的,而是可以包容万物而不争,最终达到"弱之胜强,柔之胜刚"的效果。你看水往低处流,水至柔,但是它动也刚,滴水可以穿石。虽然它很柔弱,但是可以清污泥而不染同时胜刚强。所以,道在低处!

十二、未拆的礼物

> 找到一个简单的基本原则；非常严格地按照基本原则横亘一生行事。
>
> ——查理·芒格

当你读完前面所有的章节，我相信你对什么是成功组织基因以及优秀领导力素质这个问题，肯定有了自己的答案。社会是由企业和家庭以及各种组织单元组成的，各个组织单元由每一个个体组成。所以我们要改变一个时代一个社会的文化，要从我们每一个个体出发，从基础的教育出发，改变我们的思维和价值观，尤其是具有号召力的企业家群体，这关系到社会的就业也关系到每一个家庭。

改革开放40年来，随着中国经济的发展，从无到有，涌现了一大批优秀的民族企业家，研究以任正非为代表的中国企业家群体，同时，学习以贝佐斯为代表的国外企业家群体，会带给我们许多现实的意义。跨越经济结构转型，坚定文化自信，未来中国经济依然还有很长的赛道，这是一份未拆的礼物，请将这份爱捧在掌心，再没有假如。

组织底层思维

近10年来看着许多企业消失在日月星辰中，包括国外的百年通用电气（GE）、国内知名的联想也在陷入泥潭。如同马云说的：谁也没有想到淘宝会起来，Yahoo 会有今天。同样是在科技行业，当初让我们无比崇拜的杨致远销声匿迹了，那时扎克伯格还在念书。十年前没有人能想象到亚马逊、阿里、谷歌、腾讯、Facebook、百度等能有今天这样的增长规模，5 年前也没人能想象到京东会成为一家年销售额数百亿的企业，当年也有那么多人不看好亚马逊和贝佐斯。

那什么东西可以让成功持续、什么东西可以相对不变？从华为和亚马逊两个优秀组织 3S 的研究，对两位创始人领导力素质和企业家精神的探讨，我们发现它们不仅具有对行业持续专注本质理解的正确战略思维（3-1S），基于长期目标选择了长长的赛道；同时，也很早就开始强调建立基于反熵增优美的管理系统（3-2S），建立流动耗散的系统结构；也建立了基于共识核心价值观的企业文化建设（3-3S），包括长期思维和以客户为中心的价值追求。总结为以下其共同的底层思维如图 12-1 底层思维图所示。

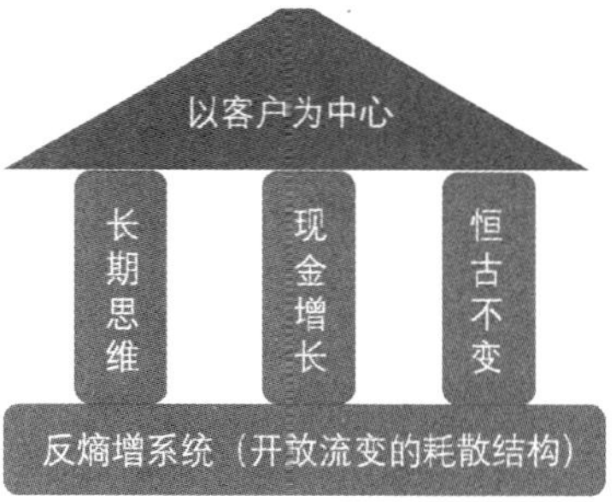

图 12-1　底层思维图

我把这些底层思维以及由底层思维构建起来的一个企业组织的 3S，包括领导力素质，都是企业组织基因的重要组成部分。而这个组织基因是可以遗传、可以复制的，是可以应对环境变化的，对抗组织机体的衰老，也是可以让成功持续的。底层思维的建立是可以训练的，领导力素质是可以发展的。面对现在的时代趋势，封闭必定是死亡，只有开放流动合作才有新生；基于远大梦想，树立长期思维，去找到亘古不变的东西，并几十年如一日的坚持执行。投资大师查理·芒格说："找到一个简单的基本原则；非常严格地按照基本原则横亘一生行事。"最终时间会给你答案，给你最好的礼物。

■ 投资语录：长期投资具有反熵增健康组织基因的企业。

时间是最好的礼物

随着以狭义相对论和广义相对论的提出，爱因斯坦成为自牛顿以后最伟大的物理学家。爱因斯坦曾说："Compound interest is the eighth wonder of the world. He who understands it, earns it … he who doesn't … pays it."（复利是世界第八大奇迹。知之者赚、不知之者被赚。）

在投资领域能体现第八大奇迹最好的大师是巴菲特，大家都在学习其投资方法，但是很少有人知道，巴菲特一生中99%的财富，都是他50岁之后获得的。50岁之前，他也许就和我们一样，也是一个普通的中产阶级，50岁之后，才进入了财富指数增长期。那什么是复利？用一个简单的比喻：假设一张厚度为0.04 m的普通纸张足够大，将其对折再对折，如此重复对折64次，大概会有多高？很多人会想，一张纸才多厚呀？薄薄的一层，几乎可以忽略不计，对折64次，撑死了也就几层楼那么高。而事实是，如果你算一下的话，一张薄薄的纸，对折64次，其高度166 020 696万千米，这个长度是什么概念？地球到月球的距离，才38.4万千米。这就是复利的力量和奇迹。在这个复利思维中，最重要的变量是时间(n)。所以一旦掌握了正确的底层思维和认知模式，付诸决策并行动，尽管现在你自己觉得已经过了最好的时间，但没有关系，开始永远没有最晚。

无论是任正非还是贝佐斯，还是巴菲特和芒格，他们的人生历程都告诉了我们掌握非共识但正确的思维后，经过时间的复利，力量是多么的强大。如果我们认真研究，巴菲特和贝佐斯曾经说过的许多话也是如此的一致。

巴菲特曾说："如果你不情愿在10年内持有一种股票，那么你就不要考虑哪怕是仅仅持有它们10分钟。"贝佐斯在考虑行业选择时也曾说："如果你的经营规划只有3年，那么你就要同很多人竞争，如果你有未来7年的发展规划，那么你的竞争对手就会少很多，因为很少有人会立足于长远的发展。在亚马逊，我们无论做什么事都要它至少有5~7年的发展。播撒种子、看它发芽成长，这是我们乐意从事的事业，我们就这么固执。"这是对长期思维的解释。

贝佐斯曾说："聪明的人善变很正常，那些经常改变想法的人常常被视为是弱者和不自信者，但是实际上那些经常判断正确的人往往是那些经常改变想法的人。"查理·芒格曾说过："我和沃伦（巴菲特）总是愿意、也能够去推翻我们自己已有的最好的观点。"这是对以不变应万变的注解。在前面我们讲管理系统时曾提到封闭系统，消除了多样性，无论是一个社会还是企业、一个市场或者一种文明和文化，最终都将走向灭亡。正如许多人经常问我比特币未来的走势会怎么样？因为我看不懂，所以也不关心。但比特币大概率是一个封闭自洽系统。从生物的多样性到认知的多样性，它是保持生命活力与创造力的密码。自满无聊是创意的天敌，而警惕、危机、灰度、耗散是创造力的朋友。

对此贝佐斯曾经给出过一个详细的解释，如何处理变与不变，如何看待开放与封闭，如何处理细节和格局。贝佐斯说："想法一致不见得是一个非常好的品质，相反地，你明天的想法跟今天的想法有冲突，这事很正常，甚至应该被鼓励。那些最聪明的人会不断地修正他们对某个事物的看法，并会重新思考一个已经解决的问题。他们对新观点、新信息、新想法、各种矛盾、对自我思维方式的各类挑战都非常开放。这当然不是说你不应该形成一个完整、健全的观点，而是说你应该将这种观点看作是暂时的。那些经常判断错误的人又有什么特质呢？这些人往往会陷入某个支持单一视角观点的细节当中，假如一个人无法从细节中脱离出来并从多个角度看到更大的局面，那么他在大部分情况下都是错的。”

贝佐斯曾说：“经常有人问我，未来的10年内我们的世界会发生哪些改变？我觉得这个问题问错了点，真正值得人们关注的是：未来的10年内有哪些东西不会改变。”巴菲特也曾说：“我喜欢那些被历史证明过有能力接受挑战和考验的优秀企业，这些企业的历史越悠久，我就越喜欢。”他甚至去翻看可口可乐100年前的财报，为的就是寻找被历史长河证明过的企业竞争优势，具有未来的长期确定性，也就是我在本书中一直提到的亘古不变的东西。寻找到的确定性越高，未来投资的风险就越小，对于投资如此，对于经营企业来说同样如此。尤其在快速发展变革的时代，创新和变革每天都在发生，如果一家企业想要长久地可持续地建立护城河，就一定要树立正确的底层思维并寻找到未来的确定性。

■ 投资语录：投资于具有正确底层思维并把握未来确定性的企业家。

领导力可发展

要想成为一名优秀的领导，没有具体的公式和捷径，尽管优秀的领导在风格上可能表现各异，但更深层次的领导底层思维、领导力素质，我深信有其共性。领导力素质有天生的成分，但后天的成长经历与成长环境是非常重要的领导力素质孕育土壤。领导力是可以发展的，从贝佐斯外祖父外祖母对少年贝佐斯的影响，从任正非父亲母亲对任正非的教导，我们都应该相信教育的重要性。

在前面的章节中，我们阐述了3S模型，对领导力内涵的理解，对领导力素质模型的六项素质进行了论述。一旦成为领导，领导力就不只是你自己的事了。领导就是影响力，领导就是找到自己的心声并影响他人、激励他人，找到他们自己的心声去完成共同的事业。

六项素质都在本书提倡的仁爱的主题之下，第一项忘我胸怀和最后一项谦和，是本书要大力提倡的。如果你具备其他几项素质，而缺乏这两项，你只能取得一时你认为的成功，不可能永续，取得真正的大成功，乃至成为伟大的领导人。以推动人类社会健康和谐的发展为出发点，拥有这些特质的影响力才是真正优秀的领导，也是本书要倡导的企业家精神。

从大量的企业案例研究，我们可以发现领导力素质的水平决定着企业是否能可持续发展。越来越多的企业面临着中高层领导人才的短缺，在中国更是如此。调查数据显示，中国大多数企业正面临着领导人才短缺的危机，这一危机相比亚太其他地区和国家而言更为严峻（见图 12－2），在中国内地缺乏领导力人才的百分比高达 45%，比香港特区高出 35 个百分点。

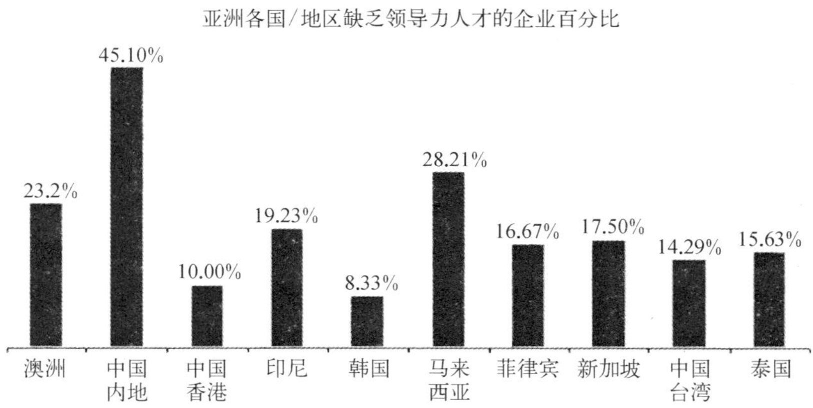

图 12－2　领导力人才稀缺图

从任正非和贝佐斯的成长经历，我相信尽管领导力素质有天生的成分，但我更相信领导力素质的后天发展也同等重要，领导力是可以发展的。

健康财富思维

任正非曾说:"做企业就是磨好豆腐给妈吃。"这不经意的一句大白话,深刻反映了任正非商业哲学的根本:商业不再是简单销售产品给消费者,而是磨好豆腐给妈吃。他不仅仅兼顾了"消费者"和"生活者"与"造物者"和"建构者",而且还把它们用"大爱"连接在了一起。没有"爱"和"利他"的字眼,却把爱和"利他"放在了无与伦比的高地和实在处。

华为自从诞生的那一天就处在市场开放、竞争激烈的信息产业,从跨国企业看不起的农村包围城市再到艰难的国际化远征,从华为的成长我们可以看到许多中华民族优秀的文化传统,如艰苦奋斗等,这是中华民族的文化根源,是国家未来发展避免危机的磐石。

任正非苦难的成长岁月和创业路上的艰辛以及军旅生涯,更加塑造了他坚定的意志和活下去的危机意识,也逐步树立了忘我的胸怀;这种危机意识让他坚持不懈地去学习、虚心地观察和反省自己,以自我批判的精神看待自己,他时刻不敢安逸,对人的潜力开发保持乐观的态度,他以人为本,不断激活组织生命力,坚守着核心价值观;这些都将推动他以更加谦和,以忘我胸怀不断追求远大的梦想。我相信任正非早已将自己的个人得失置之度外,在经历了企业发展的起起落落之后,任正非将更加的忘我(包括他创建的华为)、仁爱和谦和。结合领导力素质模型,针对任正非的个案研究我们提炼归纳了领导力素质模型阶梯图(见图 12-3)。

世界上最大的贫穷是不被人需要,而不是物质上的贫乏,苦难对许多人来说是一笔宝贵的财富。在任正非的经历中,苦难锻造了他坚定的意志,也逐渐培养了他远大的理想。他开放的心胸和谦虚的素质,让他养成了终身学习的思维习惯。

研究华为和任正非,无论是做企业管理还是投资管理都给我终身启迪。从华为身上,我看到了企业的民族气节,看到在危机中逆风飞扬的

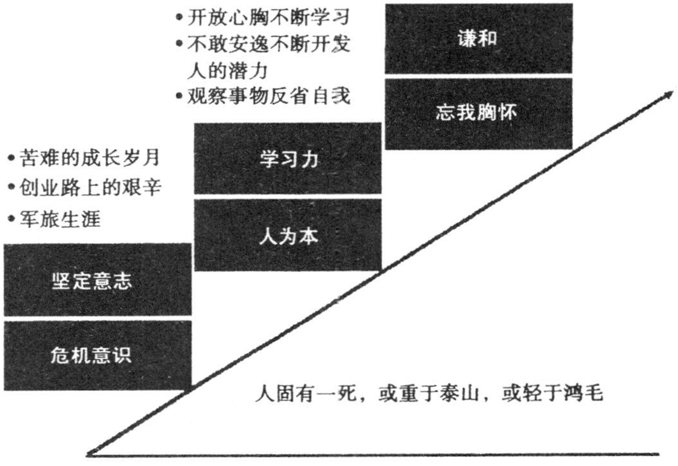

图 12－3　领导力素质阶梯图

组织能力；从任正非身上，我看到了中华民族的传统美德，看到了自强不息、艰苦奋斗的民族精神，看到了不断追求真理的忘我胸怀。

研究亚马逊和贝佐斯，让我进一步相信成功的组织基因是跨地域跨文化跨制度的，也让我发现两家企业的管理系统和企业文化背后的底层思维是如此一致。在中美贸易摩擦不断升级的今天，做到知己知彼，是非常重要的。研究贝佐斯的教育成长创业等一路走来 23 年的成功路径，我们可以看到从小的教育模式和关注素质能力培养引导是多么的重要，而这种不断的传承力量是非常强大的。少年强，则国家强。希望能为中国的基础教育改革有所启示。

文天祥在《过零丁洋》中说："人生自古谁无死，留取丹心照汗青。"司马迁在《报任安书》中说："人固有一死，或重于泰山，或轻于鸿毛。"先哲的这些语句都在告诉我们生命的终极意义是什么。这些话激励了一代代人，这些中华民族精神的精髓，不应该让我们这一代和下一代人在一片歌舞升平中被逐步淡忘掉。这也是本书要大声呼吁的。

在另一个研究财富思维的专题中，我把中国的企业家分为四类

(见图 12－4),按照物质财富富裕程度和健康财富思维富裕程度分为四个象限,得到四种类型:第一类是富中富,第二类是富中贫,第三类是贫中富,第四类是贫中贫。

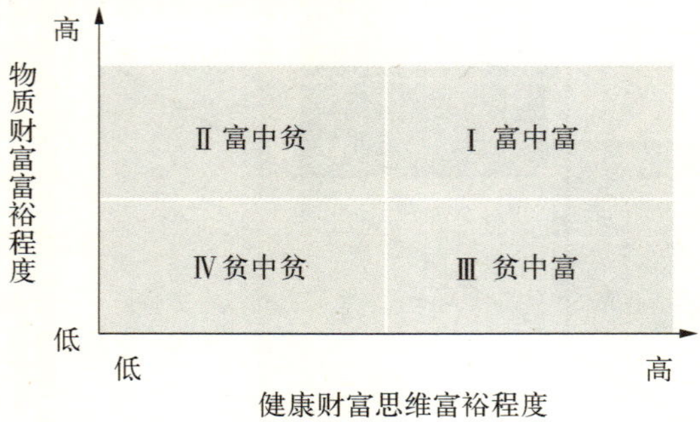

图 12－4　健康财富思维图

第一类富中富是指在富裕的同时强调员工富裕、客户富裕,乐于帮助他人成功,强调社会责任,具有健康的财富思维。第三类贫中富是指具有忘我的胸怀,自己也并不比员工富裕多少,心中充满爱,传播分享健康的思想,乐于帮助他人成功,强调社会责任,具有健康的财富思维。真心希望中国更多的企业家即使做不到忘我的境界,也要进入到第三类贫中富和第一类富中富之列,我相信贫中富在不经意中会转化为富中富。不要夸耀自己总资产和净资产都超过多少个亿,谈谈你帮助了多少员工成长,谈谈你对社会尽了哪些义务。放得下有限,才能到达无限的彼岸。

公司的成长、市场的压力需要危机意识、坚定意志、行动低调等,但这并不意味着与仁爱冲突,你同样可以心中充满爱,去传播分享健康的思想,去帮助他人成功,更多地关注社会和谐的单元基础——家庭幸福,去履行一个企业社会公民应尽的社会责任。本书提到的六项素质都置于仁爱之下。这几年以移动互联网为代表的新经济风起云涌,但各种网络欺诈、攻击和暴力也不断呈现。2018 年 4 月 19 日,习近平总书记在网络安全和信息化工作座谈会上强调:“只有富有爱心的财富才是真正有意义的财富，只有积极承担社会责任的企业才是最有竞争力和生命力的企业。”笔者相信在中国创建和谐社会的发展中，越来越多的企业家会更加全面地理解这一主题的深刻含义。

在阐述领导力的内涵前，我们曾提到仁爱天使。1979 年，诺贝尔委员会在包括促成“埃以和谈”的美国总统卡特在内的 56 位候选人中，将和平奖颁给了除了爱一无所有的特蕾莎。这里再举一个案例来呼应说明充满爱心的事业可以成就伟大的企业，我相信贫中富在不经意中会转化为富中富。2006 年 10 月 13 日，据诺贝尔奖官方网站消息：瑞典皇家科学院诺贝尔和平奖评审委员会宣布将 2006 年度诺贝尔和平奖授予孟加拉国的穆罕默德 · 尤努斯（Muhammad Yunus）及其创建的孟加拉乡村银行（也称格莱珉银行，Grameen Bank）。

现年 68 岁的尤努斯在美国获得经济学博士学位，曾在美国田纳西州范德比尔特大学从事经济学研究，后来回到祖国孟加拉，在孟加拉吉大港大学任经济系主任，开始以满腔的激情、爱心和强烈的道义感去关注那些处于饥饿与赤贫中的穷人，不经意中开始了他的银行事业。1976 年，尤努斯碰到了一名制作竹筐的赤贫妇女，因为受到放贷人的严重剥削，她一天连两美分都挣不到。尤努斯于是掏出 27 美元，分别借给 42 个有同样境遇的女人，过了一段时间，她们都把钱还了回来，并且告诉他：她们不但把本钱赚回来，而且自己有了流动现金，可以不断生产了。这事给尤努斯很大的启发。他觉得他找出了一条扶贫道路，这条道路就是可以借钱给穷人，穷人还给他，如果滚动起来，穷人就可以脱贫了。他非常兴奋，就去跟银行家说，你把钱借给穷人，穷人会还给你。银行家都嘲笑他，说这是天方夜谭。贷给富人的钱有些都不还，穷人怎么会还？无论尤努斯怎么说，那些大银行家就是不信。所以他反复地说，到处去说，一直说到他的老同学、中央银行行长那里。最后，中央银行行长出面，让一家银行给了他一些贷款，然后就开始滚动起来。1983 年，当局允许其正式注册了乡村银行格莱珉银行。这被普遍认为是全球第一家小额贷款组织。这个专门向贫困人群贷款的乡村银行，现在已经发展成孟加拉最大、最好的银行之一。

尤努斯一路走来，以一片爱心和坚定的意志，以创新的精神挑战传统的金融体系和固执的经营理念，造福穷人无数，同时也打造了一个资产规模50亿美元、净资产收益率达到50%以上的银行（而同期美国优秀的银行还不到20%）。从1976年开始，在短短的40多年中，他从27美元微不足道的贷款尝试起步，发展成为拥有近500万借款者（96%为妇女）、1 000多个分行（分行遍及46 620个村庄）、1万多名员工、贷款总额达40多亿美元、还款率高达98.89%的庞大的银行网络，为全球1亿多人提供服务。其为贫困农户提供小额贷款的成功，为亚洲、非洲和拉丁美洲的许多发展中国家和地区的农村银行信用模式提供了很好的借鉴作用，现在有23个国家仿效格莱珉乡村银行模式建立了自己的农村信贷体系。诺贝尔和平奖委员会在颁奖文告中称："要实现持久的和平，除非人们找到对抗贫困的办法，小额信贷就是这样一种办法。下层民众的发展有助于推动民主和人权。"

大家都说美国是世界上最物质的地方，即使亚马逊现在取得了巨大成功，贝佐斯和他太太也成为了美国首富，当你听到贝佐斯认为他做得最性感的事情是洗碗的时候，你应该有感触真正的健康财富思维是什么。和Facebook扎克伯格一样，他们依然只开着一辆本田中档车。

美国《华盛顿邮报》曾评选出世界十大奢侈品：① 生命的觉醒和领悟。② 一颗自由、喜悦、充满爱的心。③ 走遍天下的气魄。④ 回归自然。⑤ 安稳平和的睡眠。⑥ 何时候都有真正懂你的人。⑦ 身体健康、内心富有。⑧ 能感染并点燃他人的希望。真正的奢侈品，并不必然与物质财富有关，也不必然是富人的珍藏。每个普通的我们，崇尚教育，建设美丽心灵，都能够拥有属于自己的幸福。⑨ 享受属于自己的空间和时间。⑩ 彼此深爱的灵魂伴侣。

人生的意义就在于不断地问人生的意义是什么。从尤努斯的身上我更加理解，生命的意义不在于你积累了多少财富，能够活多长，而在于你是否拥有了健康的财富思维，是否拥有一颗仁爱之心，包括如何看待名誉和地位，拥有健康思维的企业和企业家是真正富有的、真正长寿的。一种健康思维的传播和传承能帮助更多的人和企业，让更多的企业走向更为持久的成功，这也是我理解的生命的意义。

领导者的六步修炼

我深信，在企业未来的发展乃至国家综合实力的竞争中，企业家的领导力是非常关键的竞争能力，一个企业领导力开发的能力将越来越成为重要的企业核心素质能力，将决定着企业的成败。杰克·韦尔奇曾说："在你成为领导以前，成功只同自己的成长有关；当你成为领导以后，成功都同别人的成长有关。"领导力不仅仅是你自己的事，以前也许你只要做好自己的事，但现在你成为领导，就要学会帮助激励他人做别人的事。在前面的章节中对于领导者应该做些什么其实我们已经做了回答，这里结合领导力模型的六项素质再做一个总结。领导者应该做些什么，参见以下领导修炼六步曲：

（1）**STEP1 忘我胸怀：** 以忘我的胸怀，基于长期思维，树立健康的远大梦想，同时影响你的团队、激励你的团队去拥抱梦想，共同实现梦想。

（2）**STEP2 学习力：** 永远保持好奇心，不断地观察周围的事物，要乐于吸取集体的智慧，养成终身学习的习惯。

（3）**STEP3 人为本：** 要真正地做到以人为本，深入到员工当中去，去激活他们、影响他们，传播你的梦想和价值观，让组织保持生命的活力。

（4）**STEP4 危机意识：** 永远保持清醒的头脑，保持危机意识，不断反省自己，勇于承担责任，保持以坦诚和乐观的精神面对世界，也要懂得及时鼓舞与庆贺。

（5）STEP5 **坚毅**：以坚定的意志对长期目标执著追求，坚持不懈，永不放弃，你要有勇气敢于做出不受欢迎的决定。

（6）STEP6 **谦和**：以平和的心态看待荣誉与失败，以更加谦和与忘我无我的精神，不断追逐青春的追求，深入那颗仁爱之心。

领导力素质修炼需要从点点滴滴的行为做起，从日常的许多行为细节中，可以简单地区别平庸领导和优秀领导的差异，可以从一个方面区别以上六项领导力素质的差异。

从领导力各项素质的展开分析中，你会发现有时几项素质之间似乎有博弈之处，也可能发现领导力各项素质之中需要的平衡之道和辩证的哲学思辨。在分析任正非的各项领导力素质时，我们可以发现任正非将他的这些领导力素质充分运用到华为各阶段的变革管理之中。这世界唯一不变的就是变化，企业变是正常的，不变才是不正常的。

从任正非的故事，我们也可以看到任正非的变革管理能力，无论是基于核心价值观的企业文化建设，还是后来的各项管理系统的建设，都体现了他的这项综合素质能力和平衡辩证的思维模式。美国前国务卿鲍威尔说：不要非黑就是白，只要有40%～70%的把握就可以去推进。任正非对变革管理是这样理解的："灰色就是黑与白、是与非之间的地带，灰色的含义应理解为不走极端，在继承的基础上变革，在稳定的基础上创新，在坚持原则和适度灵活中处理企业的各种矛盾，在处理矛盾中不断发展。"企业变革管理是一个企业家、一个领导永恒的课题。只要你是领导，这双变革的芭蕾舞鞋，你就不可能脱下来，直到你生命终结后的几年。无论是任正非，还是贝佐斯，他们都做到了。

走上领导这条路必定是艰辛的，你会面临许多困难和挑战，你将需要承担更多、更大的责任，更加的严以律己、宽以待人，你是否有这样的心理准备？我想以李嘉诚先生在长江商学院一次讲话中的一段话与大家共勉：

当我们梦想更大成功的时候，我们有没有更刻苦地准备？

当我们梦想成为领袖的时候，我们有没有服务于人的谦恭？

当我们常常只希望改变别人，我们知道什么时候改变自己吗？

当我们每天都在批评别人的时候，我们知道该怎样自我反省吗？

赢在思维

在前面的论述中，我们用人力资本开发研究的专业术语“素质”一词代替了“思维”一词。即使是在阅读本书这样小的事情上，我相信每一个读者阅读后都会有不同的心得体会，关键还是取决于你具有的素质（思维）。

对个人来说，思维（素质）决定命运；对企业来说，企业领导的领导力素质、企业的核心价值观（企业的思维）决定企业的命运。笔者介绍两个秀才的小故事值得分享一下：

古代有两个秀才一起去赶考，路上他们遇到了一支出殡的队伍。看到那一口黑乎乎的棺材，一个秀才心里立即“咯噔”一下，凉了半截，心想：完了，活见鬼，赶考的日子居然碰到这个倒霉的棺材。于是，心情一落千丈，走进考场，那个“黑乎乎的棺材”一直挥之不去。结果，文思枯竭，名落孙山。

另一个秀才也看到了，一开始心里也“咯噔”了一下，但转念一想：棺材，棺材，噢！那不是有“官”又有“财”吗？好，好兆头，看来今天我要鸿运当头了，一定高中。于是心里十分兴奋，情绪高涨，走进考场，文思如泉涌，果然一举高中。

回到家里，两人都对家人说：“棺材”真的好灵。

在人生中，我们会遇到一次次的考验，面对同样的事物，有的人乐观，有的人悲观，有的人看到的是机会，有的人看到的是绝望，但我们每个人都必定要为自己的思维承担最后的结果。消极思维者，对事物永远都会找到消极的解释，并且总能为自己找到抱怨的借口，最终得到了消极的结果。接下来，消极的结果又会逆向强化他消极的行为，消极的行为会成为一种习惯,形成恶性循环,最后决定其命运。

事物的本身并不影响人,人们只受对事物看法的影响。一切结果的根源常常不是事物本身,而是有权对事物做出不同评价与解释的“我”“我是一切的根源”。正如南非前总统曼德拉所说:“当我走出囚室,迈过通往自由的监狱大门时,我已经清楚,自己若不能把悲痛与怨恨留在身后,那么我其实仍在狱中。”

本章我们讲到复利是世界第八大奇迹,讲到时间是最好的礼物,复利思维中最重要的变量是时间(n)。如果你能改变你的投资底层思维,知道复利这个奇迹存在,收益率或者增长率并不急在一时,只要坚持原则做对的事情,良好的回报只是个时间问题。投资人真正要在意的,不仅仅是赚钱,而是还能赚到时间——绝不把时间浪费在不喜欢的事情上。拥有这种思维的投资,现实中常常是孤独的,因为许多人不会这样做。

前几天和一位好朋友谈到孤独,她说:“孤独至深,是回归安静,安静够久,大爱就会升起。这里的爱,是理解,是慈悲。是原谅这个世界,是抱抱自己,是宽容了别人。”说得对,无论是华为任正非还是亚马逊贝佐斯,如果你和他们近距离接触过,其实都是如此,他们开始一直处在无人能理解的孤独状态。任正非几度忧郁到生病住院,贝佐斯也被华尔街抨击到干脆剃了个光头。贝佐斯遇到没有达成目标的下属会咆哮:“你为什么要浪费我的生命?”但强者都会坚信:命运掌握在自己手中。他们具有达尔文式的乐观主义。他们从孤独最后都进化到大爱,成为改变自己命运和行业格局的优秀领导者。丘吉尔曾说:“一个人绝对不可在遇到危险的威胁时,背过身去试图逃避。若是这样做,只会使危险加倍。但是如果立即面对它毫不退缩,危险便会减半。”

在投资中,孤独是一种优秀的品格,它不同于寂寞。孤独需要强大的内心和信念,懂得如何去坚持守护自己的信念。而寂寞可以明天找这个，后天找那个，只需要呼朋唤友吃喝玩乐即可消解，孤独却呼唤的是一种同频的灵魂感应。孤独是投资的一种常态，从忍受孤独到享受孤独，也许是一种成熟。如同金庸笔下一个个大侠从幼稚走向成熟。

有感于华为30多年来的成长历程，有感于亚马逊20多年来的抱朴守一，坚持基本底层思维，穿过时间的压力带来的丰硕成果，有感于任正非和贝佐斯的管理哲学中的底层思维密码，有感于投资中的复利思维，作者投资笔记的名字就叫《时间是最好的礼物》。我相信：这种思维模式不仅可以适用于企业管理，打造成功组织的3S；同样可以适用于投资，如果你认为买入的是一个企业、一个企业的业务、一个企业的团队的话。

把握当下

在本书主要内容讲述结束前，这里讲一个托尔斯泰写的小故事：

很久以前，有一位皇帝某一天遇到了这样一件事情——有三个问题，只要他知道了这三个问题的答案，他就永远不会再有任何麻烦：① 做任何事情的最好的时间是什么？② 与你共事的最重要的人是谁？③ 任何时候要做的最重要的事情是什么？

皇帝在全国张榜公告说，无论是谁，能够回答这三个问题，将会得到重赏。很多读到榜文的人马上动身去王宫，每个人都有一种不同的答案。皇帝对所有答案都不满意，也没有给予任何奖赏。思考了几个晚上之后，皇帝决定去拜访一位住在山顶上的修行者，据说那是一个开悟了的人。尽管皇帝知道这位修行者只接待穷苦人，但他还是决定找到这位修行者，好请教这三个问题。

于是，皇帝把自己打扮成一个朴实农民，让侍从在山脚下等着，他一个人独自登山去寻找那位修行者。当皇帝找到这位修行者的时候，他正在茅棚前的花园里挖地。修行者看到这位陌生人的时候，点点头以示招呼，然后继续挖地。这个工作对修行者来说显然很吃力，因为他是一位老人。皇帝走近老人说，我来这儿请教您帮忙回答三个问题。修行者认真地倾听这三个问题，听完，他只是拍拍皇帝的肩膀，就继续挖他的地去了。皇帝说："您一定很累了，让我助您一臂之力吧。"修行者谢过皇帝，把铁锹递了过去，他自己坐下休息。

挖了几个小时后，皇帝问修行者三个问题的答案，修行者依然没有给答案，反而问皇帝："您听见有人在那边跑吗？"皇帝转过头，看见一个人从森林里冒了出来，手捂着流血的伤口，拼命地向皇帝跑来，然而中途却倒在地上，失去了知觉。皇帝和修行者把这个人的衣服解开，才发现他受了很重的伤。皇帝帮那个人彻底清洗了伤口，并用自己的衬衫包扎，直至伤口不再流血。最后，那个受伤的人恢复了知觉，要喝一杯水，皇帝到溪边打回一罐清水给他。天色黑了，皇帝和修行者把伤者抬到茅棚里，让他休息。等他醒来的时候，已经是第二天太阳升起在山顶的时候。当他看见皇帝的时候，目不转睛地盯着皇帝，然后用极其微弱的声音说："请原谅。"

皇帝很惊讶，伤者继续说："陛下不认识我，但是我认识您。我是您不共戴天的仇敌，我曾经发誓要向您报仇，因为您杀了我的兄弟，抢了我的财产。知道您上山寻找修行者，我就等在您回来的路上，出其不意杀了您。但是，我一直等不到您下山，决定上来找您，结果遇到您留在山下的侍从，他们认出我，将我砍伤，很幸运，我逃脱了，结果遇到您，想不到您救了我。我很惭愧。您救了我的命，我发誓要用余生做您的仆人，我会命令我的子孙也这样做，请原谅我吧。"

皇帝喜出望外，他没有想到就这样与一位宿敌和好了。他不但原谅了他，还退还了他的财产，派自己的御医去伺候这个人直到他康复。皇帝继续问修行者三个问题的答案，他发现修行者在他们前一天挖的地里播种。修行者告诉他："你的问题已经得到解答了。"

皇帝迷惑不解。修行者说："昨天，如果你没有因为我年老而对我升起怜悯心来帮我挖地的话，你肯定在回去的路上遇到那个人的袭击。因此，最重要的时间是你在苗圃里挖地的时间，最重要的人是我，最重要的事情是帮助我。""后来，当那个受伤的人跑到这儿来的时候，最重要的时间是你帮他包扎伤口的时间，因为如果你没有照顾他，他肯定会死的，你就失去了与他和解的机会，同样的，他是最重要的人，而最重要的事情是照看他的伤口。"

"记住，只有一个最重要的时间，那就是现在。当下是我们唯一能够支配的时间。最重要的人总是当下与你在一起的人，就在你面前的那个人，因为谁知道你将来还会与其他什么人发生联系呢？最重要的事情是使你身边的那个人快乐，因为只有这个才是生活的追求。"

贝佐斯早年的教育是让贝佐斯从幼儿园开始就懂得了真正的爱自己，与他外祖父、外祖母的生活，带给他坚毅、善良、冒险精神等，让他热爱科学。他中学的老师评价他：梦想会带给他无限可能。爱自己、爱他人，是成为自己、活出生命更大可能性的基础。

"爱自己"一直都不是我们教育的主流话题，也不是父母教育我们的目标，更不是我们教育孩子、学校培养学生的目标。社会教导我们要：爱父母、爱子女、爱工作、爱国家。这样造成的结果是：整个社会中，和我们的身边人，很少有人懂得去爱——我们既不爱自己也不爱别人。因为没学会爱自己，所以我们也不会爱别人。学会真正的爱自己，是给予的前提，是能够爱别人的前提条件。真正懂得爱自己的人，更懂得如何去爱子女、爱父母、爱公司、爱社会。未来人工智能可以改变许多，但无法改变爱。

尽管麦凯奇是贝佐斯的太太，但麦凯奇还是小说家麦凯奇，她写过多部小说。2012 年在美国《时尚》杂志采访她时，她说道："我就像中了彩票一样幸运。它（亚马逊）使得我的生活在很多方面都更加精彩，但这不是我所说的彩票。实际上，我的父母非常好，他们非常重视对我的教育。深信我能成为一名作家，以及我会支持丈夫我们非常相爱，这些东西造就了现在的我。”麦凯奇这里谈的彩票，并非是贝佐斯的成功，而是父母和父母对她的教育，让它有信心成为一个优秀的人，爱自己也能爱别人。

希望本书有关成功组织3S模型、领导力素质、企业家精神和投资管理的一些思维能给你一些启发，每个人都有一扇自内向外打开的门，那是一扇心门，你打开的程度如何，只有你自己知道，也决定了你能吸进多少新鲜空气。

无论是国家，还是企业或个人，无论创业还是管理或者投资，你的思维将决定你的命运，全在你自己的选择中。播种一种思维，成就一种行为；播种一种行为，成就一种习惯；播种一种习惯，成就一种品格；播种一种品格，成就一种命运。这里再次引用撒切尔夫人的那句名言："Watch your thoughts, for they become words; Watch your words, for they become actions; Watch your actions, for they become habits; Watch your habits, for they become your character; And watch your character, for it become you destiny."如果把时间拉得足够长，你的思想（思维）会决定你的命运。

爱默生说：一个一心向着目标前进的人，全世界都会给他让路。但只有追寻意义，才能将我们带向远方。请记住：只有一个最重要的时间，那就是现在。最重要的事情是使你身边的人快乐，因为只有这个才是生活的追求。学会真正的爱自己、爱别人和爱这个社会。开始永远都不晚，就在现在，就在当下。

附录 A　华为全球化节点

截至 2017 年底，华为有 18 万多名员工，华为的产品和解决方案已经应用于全球 170 多个国家，服务全球运营商 50 强中的 45 家及全球 1/3 的人口，以下为华为全球化过程中的部分历史足迹（资料来源：华为技术官网等）。

- 1996 年，华为推出综合业务接入网和光网络 SDH 设备。与香港和记黄埔签订合同，为其提供固定网络解决方案。成立上海研发中心，并于 2004 年通过了 CMM5 级认证。华为与长江实业旗下的和记电讯合作，提供以窄带交换机为核心的“商业网”产品。使华为大型交换机进军国际电信市场迈出了第一步。华为开始进入大独联体市场，在莫斯科与西伯利亚首府诺沃西比尔斯克之间开始铺设 3 000 多公里的光纤电缆。

- 1997 年，推出无线 GSM 解决方案。与 Texas Instruments、Motorola、IBM、Intel、Agere Systems、Sun Microsystems、Altera、Qualcomm、Infineon 和 Microsoft，成立了联合研发实验室。

- 1998 年，华为把触角探向世界的核心市场欧美，第一单合同只有 38 美金。

- 1999 年，在印度班加罗尔设立研发中心。该研发中心分别于 2001 年和 2003 年获得 CMM4 级认证、CMM5 级认证。

- 2000 年，在瑞典首都斯德哥尔摩设立研发中心，在美国硅谷和达拉斯设立研发中心。合同销售额超过 26.5 亿美元，其中海外销售额超过 1 亿美元。

• 2001 年，以 7.5 亿美元的价格将非核心子公司 Avansys 卖给了爱默生，在美国设立四个研发中心，加入国际电信联盟（International Telecommunication Union，ITU）。海外市场销售额达 3.28 亿美元。

• 2002 年，海外市场销售额达 5.52 亿美元。尽管 2001 年到 2002 年间，全球电信基础设施的投资下降了 50%，华为的国际销售额还是增长了 68%，达到 5.52 亿美元。

• 2003 年，与 3COM 合作成立合资公司，专注于企业数据网络解决方案的研究。

• 2004 年，获得荷兰运营商 Telfort 价值超过 2 500 万美元的合同，首次实现在欧洲的重大突破。东欧、南欧相继打开市场后，开始挺进西欧、北美，并把欧洲地区部的中心设在巴黎。

• 2005 年，海外合同销售额首次超过国内合同销售额。与沃达丰签署《全球框架协议》，正式成为沃达丰优选通信设备供应商。成为英国电信（简称 BT）供应商名单，作为唯一一家中国厂商，与国际跨国公司入围“八家企业短名单”，为 BT21 世纪网络提供多业务网络接入（multi-service access network，MSAN）部件和传输设备。赢得了为泰国 CAT 建设全国性 CDMA2000 的 3G 网络，价值 1.87 亿美元。成为澳大利亚运营商 Optus 的 DSL 合作商，提供支持高速数据、语音（包括 IP 语音业务）、视频广播和商业服务的 DSL 接入设备。

• 2006 年，以 8.8 亿美元的价格出售 H3C 公司 49% 的股份。在 2006 年香港 ITU 展上，推出了基于 All IP 网络的 FMC 解决方案。

• 2007 年，与赛门铁克合作成立合资公司，开发存储和安全产品与解决方案。与 Global Marine 合作成立合资公司，提供海缆端到端网络解决方案。在 2007 年底成为欧洲所有顶级运营商的合作伙伴。被沃达丰授予“2007 杰出表现奖”，是唯一获此奖项的电信网络解决方案供应商。

• 2008 年，根据 Informa 的咨询报告，移动设备市场领域排名全球第三。首次在北美大规模商用 UMTS/HSPA 网络，为加拿大运营商 Telus 和 Bell 建设下一代无线网络。

● 2009 年，1 月 16 日北欧电信运营商 TeliaSonera 宣布签署两项 4G LTE 商用网络合同，中国华为和瑞典爱立信在欧洲建设 LTE 移动宽带，成功交付全球首个 LTE/EPC 商用网络，获得的 LTE 商用合同数居全球首位。2009 年，全球销售收入 218 亿美元，增长 19%，约合 1 491 亿元人民币。无线接入市场份额跻身全球第二。率先发布从路由器到传输系统的端到端 100G 解决方案。获得 IEEE 标准组织 2009 年度杰出公司贡献奖。首次在北美大规模商用 UMTS/HSPA 网络，为加拿大运营商 Telus 和 Bell 建设下一代无线网络。

● 2010 年，超越了诺基亚西门子和阿尔卡特朗讯，成为全球仅次于爱立信的第二大通信设备制造商。全球部署超过 80 个 SingleRAN 商用网络，其中 28 个已商用发布或即将发布 LTE/EPC 业务。在英国成立安全认证中心。

● 2011 年，与赛门铁克公司宣布双方已就华为收购华赛 49%的股权达成协议，以 5.3 亿美元收购华赛整合成立了“2012 实验室”。2011 年 5 月 9 日，华为宣布，与英国最大移动运营商 Everything Everywhere（简称 EE）签署合同，全面升级 EE 在英国的 GSM 2G 网络。这是华为在英国获得的首个大规模无线网络合同，该合同为期四年。

● 2012 年，持续推进全球本地化经营，加强了在欧洲的投资，重点加大了对英国的投资，在芬兰新建研发中心，并在法国和英国成立了本地董事会和咨询委员会。在 3GPP LTE 核心标准中贡献了全球通过提案总数的 20%。和全球 33 个国家的客户开展云计算合作，并建设了 7 万人规模的全球最大的桌面云。推出的 Ascend P1、Ascend D1 四核、荣耀等中高端旗舰产品在发达国家热销。

● 2013 年，全球财务风险控制中心在英国伦敦成立，监管全球财务运营风险，确保财经业务规范、高效、低风险地运行；欧洲物流中心在匈牙利正式投入运营，辐射欧洲、中亚、中东非洲国家。作为欧盟5G项目主要推动者、英国5G创新中心（5GIC）的发起者，发布5G白皮书，积极构建5G全球生态圈，并与全球20多所大学开展紧密的联合研究。持续领跑全球LTE商用部署，已经进入了全球100多个首都城市，覆盖九大金融中心。华为Ascend P6实现了品牌利润双赢，智能手机业务获得历史性突破，进入全球TOP3，华为手机品牌知名度全球同比增长110%。

- 2014年，在全球9个国家建立5G创新研究中心，承建全球186个400G核心路由器商用网络。为全球客户建设480多个数据中心，其中160多个云数据中心。全球研发中心总数达到16个，联合创新中心共28个。在全球加入177个标准组织和开源组织，在其中担任183个重要职位。智能手机发货量超过7 500万台。

- 2015年，根据世界知识产权组织公布数据，2015年企业专利申请排名方面，华为以3 898件连续第二年位居榜首。LTE已进入140多个首都城市，成功部署400多张LTE商用网络和180多张EPC商用网络。光传送领域，华为与欧洲运营商共同建设了全球首张1T OTN网络，与英国电信合作完成业界最高速率3Tbps光传输现网测试。智能手机发货超1亿台，华为在全球智能手机市场稳居全球前三，在中国市场份额位居首位（GFK数据）。2015年5月7日，华为宣布在比利时鲁汶成立华为欧洲研究院，协调华为分布在欧洲八国18个研究机构工作，主要聚焦于新一代网络技术研究。在印度开设了新研发园区，将园区的容纳人数从目前的2 500人提高到5 000人。

- 2016年，支持全球170多个国家和地区的1 500多张网络的稳定运行，服务全球1/3以上的人口。已在全球部署了超过60张4.5G网络；华为无线家庭宽带解决方案（WTTx），覆盖全球3 000万家庭；华为在超过100个国家累计部署190多张移动承载网络。已在全球获得了170多个云化商用合同；VoLTE和VoWiFi解决方案累计服务于全球110张网络；数字业务云服务平台累计引入超过4 000家合作伙伴，聚合超过60万数字内容和应用。联合500多家合作伙伴为全球130多个国家和地区的客户提供云计算解决方案,共部署了超过200万台虚拟机和420个云数据中心。全年智能手机发货量达到1.39亿台,同比增长29%,连续5年稳健增长;全球市场份额提升至11.9%,居全球前三。

- 2017年,推出公有云合作伙伴计划,全年发展伙伴超过两千家。通过领先的"端、管、云"全栈式ICT解决方案,帮助客户进行ICT基础架构的顶层设计,同时基于"平台-生态"战略,与合作伙伴共同打造企业数字化转型所需的生态链。已有197家世界500强企业、45家世界100强企业选择华为作为数字化转型的合作伙伴。公司智能手机发货量达到1.53亿台,全球市场份额突破10%,稳居全球前三。

附录 B　投资语录

从管理实践中来，到投资实践中去。以下收集了一些简要的投资语录，希望给你另外一个思考的维度，仅供你参考。

- 投对了人，其实投资是一个非常快乐与简单的过程。
- 如果说我与他人有什么不同，那就是每天我都做着自己喜欢的事情。
- 以简单常识研究企业和市场发展规律。先赛道后赛手。除了赛道和赛手，还需要有一匹好马。
- 只有退潮时，你才知道谁在光屁股游泳。尽早投资有远大梦想和有社会责任感的企业。
- 寻找来时的足迹，投资具有良好家风的企业家。投资具有正直和朴素核心价值观的企业。投资具有开放心态、终身学习习惯的企业家。
- 投资重视人才梯队培养的企业。避开夸夸其谈自己丰功伟绩的人，投资于将功绩归于员工和团队的企业家。
- 避开只谈成功的企业，投资有危机感并能化危为机的企业。投资具有化蛹为蝶潜质的人。
- 投资于勤俭节约的企业家。投资于真正以客户为中心谦和的企业。
- 长期投资具有反熵增健康组织基因的企业。
- 投资于具有正确底层思维并把握未来确定性的企业家。
- 从创办亚马逊过去几年的经历中我懂得了：发明一个新事物或者在某一领域成为领袖，需要能够在很长一段时间内愿意承受误解。

- 如果你不情愿在 10 年内持有一家企业的股票,那么你就不要考虑,哪怕是仅仅持有它们 10 分钟。

- 如果你的经营规划只有 3 年,那么你就要同很多人竞争,如果你有未来 7 年的发展规划,那么你的竞争对手就会少很多,因为很少有人会立足于长远的发展。

- 经常有人问我,未来的 10 年内我们的世界会发生哪些改变? 我觉得这个问题问错了点,真正值得人们关注的是: 未来的 10 年内有哪些东西不会改变。抱朴守一。

- 我喜欢那些被历史证明过有能力接受挑战和考验的优秀企业,这些企业的历史越悠久,我就越喜欢。

附录 C　亚马逊 1997 年致股东信

贝佐斯每年都要给股东写一封信，由于本书内容前面章节主要围绕组织 3S 和领导力素质展开，所以没有详细展开分析其每年的股东信。但是要理解贝佐斯，阅读他每年的致股东信是比较好的方式，尤其是他开始创业第二年 1997 年的股东信，他一直不忘初心才方得始终。这里附录英文翻译版，供你参考。（资料来源亚马逊投资者关系）

amazon.com

1997 LETTER TO SHAREHOLDERS
(Reprinted from the 1997 Annual Report)

致股东：

亚马逊在 1997 年跨越了许多里程碑：服务超过 150 万个客户，收入增长 838 倍到达 1.48 亿美金，虽然竞争激烈，但我们仍然保持行业领先地位。

这是互联网的 Day1，如果我们有好的执行，这同样也是亚马逊的 Day1。亚马逊将利用互联网为顾客创造真正的价值，并以此创造出一个持久的品牌，即使是在一个业已成型的大的市场中。

我们正处在一个巨大的电子商务的窗口期，对于顾客来说，网上购物仍是一个新鲜事物，并对形成一个新的关系持开放的态度。竞争格局瞬息万变，许多竞争对手将大量可售商品向线上转移，并投入大量人力物力来吸引流量，打造品牌认知，增加销售。亚马逊的目标是快速行动，夯实并进一步扩大我们的领先地位，与此同时拓展更多电子商务领域的机会。亚马逊在它瞄准的目标市场，看到了大量的机会。但这个战略并非没有风险，这需要认真严肃的投资以及相较于竞争对手更果断的执行。

一切都是为了长期（Long-term）

我们相信：对于我们是否成功的最根本的衡量方式是为股东创造长期价值。这一价值将会是我们夯实、扩大市场领先地位的直接结果，我们的市场领先地位越强大，这一经济模型产生的力量就越大。市场领先地位可以直接转化为更高的收入、更高的盈利，更高的资本周转率，相应的更高的资本回报率。

我们的决策一贯是反映这一中心的。首先，我们是以最能反映我们市场领先地位的指标作为衡量标准的：客户与收入的增长，客户的复购率以及我们品牌的强度。我们在扩大客户群、品牌和基础设施建设方面已经做了并将继续进行大量的投资。

正因为我们着眼于长期，因此我们的决策和侧重点会和一些公司不同。相应的，我们会和你——我们的股东，分享我们最关键和根本的管理和决策制定策略，也请你确认我们的策略是符合你的投资哲学的。

我们将持续毫无保留地将关注点放在我们的客户身上

- 我们的投资决策将继续基于长期保持市场领先地位的角度来做出，而不是短期的利润或者华尔街的反应；
- 我们将继续分析性地衡量我们的项目和做出的投资，抛弃那些没有提供可接受的回报的项目，对那些效果最好的项目追加投资。我们将继续从我们的成功和失败中不断学习；
- 在那些我们看到有足够可能性使我们获得市场领先优势的地方，我们将会做出大胆的投资。这些投资中有一些将给我们回报而另一些则不会，但我们从中都将学习到很多；
- 如果我们不得不在漂亮的会计报表和最大化未来自有现金流的

现值之间做出选择，我们将会选择自由现金流；

- 当我们做出一些比较大胆的投资决策时，我们会跟投资人分享我们的战略想法（在竞争允许的最大范围内），你自己来评估我们是否做了理性的对长期保持领先地位有利的决策；
- 我们将继续努力明智的花费，保持我们精简节约的文化。我们明白不断增强成本意识文化的重要性，尤其对于一个尚处于净亏损状态的公司；
- 我们将在关注长期利润和资本管理两者之间获得平衡。在这个阶段，我们将成长放在更优先的位置，因为我们相信规模对于获得我们经济模型潜力来说是至关重要的；
- 我们将继续关注招聘和留住人才，在他们的薪酬中继续将更着重于股票期权而非现金。我们知道我们的成功将很大程度受到我们是否吸引和留住人才，每一个亚马逊人必须有类似的想法，因此每一个人必须是亚马逊的主人。

我们并不敢贸然说以上就是"正确"的投资哲学，但这是我们亚马逊自己的投资哲学。如果我们不对我们正在采取和将要采取的路径有清楚的了解，那我们就是没做好本职工作。

以此为基础，我们再来回顾一下 1997 年取得的进步并展望一下未来。

以客户为中心

从一开始，我们的目标就是为客户提供令人心动的价值。我们发现网络曾经是，现在仍然是 world wide wait。因此我们一开始为客户提供的是书这一品类。我们为客户提供了他们在实体书店中不可能获得的海量的书籍。并且以一种方便浏览、方便搜索的一年 365 天 24 小时营业的网上书店形式呈现出来。我们坚持不懈为客户提供更好的购物体验。我们为客户提供了礼品证书、一键购物、书评、内容、浏览选项和推荐。我们大力降低了书的价格，进一步提高客户价值。口碑是获取客户最好的工具,我们感谢顾客对我们的信任。口碑传播和复购合在一起使得亚马逊成为网上卖书市场的领先者。

从很多方面看,1997 年亚马逊有了长足的进步:

- 销售从 1996 年 1 570 万美元增长 838%到达 1997 年的 1 亿 4 780 万美元;
- 注册账户从 18 万增长到 150 万,738%的增长;
- 复购百分比从 1996 年四季度的 46% 增长到 1997 年四季度的 58%;
- 受众覆盖排名从 90 位上升到第 20 位;
- 我们与许多战略伙伴达成了长期的关系。

基础设施

1997 年我们努力扩张商业基础设施来支持急剧增长的流量、销售和服务水平。

- Amazon.com 的员工人数从 158 人增长到了 614 人,我们大大增强了管理层;
- 分发中心的流量从 50 000 平方米增长到 285 000 平方米;
- 库存上升到了 200 000 个;
- 我们的年末现金和投资结余为 1.25 亿美元,1997 年 5 月的 IPO 以及 7 500 万美元的贷款让我们可以有很大的战略自由度。

我们的员工

上一年的成功是一群有才干又肯苦干的员工的产物,我为是这一团队的一员而感到骄傲。高标准是我们招聘员工的准则,并将继续成为亚马逊取得成功的最重要因素。在亚马逊工作并不容易,当我面试时,我经常说:你可以长期工作、努力工作或者聪明工作,但在亚马逊你不能三选二。但是我们正在努力构建一些重要的东西,一些对客户非常重要的东西,一些我们都可以告诉孙辈们的东西。这样的事情并不容易。我们非常幸运,有这么一群献身精神的员工,他们的牺牲和热情造就了亚马逊网站。

1998 年的目标

我们仍旧在探索如何通过电子商务为顾客提供新价值的早期阶段。我们的目标依然是继续夯实并拓展我们的客户群。这要求在系统和基础建设方面的持续投资来支持我们快速成长过程中为客户提供优秀的便利性、选择和服务。我们计划将音乐也加入我们提供的商品品类，我们相信随着时间的推移，其他更多品类我们也会谨慎的投资。我们相信有更多的机会来服务海外的客户，比如缩短配送时间、个性化用户体验等。可以确定的是，一大挑战不是找到拓张我们商业版图的新途径，而是如何给我们的投资排优先级。

比起亚马逊成立伊始，我们对电子商务的了解已经深入许多，但我们仍旧有许多需要学习的地方。尽管我们是乐观的，但我们仍要保持敏锐和保持危机紧迫感。我们实现亚马逊长期愿景所要面对的挑战还是有许多风险：激烈的竞争，成长的挑战以及执行的风险，产品的风险和地域拓张的风险，为了满足不断增加的市场机会所需要进行的资本投入等等。然后就像我们一直说的，网上售书或者网上购物应该会被证明是个庞大的市场。很多公司将会为此而受益。我们对我们已经做的而感到快乐，并对我们想要继续做的感到振奋。

1997 确实是难以置信的一年。我们亚马逊网感谢客户的业务和信任，感谢彼此的辛勤工作，感谢股东们的支持和鼓励。

Jeffrey P. Bezos
Founder and Chief Executive Officer
Amazon.com, Inc.

后　记

> 世界上第八大奇迹是复利。
>
> ——爱因斯坦

我们在本书中详细展开论述的两家企业是实业界体现第八大奇迹的最好案例。而这背后两位创始人无论是任正非还是贝佐斯,其领导力素质底层的思维就是世界第八大奇迹的思维。第八大奇迹中最重要的变量不是利息率或者增长率,而是时间。当我们带着远大的梦想和宽阔的胸怀,穿透时间的压力,不断学习创新,突破自我,去找到新的增长曲线,最后,时间会给你意想不到的礼物。

站在ICT的新时代,我国经济产业结构正在进行不断的调整,大数据、云计算、人工智能正在改变我们方方面面的生活。我们感谢科技带给我们生活的便利,让我们从繁重的工作中分离出更多的自由时间。在这个时代的浪潮中,我们会有许多改变,也希望一些东西亘古不变。相信未来人工智能会无处不在,渗透到我们日常生活并改变许多生活方式。但我相信人工智能不能改变的是人类的自由意志,不能改变的是我们不断思考生命的意义是什么,不能改变的是仁爱。

为什么危机会差不多每隔10年就发生一次?这几年发生了许多的黑天鹅事件。在发现澳大利亚的黑天鹅之前,欧洲人认为天鹅都是白色的。黑天鹅事件的存在预示着不可预测的重大稀有事件,它在意料之外，却又可以改变许多原有的运行规律。人类总是过度相信经验，我们思维的局限性导致我们无法看到事物的本质。2016 年 6 月 24 日，英国通过全民公投，宣布退出欧盟。受此影响，全球金融市场反应迅速且剧烈，英镑兑美元汇率闪电崩盘，跌幅超过 1 000 个基点，触及 1985 年以来的最低水平，英国首相卡梅伦辞职。美国东部时间 2016 年 11 月 8 日晚 11 时左右，共和党候选人特朗普（Donald Trump）赢得 274 张选举人票，击败希拉里当选美国总统。2017 年 1 月 20 日，特朗普正式成为美国第 45 任总统，但这几年美国企业创新依然持续不断。

早在 20 世纪 70 年代英国著名的历史学家汤因比博士就指出：人类不断地运用科学技术来满足贪婪的做法将弄巧成拙，它将导致污染和资源枯竭，只不过现在还没有引起原子战争。拯救西方世界乃至全世界，很可能会依赖一些特大的灾难，因为这样会从整体上降低人类世界的物质生活水平。

当初读到汤因比博士的这个预言时，我一直在问自己：为什么人类一定要靠特大灾难来拯救自己和世界呢？更何况人类一直在不断追求物质的富裕以及 GDP 增长等并非与我们的快乐与幸福呈正比的东西。也许一个人能获得的幸福感与心灵的宁静呈正比，同财富与权势不呈正比，有时没有任何关系。我依然乐观，相信无论是政治还是经济或者科技的争端，总可以找到更好的办法来解决。

宇宙给予我们赖以生存在地球上的资源是有限的，如同任正非所说：资源是有限的，唯有文化生生不息。中国有着悠久的历史和文化，在《大学》中有云："知止而后有定，定而后能静，静而后能安，安而后能虑，虑而后能得。"让我们真正发自内心地懂得"忠、孝、仁、爱、信、义、和、平"并自觉去行为，我们只有内省我们内心的思维，让我们的思维改变我们的行为，让行为成为习惯，让习惯成为我们自己的品格，并影响我们的下一代，只有这样才能根本性地解决危机的根源，思维改变命运，让文化拯救危机。让人与人和谐相处，让人与自然和谐相处，让危机不再发生，和谐拯救危机。播种思维，成就行为；播种行为，成就习惯；播种习惯，成就品格；播种品格，成就我们人类的命运。

文化也是生产力，是一个国家的软实力。习近平总书记有关文化自信的纲领精神，给我们许多工作开展指明了方向。习近平总书记在党的十九大报告中提出：要坚定文化自信，推动社会主义文化繁荣兴盛。他说："没有高度的文化自信，没有文化的繁荣兴盛，就没有中华民族伟大复兴。要坚持中国特色社会主义文化发展道路，激发全民族文化创新创造活力，建设社会主义文化强国。"在最近一次美中投资论坛上巴菲特说："美国在过去五六十年间所成就的一切简直是个经济奇迹。我从来没想过会发生这种事。但事实是，中国人和我们一样聪明，他们像我们一样辛勤工作，他们从较低的基数发展经济，按百分比算，很长一段时间都会以高于我们的速度发展经济。他们的经济注定有一个美好的未来，就像我们一样。"

企业发展有中美贸易摩擦等外部因素，但在同样的危机面前如何应对、如何逆风挺进？更重要的在于企业内部的因素，企业是否建立了前面我们提到的3S系统。习近平总书记在最近一次《民营企业座谈会上的讲话》中强调民营企业家："要练好企业内功，特别是要提高经营能力、管理水平，完善法人治理结构，鼓励有条件的民营企业建立现代企业制度。新一代民营企业家要继承和发扬老一辈人艰苦奋斗、敢闯敢干、聚焦实业、做精主业的精神，努力把企业做强做优。民营企业还要拓展国际视野，增强创新能力和核心竞争力，形成更多具有全球竞争力的世界一流企业。"任正非深知华为在创新方面依然还不足，对待此次中美贸易摩擦，他认为是进一步向美国学习、吸收优秀创新人才的时候。

缘不知所起，爱一往情深。当我那一年在西雅图寒冷的冬季，漫步在夕阳西下的海边，看着一位游人放开其手中牵着的小狗时，我领悟了这两家企业的成功思维底层密码许多方面是一致的，当东方遇见西方，亘古不变依然存在。从东方绘画这一面山爬上巅峰的吴冠中曾说:“艺术到高峰时是相通的,不分东方与西方,好比爬山,东面和西面风光不同,在山顶就相遇了”。我想,这是吴老在登上艺术山顶时才能说出来的话。但其实管理到最高的境界也必定不是各种管理方法,越到顶峰,管理方法等于零,这其实也是和艺术相通的。

我相信任正非和贝佐斯,并不是一开始就找到了这样的管理哲学和系统底层密码,也一定是在不断的失败和错误中不断跨过山沟,攀越山顶时寻找到了这样的底层密码,最后,登顶而殊途同归。所以不要害怕失败去创新去尝试,你所有走过的路,不管好的和坏的都是对的,最后都会凝结到一点,当岁月碾过经历,时间是最好的礼物。在投资和创业创新中,孤独是登山中的一种常态,也是一种可贵的品质。有世界第八大奇迹存在,你不需要太过在意一时的得失、收益率和他人的眼光评价。

感谢两位优秀的企业家给我对管理艺术的探索和生命的启迪,感谢中欧国际工商学院的教授和老师们在本书出版过程中给予的帮助和指导。感谢中国出版集团东方出版中心专业严谨的出版精神,感谢中欧国际文化传播有限公司胡峙峰老师及其团队给予的专业意见、建议和辛勤耕耘付出。我只希望当我年老时,面对这部作品中的点点滴滴,回想起这些探索、回忆起这些思考写作的经历,依然可以热泪盈眶。本书尽管经过多次修改,仍然还有许多不完善的地方。非常希望能听到你们的建议和反馈,相信你们的建议会让我们的研究走向更深的层面。欢迎你直接给我来信,提出你的建议与感想,我的电邮是: cx2050@ 163.com。

最后,我很感谢你耐心地阅读完这本书。尽管任正非和贝佐斯的成功,他们早年的经历我们无法再经历,成功模式我们也无法模仿,因为时代环境在发生不断变化,但你可以学习他们成功背后的创新思维、底层思维逻辑和企业组织基因。无论投资和管理,坚持这种原则,穿透时间的压力,就会带给你时间的礼物。把握当下,站在新时代的浪潮,“苔花如米小，也学牡丹开”。我相信你也会写就一部你自己的人生传奇。正如贝佐斯说的：“当你步入80岁高龄，静静地回味过往的记忆时，里面记录着你充满个性的一生。你当初所做出的一系列抉择是如此意义重大。而最终，是你的选择成就了你自己。”祝你开启人生新的一页！祝你获得全面的成功！

李信忠

2018年10月于钱塘观潮

图书在版编目(CIP)数据

增长的逻辑：华为与亚马逊的管理哲学 / 李信忠著.
—上海：东方出版中心,2019.6
ISBN 978-7-5473-1473-9

Ⅰ.①增… Ⅱ.①李… Ⅲ.①企业管理—研究 Ⅳ.
①F272

中国版本图书馆 CIP 数据核字(2019)第 085434 号

增长的逻辑：华为与亚马逊的管理哲学

出版发行：东方出版中心
地　　址：上海市仙霞路 345 号
电　　话：(021)62417400
邮政编码：200336
经　　销：全国新华书店
印　　刷：上海盛通时代印刷有限公司
开　　本：890mm×1240mm　1/32
字　　数：207 千字
印　　张：8.125
版　　次：2019 年 6 月第 1 版第 1 次印刷
ISBN 978-7-5473-1473-9
定　　价：48.00 元
